辽宁大学中国档案文化研究中心主办

U0621812

# 中国档案研究

## 【第七辑】

### 赵彦昌◎主编

辽宁大学出版社
Liaoning University Press

**图书在版编目（CIP）数据**

中国档案研究. 第七辑/赵彦昌主编. 一沈阳：
辽宁大学出版社，2019.12
辽宁大学中国档案文化研究中心主办
ISBN 978-7-5610-9738-0

Ⅰ.①中… Ⅱ.①赵… Ⅲ.①档案学－研究－中国
Ⅳ.①G279.2

中国版本图书馆 CIP 数据核字（2019）第 216096 号

**中国档案研究. 第七辑**
ZHONGGUO DANG'AN YANJIU. DI QI JI

出 版 者：辽宁大学出版社有限责任公司
　　　　　（地址：沈阳市皇姑区崇山中路 66 号　　邮政编码：110036）
印 刷 者：鞍山新民进电脑印刷有限公司
发 行 者：辽宁大学出版社有限责任公司
幅面尺寸：170mm×240mm
印　　张：17.75
字　　数：280 千字
出版时间：2019 年 12 月第 1 版
印刷时间：2019 年 12 月第 1 次印刷
责任编辑：张　蕊
封面设计：韩　实
责任校对：齐　悦

书　　号：ISBN 978-7-5610-9738-0
定　　价：45.00 元

联系电话：024-86864613
邮购热线：024-86830665
网　　址：http://press.lnu.edu.cn
电子邮件：lnupress@vip.163.com

# 《中国档案研究》编委会

# 卷首语：档案馆馆藏司法档案与法律史研究

　　我国各级档案馆保存着浩如烟海的明清以来的司法档案，档案作为最真实可信未经渗水的第一手史料，相对于其他文献来讲，是最为确凿无误的，因其没有经过后人的篡改而备受学者青睐，是法律史研究的尚未尽力开采的学术史料金矿，然而其一直以来没有得到中国法律史领域的足够重视，档案馆馆藏司法档案得到整理和利用的数量极少，利用司法档案研究法律史的学术著作亦屈指可数，留下了大量的研究空白和可探索的空间。因此，当前利用档案馆馆藏司法档案研究中国法律史大有可为，有望在今后用新材料研究新问题取得新成果。

## 一、获取档案馆藏司法档案的信息途径

　　既然司法档案如此重要，又散存于全国各地档案馆，那么如何知道哪家档案馆保存有哪些、哪个时期、哪些内容的司法档案呢？

　　第一，查阅档案馆指南（含全宗指南）。一般每个档案馆都会编制自己档案馆馆藏指南，或公开发行或内部使用。档案馆指南一般是针对单个档案馆而言的，如《四川省档案馆指南》《辽宁省档案馆指南》《山东省档案馆指南》《中国第二历史档案馆指南》《北京市档案馆指南》等；有时也有对全省档案馆馆藏档案进行介绍的，如《中国档案馆简明指南》《吉林省各级各类档案馆简明指南》

《广东省各级各类档案馆概览》等。

第二，参阅档案志。盛世编史修志，档案志亦在其中，每部档案志基本均有"馆藏档案"一章（节）的介绍，这为我们了解全国各省市档案馆馆藏的司法档案提供了重要参考，目前国内已经公开出版了80余部省市县档案志，翻阅档案志当可了解当地保存的司法档案，即可按图索骥加以利用。

第三，访问当地档案信息网。现在全国各省市档案馆都建立了档案（信息）网，网站会对本馆馆藏的档案作基本的介绍，如四川档案网站就在"查档服务"栏目中设有"馆藏介绍""查档指南"等；辽宁档案馆网站在首页也设有"馆藏介绍"，访问该网站即可对档案馆馆藏司法档案有一个粗略的了解，为学者进一步利用司法档案研究法律史提供基本线索。

## 二、档案馆馆藏司法档案的整理与法律史研究

当前，全国各级档案馆已经整理出版了一批明清以来的司法档案汇编，尤以巴县司法档案、龙泉司法档案最具有代表性，出版的南部县档案等也含有大量的司法档案，当然这些出版的司法档案汇编大都以影印出版为主，未作剪辑、删改，档案破损处、修改痕迹处以及印章均清晰可辩，原汁原味地保留了司法档案的原貌。此外，巴县司法档案、龙泉司法档案都采用了铜版纸彩色印刷，相对于黑白印刷来讲该方法提供了更为原始的档案信息，如司法档案中的戳记、印章等信息。

（一）四川省档案馆馆藏巴县司法档案汇编

巴县档案真实全面地记录了清代巴县（重庆）地区从乾隆以来直到清朝覆灭近两个世纪政治、经济、文化、军事、司法与社会活

动的全貌，为清代重庆、四川乃至西南地区的历史研究提供了翔实的史料，也为清代由盛而衰最终走向灭亡提供了县级地方政权的典型个案。巴县档案共计 112842 卷，截至目前已经出版 3 部 4 册巴县司法档案，详见表 1。

表 1　　　　　　　　巴县司法档案汇编一览表

| 序号 | 名称 | 作者 | 出版单位 | 时间/年 |
|---|---|---|---|---|
| 1 | 《清代巴县档案整理初编·司法卷·乾隆朝》（一、二册） | 四川省档案局编 | 西南交通大学出版社 | 2015 |
| 2 | 《清代巴县档案整理初编·司法卷·嘉庆朝》 | 四川省档案局编 | 西南交通大学出版社 | 2018 |
| 3 | 《清代巴县档案整理初编·司法卷·道光朝》 | 四川省档案局编 | 西南交通大学出版社 | 2018 |

我们以《清代巴县档案整理初编·司法卷·乾隆朝》为例，该书收录了清代乾隆时期巴县衙门档案中的部分司法类档案，四川省档案馆从近 10 万卷的原案卷中挑选了不同类型的具有重要研究价值的司法档案 30 余宗，涉及产权、贸易、宗教、烟赌、家庭、妇女、婚丧嫁娶、抚养继承、盗窃争斗、命案等不同类型的司法判例，各审级的程序过程完整且诉讼请求内容丰富，真实再现了清朝中后期西南地区地方政府司法机构的运作和司法制度的实际执行情况及普通民众生活的众多方面，具有突出的研究利用价值和资政意义。利用巴县司法档案研究法律史的代表作为《清代四川地区刑事司法制度研究——以巴县司法档案为例》（廖斌、蒋铁初著，中国政法大学出版社，2011 年），此外，利用巴县司法档案研究法律史的成果可以参阅《巴县档案整理与研究述评》［载赵彦昌主编《中国档案研究（第五辑）》，辽宁大学出版社，2018 年］一文。

### （二）浙江龙泉档案馆馆藏《龙泉司法档案选编》

浙江龙泉档案馆所藏晚清至民国时期司法档案，上自咸丰元年，下至民国三十八年，共计17000余卷，多达88万页，数量极为庞大，从多角度折射出清代、民国时期地方社会的世相百态，是研究清代、民国时期的地方司法、社会变迁等诸多领域的权威史料。截至2019年，《龙泉司法档案选编》已经出版5辑96册，详见表2。据编者所言，龙泉司法档案是现存数量最大、内容最全的司法档案，并且是整理开发的数量最多最好的司法档案，以此足可称为表率，而且与龙泉档案馆合作开发及研究司法档案的是浙江大学历史系而非法学院，当前利用司法档案研究法律史的主要是两大系统：一是史学家利用司法档案研究法律史，史学功底深厚；二是法学家从法学角度利用司法档案研究法律史，专业性强。研究龙泉司法档案的著作主要有《近代山区社会的习惯、契约和权利——龙泉司法档案的社会史研究》（杜正贞著，中华书局，2018年），据悉2013年立项的国家社科基金重大项目《龙泉司法档案整理与研究》正在结题阶段。

**表 2**　　　　　　　　龙泉司法档案汇编一览表

| 序号 | 名称 | 作者 | 出版单位 | 时间/年 |
|---|---|---|---|---|
| 1 | 《龙泉司法档案选辑》（第一辑） | 包伟民主编 | 中华书局 | 2012 |
| 2 | 《龙泉司法档案选辑》（第二辑） | 包伟民主编 | 中华书局 | 2014 |
| 3 | 《龙泉司法档案选辑》（第三辑） | 包伟民主编 | 中华书局 | 2018 |
| 4 | 《龙泉司法档案选辑》（第四辑） | 包伟民主编 | 中华书局 | 2019 |
| 5 | 《龙泉司法档案选辑》（第五辑） | 包伟民主编 | 中华书局 | 2019 |

### （三）南京市档案馆馆藏《辛亥前后南京司法判案实录》

2012年，南京市档案馆与南京师范大学法学院合作编纂出版了

《辛亥前后南京司法判案实录》（10 册），书中辑选的 100 个司法判例档案都是从南京市档案馆及区县档案馆馆藏清末民初数百个司法档案中精选而出的。这批司法档案因年代久远，保存不易，且均为首次公布，所以弥足珍贵，为研究这一特殊时期、地域的法律史提供了重要的学术资源，新材料对于学术研究的重要性不言而喻。

**（四）江苏省档案馆馆藏司法档案——国家社科基金重大项目《民国江苏司法档案整理研究》**

2014 年，由江苏省档案局（馆）局（馆）长谢波同志挂帅的国家社科基金重大项目《民国江苏司法档案整理研究》得以顺利立项，这是由档案局（馆）领衔挂帅的第一个国家社科基金重大项目。江苏省档案馆馆藏民国江苏高等法院（审判厅）档案共 120594卷，包括民事、刑事裁判书及各类文书档案，其内容系统完整、稀有独特、数量庞大、时间及区域典型，当可作为珍贵的法律史研究的第一手资料，对于我们深度研究中国司法从传统到近代的演变，以及法律与社会变迁之关系，近代经济民生、金融贸易、社会问题等各个方面，具有非常重要的档案价值。当前，该项目正在有序进行，让我们拭目以待。

**（五）其他档案馆馆藏司法档案与法律史研究**

除上述极具代表性的司法档案汇编之外，各级档案馆还出版了《盛京刑部原档》《清代"服制"命案：刑科题本档案选编》《民国安顺县司法档案资料选编（第 1 集）》《民国江北县地方法院司法档案（继承篇）》等，这些都是专门为司法档案而编纂的档案汇编，主要集中于清代、民国时期，另尚有大批量的档案汇编未以司法档案为专门主题，但是汇编内包含了大量的司法档案汇编，如辽宁省档案馆编《黑图档》（全 329 册，线装书局，2016－2018 年出版）

含有大量盛京刑部与盛京内务府等往来公文；再如《清代四川南部县衙门档案》，其系利用南部县衙门司法档案研究法律史的系列成果，具体可以参阅《南部档案整理与研究述评》[赵彦昌主编《中国档案研究（第六辑）》，辽宁大学出版社，2018] 一文。

围绕利用司法档案研究中国法律史，或是利用已经出版的司法档案汇编，或是到档案馆利用已经开放的司法档案对中国法律史进行研究，当前也已经取得了一定的研究成果。近些年来，很多学校法学院、历史学院的硕士生、博士生毕业论文就是取材于司法档案的，并且有数部该题材专著出版，如《冕宁清代司法档案研究》（张晓蓓著，中国政法大学出版社，2010 年）、《从冕宁县档案看清代民事诉讼制度》（李艳君著，云南大学出版社，2009 年）、《清代民国司法档案与北京地区法制》（中国政法大学法律古籍整理研究所编，中国政法大学出版社，2014 年）、《大理院婚姻、继承司法档案的整理与研究》（王坤、徐静莉著，知识产权出版社，2014 年）等。

总之，已经出版的司法档案汇编数量不多，尚有浩如烟海的多种多样的司法档案躺在档案馆中睡大觉，学界应该对其积极开发，促进中国法律史研究往纵深方向发展。当前，仅靠档案馆自觉整理司法档案效率实在太低，时间也是无限期的，如果寄望于史学家参与整理司法档案，其研究角度又有所不同；而法学家尤其是专门研究中国法律史的学者若能参与到档案馆馆藏档案的整理与研究中来，甚至可以从法律角度对档案馆开放档案进行督促，也许会起到意想不到的效果。

特别值得一提的是，《中国档案研究（第七辑）》的出版得到谭必勇、钟文荣、孙大东、邓君、张卫东、任越、徐拥军、胡莹、张会超、周林兴等贤友的赞助，在此表示感谢！

赵彦昌
2019 年 6 月 1 日

# 目 录

## 中国档案史

## 档案管理

## 档案信息化

# 档案文化

# 数字档案馆学

# 会议综述与书评

【中国档案史】

# 西夏借贷契约的性质与程式①

## ——西夏契约性质与程式研究之三

**赵彦龙　扶　静**

（宁夏大学人文学院　银川　750021）

**摘　要：**西夏借贷契约是西夏契约的重要组成部分，其主要出土于西夏故地黑水城和武威，现已被收录于近年出版的《俄藏黑水城文献》《英藏黑水城文献》等大型文献之中。据粗略统计，西夏借贷契约有100多号、300多件，契约内容十分重要，它包括贷粮契约、贷钱契约和贷物契约等。这些出土于西夏境内的借贷契约是西夏时期基层社会农牧民穷困生活的真实而全面的记载，更是西夏时期基层农牧民受剥削和压榨的最原始的凭证，是研究西夏时期社会经济和社会性质重要的第一手史料。我们结合西夏学专家考释公布的比较完整的借贷契约，依据档案学理论，对西夏借贷契约的性质、程式等从微观上做了比较全面透彻的探讨，以揭示其规律。

**关键词：**西夏　借贷契约　性质　程式　契首

　　西夏时期的借贷契约主要出土于西夏故地黑水城和武威，现收录于近年出版的大型文献丛书《俄藏黑水城文献》（以下简称《俄藏》）、《中国藏西夏文献》（以下简称《中藏》）、《英藏黑水城文献》（以下简称《英藏》）、《日本

　　作者简介：赵彦龙（1966—），男，宁夏西吉县人，宁夏大学人文学院教授，硕士生导师，研究方向为古代文书档案；扶静（1988—），女，河南信阳人，宁夏大学人文学院2017级中国古典文献学专业硕士研究生。

　　①　基金项目：本文系教育部人文社会科学研究项目"西夏文书种类功用及体式研究"（19XJA870003）的阶段性研究成果。

藏西夏文文献》（以下简称《日藏》）等之中。通过粗略统计，仅粮食借贷契约就有近百个号、西夏文和汉文借贷契约 300 多件，"约占全部契约的 2/3，不仅数量大，类型也多。"① 根据借贷契约的内容性质，可将出土的西夏借贷契约分为粮食借贷、钱款借贷、物品借贷三种。

　　史金波是对西夏文借贷契约最早进行翻译和研究的专家，他在 2004 年就发表了《西夏粮食借贷契约研究》② 的论文，从借贷契约的制定和形制、立契时间、借贷者的身份、出贷者的身份、借贷粮食的品种和数量、借贷粮食的利息和利率、偿付期限及违约责任、契尾当事人和相关人签名画押、算码、附录十个方面专门探讨了西夏粮食借贷契约。史金波的《西夏社会》（2007年版）一书也对西夏借贷契约进行了研究和介绍。③ 这些研究和资料的介绍为我们继续深入全面地研究契约的其他方面内容提供了可靠的实物证据。现借助史金波的翻译及研究，结合档案学理论，对西夏借贷契约的相关内容进行一些再探索。

# 1　西夏借贷契约概况

　　西夏借贷契约共有 123 个编号、300 多件，这些契约书写文字以西夏文为主、汉文次之，目前已被西夏学专家史金波翻译释录为汉文的有 20 多篇。现据西夏文献收录的情况，笔者将相关重要信息简要列示如下。

## 1.1　粮食借贷契约

　　粮食借贷契约分藏于上述不同的文献之中，共有 116 个编号，现分别简要列述，见表 1。

---

① 史金波. 西夏经济文书研究［M］. 北京：社会科学文献出版社，2017：245.

② 史金波. 西夏粮食借贷契约研究［C］//中国社会科学院学术委员会. 中国社会科学院学术委员会集刊（第一辑）. 北京：社会科学文献出版社，2005：186—204.

③ 史金波. 西夏社会［M］. 上海：上海人民出版社，2007：185—194.

表 1 　　　　　　　　　　　　《粮食借贷契约》档案

| 序号 | 图版编号 | 档案名称 | 版本 | 纸质 | 字体 | 书写文字 | 档案出处 | 备注 |
|---|---|---|---|---|---|---|---|---|
| 1 | 中藏 G31·004 | 乾定申年贷粮契 | 写本 | 麻纸 | 草书 | 西夏文 | 《中藏》第 16 册①第 389 页 | 单页。有签名画押② |
| 2 | 中藏 M21·003 | 乙亥年借麦契 | 写本 | 麻纸 | 楷书 | 西夏文 | 《中藏》第 17 册第 153 页 | 单页。高 27 厘米，宽 20 厘米。存字 8 行 |
| 3 | 俄 ИНВ. NO. 1570－2 | 乾祐戌年贷粮契 | 写本 | 麻纸 | 草书 | 西夏文 | 《俄藏》第十二册③第 272 页 | 封套衬纸。有年款、画押 |
| 4 | 俄 ИНВ. NO. 1745 | 贷粮契等 | 写本 | 麻纸 | 草书 | 西夏文 | 《俄藏》第十二册第 302 页 | 封套衬纸。残片粘贴。有画押 |
| 5 | 俄 ИНВ. NO. 1784 | 贷粮契 | 写本 | 麻纸 | 草书 | 西夏文 | 《俄藏》第十二册第 320 页 | 封套衬纸。有画押 |
| 6 | 俄 ИНВ. NO. 2158－1V～2 | 贷粮契 | 写本 | 麻纸 | 行书 | 西夏文 | 《俄藏》第十三册④第 37～38 页 | 该两件存字行数不等 |
| 7 | 俄 ИНВ. NO. 2243－2 | 贷粮契 | 写本 | 麻纸 | 草书 | 西夏文 | 《俄藏》第十三册第 79 页 | 封套衬纸。有署名、指押 |
| 8 | 俄 ИНВ. NO. 2996－4 | 贷粮契 | 写本 | 麻纸 | 草书 | 西夏文 | 《俄藏》第十三册第 162 页 | 封套衬纸。有签署画押 |
| 9 | 俄 ИНВ. NO. 3252－6 | 借贷文书等 | 写本 | 麻纸 | 草书 | 西夏文 | 《俄藏》第十三册第 167 页 | 封套衬纸。多件残片粘贴 |

① 史金波，陈育宁. 中藏（第 16－17 册）[M]. 兰州：甘肃人民出版社，敦煌文艺出版社，2006.
② 史金波. 西夏文教程 [M]. 北京：社会科学文献出版社，2013：401－403.
③ 史金波，魏同贤，克恰诺夫. 俄藏（第 12 册）[M]. 上海：上海古籍出版社，2006.
④ 史金波，魏同贤，克恰诺夫. 俄藏（第 13 册）[M]. 上海：上海古籍出版社，2007.

续表

| 序号 | 图版编号 | 档案名称 | 版本 | 纸质 | 字体 | 书写文字 | 档案出处 | 备注 |
|---|---|---|---|---|---|---|---|---|
| 10 | 俄 ИНВ. NO. 3586－3586V | 贷款粮契 | 写本 | 麻纸 | 草书 | 西夏文 | 《俄藏》第十三册第 168 页 | 封套衬纸。有年款 |
| 11 | 俄 ИНВ. NO. 3777－5～6 | 贷粮契 | 写本 | 麻纸 | 草书 | 西夏文 | 《俄藏》第十三册第 171 页 | 该两件为封套衬纸 |
| 12 | 俄 ИНВ. NO. 4079－6～31 | 贷粮契 | 写本 | 麻纸 | 草书 | 西夏文 | 《俄藏》第十三册第 184～190 页 | 残页或残片。有指押、签署 |
| 13 | 俄 ИНВ. NO. 4526 | 贷款粮契 | 写本 | 麻纸 | 草书 | 西夏文 | 《俄藏》第十三册第 217 页 | 残卷。同日 5 契相连 |
| 14 | 俄 ИНВ. NO. 4581 | 贷款粮契 | 写本 | 麻纸 | 草书 | 西夏文 | 《俄藏》第十三册第 218 页 | 残页 |
| 15 | 俄 ИНВ. NO. 4596 | 光定丑年贷粮契 | 写本 | 麻纸 | 草书 | 西夏文 | 《俄藏》第十三册第 220 页 | 残卷。有署名、画押 |
| 16 | 俄 ИНВ. NO. 4696－1～7，19～21 | 天庆年、光定申年贷粮契 | 写本 | 麻纸 | 草书 | 西夏文 | 《俄藏》第十三册第 235～242 页 | 残卷或残页。有署名画押 |
| 17 | 俄 ИНВ. NO. 4783－6～7 | 光定午年贷粮契等 | 写本 | 麻纸 | 草书 | 西夏文 | 《俄藏》第十三册第 286～287 页 | 残卷。有年款、署名画押 |
| 18 | 俄 ИНВ. NO. 4979－1 | 天庆甲子年还贷契约 | 写本 | 麻纸 | 草书 | 西夏文 | 《俄藏》第十三册第 318 页 | 残页。有年款、署名画押 |
| 19 | 俄 ИНВ. NO. 5223－3 | 光定未年贷粮契 | 写本 | 麻纸 | 草书 | 西夏文 | 《俄藏》第十四册①第 28 页 | 残页。有年款、署名画押 |

---

① 史金波，魏同贤，克恰诺夫. 俄藏（第 14 册）［M］. 上海：上海古籍出版社，2011.

| 序号 | 图版编号 | 档案名称 | 版本 | 纸质 | 字体 | 书写文字 | 档案出处 | 备注 |
|---|---|---|---|---|---|---|---|---|
| 20 | 俄 ИНВ. NO. 5230 | 卯年贷粮契 | 写本 | 麻纸 | 草书 | 西夏文 | 《俄藏》第十四册第 29 页 | 残页。有年款、署名画押 |
| 21 | 俄 ИНВ. NO. 5522－4 | 贷粮契 | 写本 | 麻纸 | 草书 | 西夏文 | 《俄藏》第十四册第 48 页 | 残页。有签署画押 |
| 22 | 俄 ИНВ. NO. 5812－3 | 贷粮契 | 写本 | 麻纸 | 草书 | 西夏文 | 《俄藏》第十四册第 54 页 | 残卷。有署名、画押 |
| 23 | 俄 ИНВ. NO. 5870－1～9 | 天庆寅年贷粮契 | 写本 | 麻纸 | 草书 | 西夏文 | 《俄藏》第十四册第 57～61 页 | 残卷。有年款、署名画押 |
| 24 | 俄 ИНВ. NO. 5949－18～28、40 | 光定未年、申年等贷粮契 | 写本 | 麻纸 | 草书 | 西夏文 | 《俄藏》第十四册第 81～99 页 | 残页或残卷。有署名画押 |
| 25 | 俄 ИНВ. NO. 5996－1 | 戌年贷粮契 | 写本 | 麻纸 | 草书 | 西夏文 | 《俄藏》第十四册第 110 页 | 残页。存字 7 行。有年款 |
| 26 | 俄 ИНВ. NO. 6377－16～20 | 光定卯年、午年贷粮契等 | 写本 | 麻纸 | 草书 | 西夏文 | 《俄藏》第十四册第 145～148 页 | 卷子。有年款、署名画押 |
| 27 | 俄 ИНВ. NO. 6424－1～2 | 贷粮契 | 写本 | 麻纸 | 草书 | 西夏文 | 《俄藏》第十四册第 152 页 | 残片。有署名画押 |
| 28 | 俄 ИНВ. NO. 6440－1～9 | 天庆亥年贷粮契 | 写本 | 麻纸 | 草书 | 西夏文 | 《俄藏》第十四册第 154～156 页 | 封套衬纸。有年款、署名画押 |
| 29 | 俄 ИНВ. NO. 7741 | 天庆寅年贷粮契 | 写本 | 麻纸 | 草书 | 西夏文 | 《俄藏》第十四册第 188 页 | 卷子。有年款、署名画押 |

续表

| 序号 | 图版编号 | 档案名称 | 版本 | 纸质 | 字体 | 书写文字 | 档案出处 | 备注 |
|---|---|---|---|---|---|---|---|---|
| 30 | 俄 ИНВ. NO. 7826－1～3 | 借贷粮契约 | 写本 | 麻纸 | 草书 | 西夏文 | 《俄藏》第十四册第 196～197 页 | 残片。有署名画押 |
| 31 | 俄 ИНВ. NO. 7889 | 天庆癸亥年贷款粮契 | 写本 | 麻纸 | 草书 | 西夏文 | 《俄藏》第十四册第 202 页 | 残卷。有年款。有署名画押 |
| 32 | 俄 ИНВ. NO. 7892－3～8 | 天庆未年、亥年贷粮契 | 写本 | 麻纸 | 草书 | 西夏文 | 《俄藏》第十四册第 204～207 页 | 残页。有年款、署名画押 |
| 33 | 俄 ИНВ. NO. 7893－5、17 | 贷粮契 | 写本 | 麻纸 | 草书 | 西夏文 | 《俄藏》第十四册第 217 页 | 残片。存字 4 行。有画押 |
| 34 | 俄 ИНВ. NO. 7910－3 | 天庆丑年贷粮契 | 写本 | 麻纸 | 楷书 | 西夏文 | 《俄藏》第十四册第 224 页 | 残片。存字 3 行。有年款 |
| 35 | 俄 ИНВ. NO. 7977－6～9 | 贷粮契 | 写本 | 麻纸 | 草书 | 西夏文 | 《俄藏》第十四册第 230～231 页 | 残片或残页。有署名画押 |
| 36 | 俄 ИНВ. NO. 7994－11 | 贷粮契 | 写本 | 麻纸 | 草书 | 西夏文 | 《俄藏》第十四册第 240 页 | 残页。存字 5 行 |
| 37 | 俄 ИНВ. NO. 8005－1～2 | 光定戊寅年、寅年贷粮契 | 写本 | 麻纸 | 草书 | 西夏文 | 《俄藏》第十四册第 250～251 页 | 残卷。有年款、署名画押 |
| 38 | 俄 ИНВ. NO. W3～W6 | 贷粮契等 | 写本 | 麻纸 | 草书 | 西夏文 | 《俄藏》第十四册第 264 页 | 均为两件残片粘贴。有画押 |
| 39 | 俄 ИНВ. NO. W8 | 天庆巳年借贷契 | 写本 | 麻纸 | 草书 | 西夏文 | 《俄藏》第十四册第 265 页 | 残页。有年款、署名画押 |

续表

| 序号 | 图版编号 | 档案名称 | 版本 | 纸质 | 字体 | 书写文字 | 档案出处 | 备注 |
|---|---|---|---|---|---|---|---|---|
| 40 | 英 Or. 12380－0023① | 抵押贷粮契 | 写本 | 麻纸 | 草书 | 西夏文 | 《英藏》第一册②第 11 页 | 1纸。190 厘米×185 厘米。有画押③ |
| 41 | 英 0371 | 贷粮契 | 写本 | 麻纸 | 草书 | 西夏文 | 《英藏》第一册第 145 页 | 1纸。72 厘米×120 厘米。墨色浅 |
| 42 | 英 0512 | 借贷契约 | 写本 | 麻纸 | 草书 | 西夏文 | 《英藏》第一册第 188 页 | 1纸。110 厘米×160 厘米 |
| 43 | 英 0537 | 借贷文书 | 写本 | 麻纸 | 草书 | 西夏文 | 《英藏》第一册第 200 页 | 1纸。200 厘米×70 厘米。纸质薄 |
| 44 | 英 1062 | 借贷契约 | 写本 | 麻纸 | 草书 | 西夏文 | 《英藏》第二册第 18 页 | 残片。1 纸。100 厘米×50 厘米 |
| 45 | 英 1668 | 贷粮契 | 写本 | 麻纸 | 草书 | 西夏文 | 《英藏》第二册第 168 页 | 1纸。残片。90 厘米×104 厘米 |
| 46 | 英 1671 | 贷粮契 | 写本 | 麻纸 | 草书 | 西夏文 | 《英藏》第二册第 169 页 | 1 纸。残片。135 厘米×105 厘米。纸质薄 |
| 47 | 英 1673 | 贷粮契 | 写本 | 麻纸 | 草书 | 西夏文 | 《英藏》第二册第 169 页 | 1 纸。残片 95 厘米×110 厘米。纸质薄 |

① 注：英 Or. 12380 号是斯坦因第三次西域探险活动所获档案的顺序号，本表中所整理的英藏档案均属该档案的顺序号下，故在该表以下图版编号顺序中省略该顺序号，只写实体档案的顺序号，如英×××。

② 谢玉杰，吴芳思. 英藏（第 1—4 册）[M]. 上海：上海古籍出版社，2005.

③ 文书纸之高、宽后的量词均为厘米，下同。

续表

| 序号 | 图版编号 | 档案名称 | 版本 | 纸质 | 字体 | 书写文字 | 档案出处 | 备注 |
|---|---|---|---|---|---|---|---|---|
| 48 | 英 1740 | 贷粮契 | 写本 | 麻纸 | 草书 | 西夏文 | 《英藏》第二册第 186 页 | 1 纸。残片。53 厘米×102 厘米 |
| 49 | 英 1749 | 贷粮契 | 写本 | 麻纸 | 草书 | 西夏文 | 《英藏》第二册第 188 页 | 1 纸。150 厘米×120 厘米。2 残片 |
| 50 | 英 1793 | 贷粮契 | 写本 | 麻纸 | 草书 | 西夏文 | 《英藏》第二册第 201 页 | 1 纸。125 厘米×125 厘米。纸质薄 |
| 51 | 英 1800 | 贷粮契 | 写本 | 麻纸 | 草书 | 西夏文 | 《英藏》第二册第 203 页 | 2 纸。200 厘米×140 厘米。纸质薄 |
| 52 | 英 1810 | 贷粮契 | 写本 | 麻纸 | 草书 | 西夏文 | 《英藏》第二册第 207 页 | 1 纸。180 厘米×100 厘米。粗帘纹 |
| 53 | 英 1815 | 抵押贷粮契 | 写本 | 麻纸 | 草书 | 西夏文 | 《英藏》第二册第 209 页 | 1 纸。残片。180 厘米×107 厘米。纸质薄 |
| 54 | 英 2035 | 贷粮契 | 写本 | 麻纸 | 草书 | 西夏文 | 《英藏》第二册第 307 页 | 残 |
| 55 | 英 2134 | 贷粮契 | 写本 | 麻纸 | 草书 | 西夏文 | 《英藏》第二册第 345 页 | 1 纸。残片。135 厘米×250 厘米 |
| 56 | 英 2156b | 贷粮契 | 写本 | 麻纸 | 草书 | 西夏文 | 《英藏》第三册第 6 页 | 1 纸。残片。255 厘米×135 厘米。墨色浅 |

续表

| 序号 | 图版编号 | 档案名称 | 版本 | 纸质 | 字体 | 书写文字 | 档案出处 | 备注 |
|---|---|---|---|---|---|---|---|---|
| 57 | 英 2158 | 贷粮契 | 写本 | 麻纸 | 草书 | 西夏文 | 《英藏》第三册第 7 页 | 2纸。90 厘米×148 厘米。残片 |
| 58 | 英 2159a、b | 贷粮契 | 写本 | 麻纸 | 草书 | 西夏文 | 《英藏》第三册第 8 页 | 2纸。残片。纸质薄 |
| 59 | 英 2162 | 贷粮契 | 写本 | 麻纸 | 草书 | 西夏文 | 《英藏》第三册第 9 页 | 2纸。残片。墨色浅 |
| 60 | 英 2165 | 贷粮契 | 写本 | 麻纸 | 草书 | 西夏文 | 《英藏》第三册第 11 页 | 1 纸。残片。150 厘米×130 厘米 |
| 61 | 英 2317 | 贷粮契 | 写本 | 麻纸 | 草书 | 西夏文 | 《英藏》第三册第 70 页 | 1 纸。残片。135 厘米×70 厘米 |
| 62 | 英 2319RV | 贷粮契 | 写本 | 麻纸 | 草书 | 西夏文 | 《英藏》第三册第 71 页 | 1 纸。残片。110 厘米×80 厘米。纸质薄 |
| 63 | 英 2322RV | 贷粮契 | 写本 | 麻纸 | 草书 | 西夏文 | 《英藏》第三册第 72 页 | 1 纸。残片。140 厘米×86 厘米。纸质薄 |
| 64 | 英 2329 | 贷粮契 | 写本 | 麻纸 | 草书 | 西夏文 | 《英藏》第三册第 74 页 | 2纸。55 厘米×103 厘米。残片 |
| 65 | 英 2528 | 贷粮契 | 写本 | 麻纸 | 草书 | 西夏文 | 《英藏》第三册第 138 页 | 1 纸。残片。185 厘米×120 厘米。纸质薄 |

| 序号 | 图版编号 | 档案名称 | 版本 | 纸质 | 字体 | 书写文字 | 档案出处 | 备注 |
|------|----------|----------|------|------|------|----------|----------|------|
| 66 | 英 2529 | 贷粮契 | 写本 | 麻纸 | 草书 | 西夏文 | 《英藏》第三册第 138 页 | 1 纸。残片。180 厘米×145 厘米 |
| 67 | 英 2772 | 贷粮契 | 写本 | 麻纸 | 草书 | 西夏文 | 《英藏》第三册第 223 页 | 1 纸。残片。200 厘米×73 厘米 |
| 68 | 英 2825 | 贷粮契 | 写本 | 麻纸 | 草书 | 西夏文 | 《英藏》第三册第 241 页 | 2 纸。190 厘米×135 厘米。墨色浅 |
| 69 | 英 3249RV | 借贷契约 | 写本 | 麻纸 | 草书 | 西夏文 | 《英藏》第四册第 68 页 | 1 纸。残片。195 厘米×125 厘米。纸质薄 |
| 70 | 英 3271～3273 | 贷粮契 | 写本 | 麻纸 | 草书 | 西夏文 | 《英藏》第四册第 77 页 | 该 3 件各 1 纸残片 |
| 71 | 英 3274RV | 贷粮契 | 写本 | 麻纸 | 草书 | 西夏文 | 《英藏》第四册第 78 页 | 1 纸。残片。110 厘米×120 厘米。纸质薄 |
| 72 | 英 3278 | 贷粮契 | 写本 | 麻纸 | 草书 | 西夏文 | 《英藏》第四册第 80 页 | 1 纸。残片。205 厘米×100 厘米。纸质薄 |
| 73 | 英 3319～3320 | 贷粮契 | 写本 | 麻纸 | 草书 | 西夏文 | 《英藏》第四册第 104 页 | 该两件各 1 纸残片 |
| 74 | 英 3324 | 贷粮契 | 写本 | 麻纸 | 草书 | 西夏文 | 《英藏》第四册第 106 页 | 1 纸残片。175 厘米×205 厘米。粗帘纹 |

续表

| 序号 | 图版编号 | 档案名称 | 版本 | 纸质 | 字体 | 书写文字 | 档案出处 | 备注 |
|------|----------|----------|------|------|------|----------|----------|------|
| 75 | 英 3327 | 贷粮契 | 写本 | 麻纸 | 草书 | 西夏文 | 《英藏》第四册第 109 页 | 1 纸。185 厘米× 235 厘米 |
| 76 | 英 3328 | 贷粮契 | 写本 | 麻纸 | 草书 | 西夏文 | 《英藏》第四册第 109 页 | 1 纸。190 厘米× 245 厘米。纸质薄 |
| 77 | 英 3355 | 贷粮契 | 写本 | 麻纸 | 草书 | 西夏文 | 《英藏》第四册第 124 页 | 1 纸。135 厘米× 230 厘米。背面有字 |
| 78 | 日藏 12—06b | 借贷文书 | 写本 | 麻纸 | 草书 | 汉文 | 《日藏》下册①第 352 页 | 残件。存字 6 行 |
| 79 | 日藏 12—06d | 借贷文书 | 写本 | 麻纸 | 草书 | 汉文 | 《日藏》下册第 353～354 页 | 残件。存字 8 行 |
| 80 | 中藏 B11·012—1P | 谷物借贷账残页 | 写本 | 麻纸 | 草书 | 西夏文 | 《中藏》第一册②第 368 页 | 残页。存字 13 行 |
| 81 | 中藏 B11·013—5P | 借贷账残页 | 写本 | 麻纸 | 草书 | 西夏文 | 《中藏》第二册第 41 页 | 残页。存字 5 行。有涂改 |
| 82 | 中藏 G11·022 | 借贷文书残页 | 写本 | 麻纸 | 草书 | 西夏文 | 《中藏》第十六册第 41 页 | 单页。1 件。存文字 4 行 |
| 83 | 中藏 G11.032PV | 借贷文书残页 | 写本 | 麻纸 | 行书 | 汉文 | 《中藏》第十六册第 46 页 | 残页。存字 2 行 |
| 84 | 俄 ИНВ. NO. 23—7～11 | 贷粮账 | 写本 | 麻纸 | 草书 | 西夏文 | 《俄藏》第十二册第 5～7 页 | 该 5 件为残页或残片 |

续表

| 序号 | 图版编号 | 档案名称 | 版本 | 纸质 | 字体 | 书写文字 | 档案出处 | 备注 |
|---|---|---|---|---|---|---|---|---|
| 85 | 俄 ИНВ. NO. 162-12 | 贷粮账 | 写本 | 麻纸 | 草书 | 西夏文 | 《俄藏》第十二册第 32 页 | 残页。有署名、画押 |
| 86 | 俄 ИНВ. NO. 365 | 贷粮账 | 写本 | 麻纸 | 草书 | 西夏文 | 《俄藏》第十二册第 107 页 | 封套衬纸。多件残片粘贴 |
| 87 | 俄 ИНВ. NO. 512 | 贷粮账 | 写本 | 麻纸 | 草书 | 西夏文 | 《俄藏》第十二册第 121 页 | 封套衬纸。有签署、画押 |
| 88 | 俄 ИНВ. NO. 954 | 光定未年贷粮账 | 写本 | 麻纸 | 行书 | 西夏文 | 《俄藏》第十二册第 146 页 | 残页。有年款、签署、画押 |
| 89 | 俄 ИНВ. NO. 986-1 | 光定巳年贷粮契（账） | 写本 | 麻纸 | 草书 | 西夏文 | 《俄藏》第十二册第 146 页 | 残页。有年款、签署画押 |
| 90 | 俄 ИНВ. NO. 1095-1~2 | 贷粮账 | 写本 | 麻纸 | 草书 | 西夏文 | 《俄藏》第十二册第 178 页 | 该两件残页或残片 |
| 91 | 俄 ИНВ. NO. 1320-1~9 | 贷粮账 | 写本 | 麻纸 | 楷书 | 西夏文 | 《俄藏》第十二册 第 231~234 页 | 该 14 件残页或残片① |
| 92 | 俄 ИНВ. NO. 1870 | 夏汉合璧贷钱粮账 | 写本 | 麻纸 | 草书 | 夏汉双文 | 《俄藏》第十二册第 331 页 | 封套衬纸。两处有汉文 |
| 93 | 俄 ИНВ. NO. 2176-1~3 | 乾祐壬寅年贷粮账等 | 写本 | 麻纸 | 草书 | 西夏文 | 《俄藏》第十三册第 64 页 | 封套衬纸。有年款、汉字日期 |
| 94 | 俄 ИНВ. NO. 2493-2~3 | 贷粮账 | 写本 | 麻纸 | 草书 | 西夏文 | 《俄藏》第十三册第 82~83 页 | 封套衬纸。第 3 号有签署画押 |

① 注：该号下第 9 号在第 14 册后附《叙录》的题名为"文书"，第 14 册目录则为"贷粮账等"。存疑。

续表

| 序号 | 图版编号 | 档案名称 | 版本 | 纸质 | 字体 | 书写文字 | 档案出处 | 备注 |
|---|---|---|---|---|---|---|---|---|
| 95 | 俄 ИНВ. NO. 2547—19 | 贷粮账 | 写本 | 麻纸 | 草书 | 西夏文 | 《俄藏》第十三册第 94 页 | 缝缀装。存字 12 行。有涂改 |
| 96 | 俄 ИНВ. NO. 2851—32 | 贷粮账 | 写本 | 麻纸 | 草书 | 西夏文 | 《俄藏》第十三册第 135 页 | 缝缀装。存字 12 行 |
| 97 | 俄 ИНВ. NO. 2858—11 | 贷款粮账等 | 写本 | 麻纸 | 草书 | 西夏文 | 《俄藏》第十三册第 141 页 | 缝缀装。存字 8 行 |
| 98 | 俄 ИНВ. NO. 3763 | 贷粮账 | 写本 | 麻纸 | 草书 | 西夏文 | 《俄藏》第十三册第 169 页 | 封套衬纸。存字 4 行 |
| 99 | 俄 ИНВ. NO. 4384—7 | 天庆寅年贷粮账 | 写本 | 麻纸 | 草书 | 西夏文 | 《俄藏》第十三册第 208 页 | 残卷。有年款、画押① |
| 100 | 俄 ИНВ. NO. 4762—6～7 | 天庆寅年贷粮账等 | 写本 | 麻纸 | 草书 | 西夏文 | 《俄藏》第十三册第 279～280 页 | 残卷。有年款、署名画押 |
| 101 | 俄 ИНВ. NO. 4776—1～2 | 借贷账 | 写本 | 麻纸 | 草书 | 西夏文 | 《俄藏》第十三册第 281 页 | 残片。存字行数不等 |
| 102 | 俄 ИНВ. NO. 4991—3 | 光定午年借贷文书 | 写本 | 麻纸 | 草书 | 西夏文 | 《俄藏》第十三册第 321 页 | 残页。有年款、署名、指押 |
| 103 | 俄 ИНВ. NO. 5820—2～3 | 贷粮账 | 写本 | 麻纸 | 草书 | 西夏文 | 《俄藏》第十四册第 56 页 | 残片。有署名画押 |
| 104 | 俄 ИНВ. NO. 7415—2 | 贷粮账 | 写本 | 麻纸 | 草书 | 西夏文 | 《俄藏》第十四册第 178 页 | 残页。存字 8 行。署名画押 |
| 105 | 英 0160 | 抵押贷粮账 | 写本 | 麻纸 | 草书 | 西夏文 | 《英藏》第一册第 59 页 | 1 纸，残片 |

---

① 注：该文书与《俄藏》第十册第 233 页的同号文书为何关系？存疑。

| 序号 | 图版编号 | 档案名称 | 版本 | 纸质 | 字体 | 书写文字 | 档案出处 | 备注 |
|---|---|---|---|---|---|---|---|---|
| 106 | 英 0199 | 贷粮账 | 写本 | 麻纸 | 草书 | 西夏文 | 《英藏》第一册第 68 页 | 1 纸。25 厘米×35 厘米 |
| 107 | 英 1396 | 贷粮账 | 写本 | 麻纸 | 草书 | 西夏文 | 《英藏》第二册第 101 页 | 1 纸。残片。130 厘米×120 厘米① |
| 108 | 英 1592 | 贷粮账 | 写本 | 麻纸 | 草书 | 西夏文 | 《英藏》第二册第 148 页 | 1 纸。残片。115 厘米×110 厘米。墨色浅 |
| 109 | 英 3262～3265 | 贷粮账 | 写本 | 麻纸 | 草书 | 西夏文 | 《英藏》第四册第 74 页 | 各 1 纸残片。纸质薄 |
| 110 | 英 3293 | 贷粮账 | 写本 | 麻纸 | 草书 | 西夏文 | 《英藏》第四册第 90 页 | 115 厘米×275 厘米。多纸残片 |

## 1.2 钱物借贷契约

钱物借贷契约有 6 个编号 10 件，主要出土于黑水城等地区。现根据《中藏》《俄藏》中收录情况依次将图版编号、档案名称、版本、纸质、字体、书写文字、档案出处以及该档案的其他相关信息整理成表 2。

---

① 注：以上 0023、0160、0199、0371、0512、0537、1062、1396、1668、1671、1673、1740、1749、1793、1800、1810、1815、2035、2134、2158、2156b、2159a、2162、2159b、2165、2303、2317、2319RV、2322RV、2329、2528、2529、2772、2825、3249RV、3262～3265、3271～3273、3274RV、3278、3293、3319、3320、3324、3327、3328、3355 号档案原定名称"草书契约""草书写本""佛经""文书""律令"等，现据史金波《〈英藏黑水城文献〉定名刍议及补证》（《西夏学（第 5 辑）》，上海古籍出版社，2010 年，第 6～16 页）改定名称为"借贷契约""贷粮契约"等。

表 2 　　　　　　　　　《钱物借贷契约》档案

| 序号 | 图版编号 | 档案名称 | 版本 | 纸质 | 字体 | 书写文字 | 档案出处 | 备注 |
|---|---|---|---|---|---|---|---|---|
| 1 | 中藏 B11・012－2P | 利钱账和借贷残页 | 写本 | 麻纸 | 行书 | 西夏文 | 《中藏》第一册第 368 页 | 残页。存大字 10 行，小字 7 行 |
| 2 | 俄 ИНВ. NO. 7779A | 天盛十五年王受贷钱契 | 写本 | 麻纸 | 楷书 | 汉文 | 《俄藏》第六册①第 321 页 | 被切割成大小略同的 2 块残片。存字 12 行 |
| | 俄 ИНВ. NO. 7779 B | 天盛十五年令胡阿借钱账 | 写本 | 麻纸 | 楷书 | 汉文 | 《俄藏》第六册第 322 页 | 共 3 块残片，存字 6 行。有年款 |
| | 俄 ИНВ. NO. 7779 E | 贷钱契 | 写本 | 麻纸 | 楷书 | 汉文 | 《俄藏》第六册第 325 页 | 存字 3 行。第 3 行有 4 个押印 |
| 3 | 俄 ИНВ. NO. 986－1～2 | 光定庚辰十年贷钱契与巳年贷钱契等 | 写本 | 麻纸 | 草书 | 西夏文 | 《俄藏》第十二册第 156～157 页 | 该两件残页或多件残片粘贴。有年款、署名、画押 |
| 4 | 俄 ИНВ. NO. 1156－1 | 钱物账单等 | 写本 | 麻纸 | 草书 | 西夏文 | 《俄藏》第十二册第 181 页 | 封套衬纸。多件残片黏粘。有画押 |
| 5 | 俄 ИНВ. NO. 1523－23～24 | 乾祐辰年贷钱文书 | 写本 | 麻纸 | 草书 | 西夏文 | 《俄藏》第十三册第 265 页 | 封套衬纸。有年款和签署 |
| 6 | 俄 Дх. 19076R | 直多昌磨口移借钱契 | 写本 | 麻纸 | 行草书 | 汉文 | 《俄藏敦煌文献》第十七册②第 336 页 | 残页。文书正面文字残存 12 行。有画押 |

① 史金波，魏同贤，克恰诺夫. 俄藏（第 6 册）[M]. 上海：上海古籍出版社，2000.

② 孟列夫，钱伯城. 俄藏敦煌文献（第 17 册）[M]. 上海：上海古籍出版社，俄罗斯科学院东方研究所圣彼得堡分所，俄罗斯科学出版社东方文学部，2001.

### 1.3　物品借贷契约

物品借贷契约有 1 个编号 1 件，收录在《俄藏》第十二册，编号为俄ИНВ. NO. 955《光定巳年（1221）贷物契》。

## 2　西夏借贷契约的性质

西夏借贷是西夏社会基层最为普遍的一种经济现象，印证了西夏社会基层高利盘剥的实质和老百姓的穷苦生活，也反映出了西夏借贷契约的性质：以私契为主、官契为辅，还可理解为借贷契约底账。

私契即白契，借贷双方私下交易并以此获利的行为，契纸上未有任何官印，属偷税漏税的非法行为。官契即红契，借贷双方经协商同意并公开主动向官府缴纳相关的契税，官府在契约上加盖买卖税院官印，从而使其成为合法的买卖行为，同时得到官府的保护和法律的保障。当然，目前并未见到加盖官印的西夏借贷契约。虽然从这些契约各要素来看，除了官府印章外都很齐全，更有依律法承罪并有官府罚金等违约责任条款，但这可能都是债权人恐吓债务人或掩人耳目的行为。可见，西夏民间普遍流行私契，其目的是逃税，从而中饱私囊。

西夏借贷契约的性质或许还可理解为契约底账。在正常情况下，同一契约有债权人持有的单契，债权人和债务人同时持有的合契，以及债权人、债务人、证人持有的多份合契，但并未见到一纸书写多件契约的现象。因此，我们以为一纸书写多件契约的情况，可以定性为由债权人保存的借贷契约底账。所见西夏借贷契约很多是一纸书写多件契约，有的长卷多达几十件契约，形成连在一起的契约籍账。同一文书长卷中的多种契约借贷者不同，但往往出借者即债权人。借贷契约实际上是保存在债权人手中的借贷契约账册。如前述俄ИНВ. NO. 4696 贷粮契，原为粘连在一起的长卷，有 50 多件契约。还有俄ИНВ. NO. 5949−22 有 4 件契约，俄ИНВ. NO. 5949−27 有 5 件契约。从上面统计可知，西夏不仅有正式的借贷契约，还有众多的贷粮款账目，如俄ИНВ. NO. 7892−2V 贷粮账残页，"这是一件类似简单贷粮契约的账目，有借贷时间、借贷者、借贷谷物品种、数量以及还贷数量，还有一行写借贷者的名字"[1]。正如英藏 Or. 8212 号共有 15 件汉文西夏天庆年间典当契[2]一样，"这批典当文契，都是天庆十一年（1204）五月书写的。各契按日相连，可能是典当商人裴松的典当契约底账"[3]。由此，或许可以证明，西夏借贷契约大都以底账形式而被保存。

## 3 西夏借贷契约的程式

西夏借贷契约不论是西夏文还是汉文或是汉夏合璧，其程式都比较完整，可以归纳为由"契首＋主体＋契尾"三块构成。

### 3.1 契首

契首由立契时间、立契者构成。

#### 3.1.1 立契时间

从上引西夏借贷契约来看，基本上都有立契时间，但立契时间大有不同，通过总结，大约有以下五种类型：

一是皇帝年号—干支纪年—月—日，如俄 ИНВ. NO. 986－1《光定庚辰十年（1220）贷钱契》立契时间："光定庚辰十年……"这里的"光定"为西夏神宗遵顼年号，"庚辰"为天干中的第七干和地支中的第五支的顺序配合，"十年"为庚辰的第十年，由于该契有残，故具体月、日不得而知。

二是皇帝年号—支纪年—月—日，如俄 ИНВ. NO. 6377－16（1、2、3）《光定卯年（1219）贷粮契》立契时间："光定卯年三月六日。"这里的"光定"为西夏神宗遵顼年号，"卯年"是地支中的第四支，"三月六日"是月、日。

---

① 史金波. 西夏经济文书研究 [M]. 北京：社会科学文献出版社，2017：191－209.

② 沙知，吴芳思. 斯坦因第三次中亚考古所获汉文文献（非佛经部分）第 1 册 [M]. 上海：上海辞书出版社，2005：197－204.

③ 陈国灿. 西夏天庆间典当残契的复原 [C]. //白滨. 西夏史论文集. 银川：宁夏人民出版社，1984：320.

三是干支纪年—月—日，如内蒙古 M21.003《乙亥年（1215）贷粮契》立契时间："乙亥年二月五日。"这里的"乙亥年"为天干中第二干和地支中第十二支的顺序配合，"二月五日"为月、日。

四是支纪年—月—日，如俄 ИНВ. NO. 5870－2《天庆寅年（1194）贷粮契》第三件立契时间："寅年二月二日。"这里的"寅年"为地支中的第三支，"二月二日"为月、日。

五是直接由"日"构成，如俄 ИНВ. NO. 8005－1《光定午寅年（1218）贷粮契》立契时间："同日。"① 当然，这种立契时间是有前提的，即同一纸前面还写有同年、月、日的其他契约。

### 3.1.2 立契者

立契者是契约成立最为关键的要素，借贷契约中的立契者就是债务人或借贷者，在立契时间后直接写清姓名，而且大多为一人，个别为两人。立契者为两人者，如俄 ИНВ. NO. 5870－2《天庆寅年（1194）贷粮契》的立契者为"梁五月宝及梁盛犬"。立契者中既有汉族，也有党项族，如俄 ИНВ. NO. 6377－16《光定卯年（1219）贷粮契》第三件中的"李扇显"、俄 ИНВ. NO. 4526（1）《贷粮契》第一件中的"李犬吉"、俄 ИНВ. NO. 955《光定巳年（1221）贷物契》中的"李□□"等均为汉族，其余大多为党项族，如梁功铁、吉祥子引、梁羌德犬、老房势、什或狗盛等。②

## 3.2 主体

借贷契约的主体包括借贷缘由、出借者、标的物、借贷时间及期限、利息、违约责任、立契者态度等。当然，主体中的要素并不一定都是必须具备的，有的成为可选择要素。

### 3.2.1 借贷缘由

借贷缘由是西夏借贷契约中可选择条款。西夏贷粮契基本上都不写借贷

---

① 史金波. 西夏经济文书研究 [M]. 北京：社会科学文献出版社，2017：551－580.
② 史金波. 西夏经济文书研究 [M]. 北京：社会科学文献出版社，2017：547－584.

缘由，"贷粮契不记贷粮原因。借贷时间大多集中在春季，为青黄不接时期"①。这时普通老百姓不是缺吃就是少种，不得不以贷而维持生计或耕种。只有个别贷粮契模糊地书写了借贷缘由，如内蒙古 M21.003《乙亥年（1215）贷粮契》则写道："今因需要麦。"②

### 3.2.2　出借者

出借者是借贷契约中的被动者，更是高利盘剥者，又称债权人。其书写程式为：地名（或寺名）＋出借者姓名（或姓和身份或姓名），这里的"地名（或寺名）"为可选择项。例如，俄 ИНВ. NO. 4762－6（1、2）《天庆寅年贷粮契》三件契约中均写作"普渡寺中持粮人梁喇嘛等处"，这里的"普渡寺"为寺名，"梁喇嘛"则为出借者的姓和身份；俄 ИНВ. NO. 6377－16（1、2、3）《光定卯年贷粮契》第一件中写作"兀尚般若山自本持者老房势处"，"兀尚般若山"为地名，"老房势"为出借者的姓名；俄 ИНВ. NO. 4762－7《贷粮契》第二件写作"向使军老房□处"，"使军"为其身份，"老房□"表明出借者的姓名；有的借贷契约并不写出借者所在地名，而直接写姓名，如俄 ИНВ. NO. 5870－2《天庆寅年贷粮契》写作"梁那证盛及喇嘛处"③。

由上可知，出借者身份比较复杂，既有寺庙的僧人，又有家境殷实的富户，还有处于奴隶或半奴隶状态的使军；既有一人，又有两人或多人，而且基本上以寺庙僧人和党项族人为主。

### 3.2.3　标的物

标的物是借贷双方或多方权利义务关系所指向的具体对象。在借贷契约中即指各种粮食、钱款或物品。

从目前所统计的借贷契约来看，粮食主要有麦、大麦、杂粮、粟、谷、糜等；在钱款方面，上述贷钱契约并未清楚交代钱款的载体，但从出土西夏钱币来看，铜钱和铁钱都存在，且以铜钱为主；物品则是一种以"卷"计量的东西，这种东西到底为何物，目前还不得而知。

---

①　史金波. 西夏经济文书研究［M］. 北京：社会科学文献出版社，2017：245.
②　史金波. 西夏经济文书研究［M］. 北京：社会科学文献出版社，2017：580.
③　史金波. 西夏经济文书研究［M］. 北京：社会科学文献出版社，2017：547－566.

据上述标的物来看,粮食和钱款只是暂时转移离开其原有的主人,等到一定期限后不仅标的物会回归原有的主人,而且还会有很大的利润。只有物品似乎并没有增加利润,到期原物归还则可。

### 3.2.4 借贷时间及借贷期限

借贷时间也指立契时间。借贷期限指立契时间到最后的归还日期。

粮食借贷的时间主要集中在每年的正月二十九日、三月六日、二月一日、二月二日、二月二十五日、二月五日、闰三月一日、五月十二日等。从正月二十九日至三月[1],一般情况下是准备耕种和青黄不接时期,借粮很可能是作为种子或口粮;但闰三月一日、五月十二日[2]借粮则应该只能是用于糊口。借贷期限从上述契约来看一般都从二月始到七月一日、八月一日或九月一日止,大约七个月以内,即到当年新的粮食成熟为止。有的契约并不明确交代还粮日期,如俄 ИНВ. NO. 4762−6(1、2、3)《天庆寅年贷粮契》中写作"……一月有一斗还二升利,至本利相等时还"[3]。通过计算,大约五个月就会达到本利相等。因此,一般在当年的七月一日前就要本利还清。

在契约中,钱款借贷的时间有正月十日、还款时间有十月十五日[4];有借款时间为正月十六日、还款期限为"壹佰叁拾夜"的契约。[5] 这里以"夜"为时间单位,而过一夜实际上就是一天。从上述借款时间来看,也是在青黄不接时期,可能是用来购买粮种或糊口。由此看来,钱款借贷时间比较固定,但还钱本利期限并不固定,而是根据实际需要所定。

在契约中,有物品借贷的时间"七月五日",还物品时间"期限同月十五日",[6] 即物品借贷期限为十日。物品借贷是根据使用需要来确定时间和期限,一般情况下时间和期限并不固定。

### 3.2.5 利息

利息是借贷契约必写之要素,也是出借者最为关注的内容。从上述粮食

---

① 史金波. 西夏经济文书研究 [M]. 北京:社会科学文献出版社,2017:547−580.
② 史金波. 西夏经济文书研究 [M]. 北京:社会科学文献出版社,2017:216.
③ 史金波. 西夏经济文书研究 [M]. 北京:社会科学文献出版社,2017:548−550.
④ 史金波. 西夏经济文书研究 [M]. 北京:社会科学文献出版社,2017:582.
⑤ 史金波,魏同贤,克恰诺夫. 俄藏(第6册)[M]. 上海:上海古籍出版社,2000:321.
⑥ 史金波. 西夏经济文书研究 [M]. 北京:社会科学文献出版社,2017:584.

借贷契约来看，大约有三种计息方式：一是以月计息，如俄 ИНВ. NO. 4762－6 (1、2)《天庆寅年贷粮契》中"每月有一斗二升利"。二是以年计息，如俄 ИНВ. NO. 6377－16 (1、2、3)《光定卯年贷粮契》中贷粮时间为三月六日，"借一石五斗麦，每石有五斗利，共算为二石二斗五升，期限同年八月一日"；有的本息一起书写，如俄 ИНВ. NO. 4762－7《贷粮契》中"……借一石麦，本利为一石五斗麦"。① 三是以日计息，如俄 ИНВ. NO. 5812－3《贷粮契》："……石上每日一升利"。② 由上可知，计息方式以月息为最多，年息、日息次之，而年息实际上大都是半年左右。

钱款借贷契约由于残损，看不出利息的数额，但作为必需要素还是存在的。

物品借贷契约数量最少，目前只见到一份，而这一份则并未有利息之条款。看来物品借贷可能不存在利息之事，只是使用时不要损坏并按期归还则可。

### 3.2.6　违约责任

违约责任也是借贷契约的必需要素，而且在契约中都作了明确具体的记载。从上述契约来看，违约责任人都是立契者，对其大概有四种处罚方式：一是"依官法"处罚，如俄 ИНВ. NO. 4762－6《天庆寅年贷粮契》、俄 ИНВ. NO. 7741－7《天庆寅年贷粮契》等；二是倍罚，如俄 ИНВ. NO. 6377－16 (1、2、3)《光定卯年贷粮契》、俄 ИНВ. NO. 4762－7《贷粮契》等；三是按文书规定处罚，如俄 ИНВ. NO. 986－1《光定庚辰十年贷钱契》；四是倍罚＋借者（相借者、担保者），如俄 ИНВ. NO. 6377－16 (1、2、3)《光定卯年贷粮契》、内蒙古 M21.003《乙亥年贷粮契》等。

违约责任被处罚的内容主要有粮食和钱款，钱款借贷契约自然处罚的是钱款，此自不必说。但是，在粮食借贷契约中除了处罚粮食之外，还兼有处罚钱款，如武威 G31·004《乾定申年没瑞隐隐狗贷粮契》中就有"若过期不

---

① 史金波. 西夏经济文书研究 [M]. 北京：社会科学文献出版社，2017：551－563.
② 史金波. 西夏经济文书研究 [M]. 北京：社会科学文献出版社，2017：232.

还来时，先有糜数偿还以外，依官法罚交七十缗钱"①。

### 3.2.7 立契者态度

借贷契约主体最后还要清楚地注明立契者态度，如"服""心服""本心服"等，这也是契约能否成立并生效的有力证据。这种做法从表面上看体现了立契者和出借者双方在平等协商的基础上签订的书面协议，虽然对于立契者来说可能更多的是打掉牙齿往肚里咽的无可奈何的行为，但为了生存不得不违心地同意。上述所列粮食和物品借贷契约基本上无一例外地清楚明白地注明"服""心服""本心服"等字样，这也是西夏所有契约共同固有的一项程式要素。

在钱款借贷契约中，立契者态度的表述则较为复杂一些，如俄 ИНВ. NO. 986－1《光定庚辰十年贷钱契》书："所语一律属实，前所说已记于文书中，实行。"② 这与粮食和物品借贷契约的立契者态度的表述有区别。

### 3.3 契尾

这里探讨的契尾并不是粘贴在契约尾部缴纳契税的收据，而是契约正文的最后一部分内容，即契约所有参与人及其签字画押。

有关契尾所有参与人及其签字画押的重要性，史金波说："它标志着契约的正式确立和法律效力的形成，是履行契约的保证。"③ 可见，契尾内容的不可或缺性，也应是借贷契约的必需要素。契尾所有参与人及其签字画押的相关具体内容可参阅《西夏契约参与人及其签字画押特点》④ 一文。

西夏借贷契约中的参与人有三类，其顺序是立契者、相接契、知人。

立契者即债务人。从上述粮食借贷契约来看，立契者大多为一人，书写在契尾的第一行，可以写姓和名，也可只写名，如俄 ИНВ. NO. 4762－6（1、2）《天庆寅年贷粮契》中"立契者梁羌德犬"、俄 ИНВ. NO. 6377－16（1、2、3）《光定印年贷粮契》中"立契者扇显"。如果是女性的话，也要标

---

① 史金波. 西夏经济文书研究 [M]. 北京：社会科学文献出版社，2017：578.
② 史金波. 西夏经济文书研究 [M]. 北京：社会科学文献出版社，2017：582.
③ 史金波. 西夏经济文书研究 [M]. 北京：社会科学文献出版社，2017：235.
④ 赵彦龙. 西夏契约参与人及其签字画押特点 [J]. 青海民族研究，2015（1）：123－129.

注清楚，如俄 ИНВ．NO．4762－6（1、2）《天庆寅年贷粮契》中"立契者吉祥氏子引"、俄 ИНВ．NO．7741－1《天庆寅年贷粮契》中"立契者嵬移氏女虎"[①] 等。钱款借贷契约由于残破而无法得知立契人的数量。物品借贷契约中的立契者则为两人，如俄 ИНВ．NO．955《光定巳年贷物契》中"立契者□□立契者□□"[②] 这也可能是两个人或两家借用所致。

相接契即保人。保人是出借者为了保证其本利最终不受损失，要求立契者写上与其关系密切的人的姓名，若立契者出现其他不可预料的事情时，保人可承担本利偿还的责任。从上述粮食借贷契约中保人的情况来看，大多都是两人和三人，一人的情况比较少，而且保人中以立契者的子、妻、亲戚或朋友为多，如俄 ИНВ．NO．4762－6（1、2）《天庆寅年贷粮契》中第一份"相接契子般若善、相接契梁羌德山、相接契□恶□恶禅定善"、第三份"相接契妻子苏氏胜乐、相接契子禅定宝、相接契□□□□"[③] 等。由于西夏贷钱契残破，无法得知保人情况。贷物契中并无保人，或许所贷物品并不重要。

知人即证人。知人有一人、两人或多人几种情况。有的契约中直接写作"证人"，如俄 ИНВ．NO．6377－16（1、2、3）《光定卯年贷粮契》第二份"证人嵬移老房犬、证人杨罗山"。有个别契约无证人，如内蒙古 M21.003《乙亥年贷粮契》即如此。知人的职责是见证交易，并不承担本利的赔偿。

西夏借贷契约参与人的签字画押。这些契约的签字大都以代签为主，因为很多人都不识字，更别说是西夏文字。画押有符号、画指和指押三种。"符号画押是当事人在自己的名字下画上代表自己的特有符号，写画时尽量保持同一形状。不同人有不同的画押符号。""画指也叫作画指模，就是在契约中自己的名字下或名旁比对手指，在指尖和两节指节位置画上横线，以为标记，表示契约由自己签署。中国传统画指一般取男左女右，以画中、食指指节为最，画两节或三节。西夏契约中的画指多为三节四画。"[④] 指押应为在指头上粘上颜料摁压在自己名字上或后面，以示契约由自己签署之意愿，如俄

---

①　史金波. 西夏经济文书研究［M］. 北京：社会科学文献出版社，2017：549－560.
②　史金波. 西夏经济文书研究［M］. 北京：社会科学文献出版社，2017：584.
③　史金波. 西夏经济文书研究［M］. 北京：社会科学文献出版社，2017：548－550.
④　史金波. 西夏经济文书研究［M］. 北京：社会科学文献出版社，2017：241.

ИНВ. NO. 7741《天庆寅年贷粮契》第三份"立契者嵬移氏女虎（指押)"①。

综上，通过对西夏借贷契约性质及程式全面深入的研究，揭示出西夏借贷契约的实质，从而也挖掘出西夏借贷契约的程式及写作技巧和方法，这也是我们研究的目的所在。

---

① 史金波. 西夏经济文书研究［M］. 北京：社会科学文献出版社，2017：560.

# 明代申文研究

## ——基于辽宁省档案馆馆藏明代档案

### 吴蒙蒙　　赵彦昌

（辽宁大学历史学院　沈阳　110136）

**摘　要：** 在辽宁省档案馆现存的明代档案中，含有大量的明代官府间往来的上行文书，如申文，其主要用于下级官府对上级官府的陈请。本文以辽宁省档案馆现存明代档案为基础，附以对各种文献史料的利用，全面探究明代申文的含义、基本格式，分析其后期演变的详文的运用，并和另一官府间上行文种——呈文进行比较。

**关键词：** 辽宁省档案馆　明代档案　申文　格式　详文

"申文"亦称为"申"或"申状"。目前，学术界对"申文"的研究成果较少，而且大部分研究都是围绕清代的申文进行的。在著作方面，裴燕生的《历史文书》在介绍清代申文时，简要提及了其在明代的发展；王铭的《文种钩沉》考察了"申"文种的起源与流变；吴宝康的《档案学词典》、梁海清的《历史公文文种大全》等书中对"申文"的解释稍显简略。在一些学位期刊论文中，吴丽娱的《从敦煌吐鲁番文书看唐代地方机构行用的状》、魏琳的《〈宋人佚简〉所收须知册申状公文研究初探》、范建文的《〈宋人佚简〉所收须知册申状公文再议》、秦国经的《清代文书简介——各衙门的来往文书》等分别论述了唐、宋或清代的申文。翟金明的《明代州县公文考论》、曾斌的

**作者简介：** 吴蒙蒙（1997—），女，江苏徐州人，辽宁大学历史学院硕士研究生，研究方向为明代档案史；赵彦昌（1978—），男，河北晋州人，教授，博士生导师，辽宁大学历史学院档案学系主任，辽宁大学中国档案文化研究中心主任，研究方向为中国档案史、历史档案编纂等。

《从明档到〈中国明朝档案总汇〉——附中国明朝档案总汇分类索引说明》等论文则是对明代的申文进行简单的介绍，并未深入具体。总之，当前学术界对明代"申文"的研究范围稍显薄弱，重视程度不够，研究成果还不够系统完善。

# 1　申文的含义

"申"泛指伸展、说明申述、下级向上级禀报、旧时官府下级向上级行文、重复、鬼神、十二地支的第九位等。① 本文所探讨的"申"是一种上行文文种，于唐代开始使用，如《唐律疏议·户婚》中写道："里正须言于县，县申州，州省省，多者奏闻。"② 宋代称之为"申状"，是下级官府向其所隶属的上级官府请示、报告、建言、陈事的正式上行文种，此后历代使用不断。"分详文和验文两种，需要上级批复的叫'申详'，不需要上级批复的叫'申验'。'申'具有申明冤抑和舒陈曲衷的意思，所以申状还可作为下级对上级的做法有不同意见时的申诉。"③ 元代各部向尚书省行文，也用"申状"，不仅下级对所隶属的上级用申状，即使在无直接隶属关系的官府之间，当地位高低悬殊时，居下者对居上者仍须使用上行文"申状"（简称"申"）。明代仍沿用"申状""申"。清代改"申状"为"申文"，为"清代下级地方机关或官员向上级机关或官员请示、陈述所用之上行文书。如府厅以下行文学政，司道行文巡抚，杂职行文州县，州县行文提督等均用之"④，民国时废止。

在辽宁省档案馆馆藏的明代档案的公文文种中，"申状"有 53 件。申状用大幅状式纸张书写而成，纸张的尺寸随上行官府的级别而定，级别越高，纸张的尺寸越大，因而称为"状"，明代朝廷习惯性将状式文件的"状"字省略掉，在公文中直接称"申状"为"申"，很少有"申状"字样，而在辽宁省

---

　① 罗竹风. 汉语大词典 [M]. 上海：汉语大词典出版社，1986－1993：2704－2705.

　② [唐] 长孙无忌. 唐律疏（卷十三）[M]. 岳纯之，点校. 上海：上海古籍出版社，2013：207.

　③ 梁海清. 历代公文文种大全 [M]. 成都：巴蜀书社，2011：359.

　④ 吴宝康，冯子直. 档案学词典 [M]. 上海：上海辞书出版社，1997：503.

档案馆所编的《中国明朝档案总汇》（89 册—101 册）和《明代辽东档案汇编》的目录中称明代的公文"申"为"申文"，所以本文也直接称为"申文"。

## 2　明代申文的格式分析

明代对申文的格式有明确的规定，都有固定的公文程式。一般来说，申文的格式都由起首语、正文、主送者、落款构成。申文同时具有请示和报告两种功能，功能上的差异决定了其公文表述和结构上存在差异，所以把明代的申文分为请示类的申文和报告类的申文。

### 2.1　请示类申文的格式

请示类申文多用于向上级官府请求指示、批准，并且需要得到上级的批复，其格式与呈文大致相同，一般都为"起首语—缘由句—请批句—结束语—主送者—落款"。起首语就是"×××（发文官府或官员姓名）为某某事"，开门见山，让收文者首先就了解了全文大概，更容易理解公文的主要内容；缘由句则是说明事情的缘由经过；请批句说明该申文具体的请批事宜，如"……事，理合具申/申缴施行/合行具申，伏乞照详施行"，其中"伏乞照详施行"意思就是请求审查批示，"照详施行"须另起一行顶格书写；结束语一般以固定语"须至申者"作结束，"申"代表着此公文是申文；主送者，另起一行，顶格写，写于文末，一般为"右申""×××"，具体的收文者另起一行，与上一行"右申"对齐，"右申"中间拉开；落款另起一行，其中时间居左且顶格写，时间上用印，发文者居右，如果发文者不止一人，分行列之。以万历八年十二月二日，《定辽后卫左所带管虎皮营城驿百户翁璇给巡按山东监察御史的申文》为例：

"定辽后卫左所带管虎皮营城驿百户翁璇为请官代理营务事。承奉驻扎辽阳地方副总兵、署都指挥佥事孙朝梁札付，近闻邸报，兵科拾遗论革本职四卫，及照河东重地，恐人心涣散，干系匪轻，合无俯念冬防，批委相应官员，代理本职，早离营伍，庶重地有赖。拟合呈请。为此，今将前项缘由，合行札仰本所，即便具申巡按山东监察御史于处，伏乞照详施行。奉此，理合具申，须至申者。

右　　　　　　　　　申

巡按山东监察御史于

万历八年十二月二日　　　　　　　　百户　翁　璇

军吏　陈伯玉"①

　　申文第一句为起首语："定辽后卫左所带管虎皮营城驿百户翁璇为请官代
理营务事。"表明了该申文的发文目的，即为请求上级批委相应官员暂时来管
理军务。缘由句用引叙词"承奉"作为前导，引用驻扎辽阳地方副总兵、署
都指挥佥事孙朝梁的札付来说明事件的缘由经过，即"兵科拾遗论革本职四
卫，及照河东重地，恐人心涣散，干系匪轻，合无俯念冬防"。请批句也还是
以引用上述来文的形式："批委相应官员，代理本职……为此，今将前项缘
由，合行札仰本所，即便具申巡按山东监察御史于处，伏乞照详施行。"最后
结束语为："奉此，理合具申，须至申者。"该申文的主送者为"右申　巡按
山东监察御史于"。落款中时间为"万历八年十二月二日"，发文者为"百户
翁璇、军吏陈伯玉"（分行列示），印章盖在时间上。又如，嘉靖三十四年九
月初十日，《登州卫指挥使司为比例乞讨贴丁以资军装以苏军困事给山东总督
戚的申文》：

　　"登州卫指挥使司为比例乞讨贴丁，以资军装、以苏军困事。据前千户所
申称，查得袁宁所告伊弟袁宇，原系照例除与袁宁名下帮贴人数，并无应当
别差，例应照旧帮贴缘由到卫。据此，案照先蒙山东等处总督备倭署都指挥
佥事戚批，据登州营操军袁宁告前事。蒙此，仰该卫查原行报夺等因。蒙此，
已经行仰该所查报。去后，今据前因，查得先奉前例，所告相同，似应除给。
缘蒙批，仰查行报夺事理，本卫未敢擅专，拟合就行申报。为此，今将查过
前项缘由，同原蒙批词，理合申缴。伏乞照详施行。须至申者。

右　　　　　　　　　申

山东等处总督备倭署都指挥佥事戚

---

　　①　中国第一历史档案馆，辽宁省档案馆. 中国明朝档案总汇（90）［M］. 桂林：广西师范大学
出版社，2001：32－34.

嘉靖三十四年九月初十日　　指挥使　　刘绍远（优　给）　　王　柱（现任）

栾　熙（京　操）　　赵康候（优给）

张大勋（管海寨）　　刘天相（优给）

同　　知　表虞良（优　给）　　孙斯文（捕倭）

栾继武（京　操）

王　住（公　出）　　刘天胤（现任）

佥　事　李　宙（病）　　王勋荣

刘世昌（京　操）　　卜禹锡（故）

署指挥佥事千户　孙续远（京操）

经　历　陈　阶

钦差总督备倭都指挥戚批：依拟由。缴。"①

## 2.2　报告类申文的格式

报告类申文用于向上级官府陈言报事或答复上级的询问，它不需要得到上级的批复，其格式一般为"起首语—引叙语—汇报语—结束语—主送者—落款"，其中起首语、结束语、主送者和落款与请示类申文大致相同。引叙语是发文者为达行文目的，须言必有征，陈述行文依据，如引叙来文、法令、先例等；汇报语系正文主体核心内容，旨在说明该申文所要汇报的具体事项，陈述要清晰完整，格式为"⋯⋯事，理合具申/申缴施行/合行具申，伏乞照验施行"，其中"伏乞照验施行"意思就是请求知道查考，"照验施行"须另起一行顶格书写。以嘉靖三十八年二月《成山卫指挥使司给山东总督的申文》为例，具体分析：

"成山卫指挥使司为申明律例、查理班军以饬戎务事。承奉钦差山东等处总督备倭署都指挥佥事王札付，准山东都指挥使司咨，蒙钦差巡抚山东地方都察院右副都御史丁批：据本司呈前事等因。奉此，依奉，随行据左前后三所申，据百户冯春等所⋯⋯补完嘉靖三十八年春班原额官军七百六十七员名，

① 辽宁省档案馆，辽宁社会科学院历史研究所. 明代辽东档案汇编［M］. 沈阳：辽沈书社，1985：1147.

现操官军三百七十一员名，未到官军三百九十六员名，照额补完，备申到卫，逐一整点齐足，备造花名、年貌文册，除行原……二仓，每名处给预支月粮六个月给散，仍将造完年貌文册，批差札付指挥徐□，于嘉靖三十八年正月二十七日起程，前赴分巡道用印钤盖，仍赴抚按察院桂号验发赴操外，拟合就行。为此，今将前项缘由，并札付官姓名及起程日期，理合具申，伏乞照验施行。须至申者。

右　　　　　　　　　　　　　　　申

钦差山东等处总督备倭署都指挥佥事王

嘉靖三十八年二月初四日　　　　　　指挥使　　石起凤（优给）

同　知　　丁　燮（巡捕）

张　行（优给）

佥　事　　郑　勋（缘事）

袁　贡（掌印）

汪　洋（京操）

徐　□（京操）

曹一元（管墩）

王允恭（佐二管屯）

经　历　　（缺）

署印百户　□程宽"①

公文第一句"成山卫指挥使司为申明律例、查理班军以饬戎务事"为起首语，表明了该文的发文者和主要事由。引叙语引用外单位的来文："承奉钦差山东等处总督备倭署都指挥佥事王札付……批：据本司呈前事等因。"说明该申文的行文依据，"等因"表示结束引文。然后以汇报语续之，使用转承语"奉此"转入汇报自己的事项，一是汇报赴操事的春班官军的数量和姓名："奉此，依奉……补完嘉靖三十八年春班原额官军七百六十七员名……照额补完，备申到卫，逐一整点齐足，备造花名、年貌名册……每名处给预支月粮

① 辽宁省档案馆，辽宁社会科学院历史研究所. 明代辽东档案汇编［M］. 沈阳：辽沈书社，1985：1118－1119.

六个月给散……"；二是起程日期："于嘉靖三十八年正月二十七日起程，前赴分巡道用印钤盖，仍赴抚按察院挂号验发赴操外，拟合就行。为此，今将前项缘由，并札付官姓名及起程日期，理合具申，伏乞照验施行。"正文最后的结束语为"须至申者"。主送者为"右申　钦差山东等处总督备倭署都指挥佥事王"。落款中时间是"嘉靖三十八年二月初四日"，发文者有指挥使、同知、佥事、经历、署印百户。又如，万历十四年八月，山东布政司盖州库为收贮广宁前兵备道礼银一对听候之销事给山东布政使司右参政郝的申文，如图1所示。

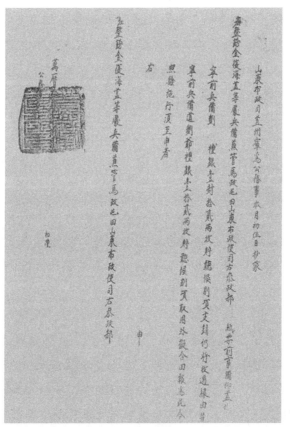

图1　《山东布政司盖州库为收贮广宁前兵备道礼银一对听候之销事给山东布政使司右参政郝的申文》①

①　中国第一历史档案馆，辽宁省档案馆. 中国明朝档案总汇（90）［M］. 桂林：广西师范大学出版社，2001：75.

## 3 明代后期申文的演变

在明代官府间上行文申文中，请示类申文性质相当于请示，需要上级给予批示，结尾用"伏乞照详施行，须至申者"表示，这样使得受文上级官府的承办人员一阅便知此公文需要及时批复。后来人们逐渐习惯将这种需要答复批复的下级官府发来的申文特殊看待，与报告类呈文分列开来，单独处理，称为详文。"元代已有'照详'批示之文。形成规范的文书程式及处理办法，广泛应用则是在明代。清代详文照式承袭，大体未变须由上级批示发还，性质相当于请示。"① 根据行文目的的不同，详文又有详报、详复、详请、详送等诸名目，如嘉靖三十三年八月，《登州卫指挥使司为地方赌博事给山东总督戚的申文》：

"登州卫指挥使司为地方赌博事。据本卫镇抚呈，将问过犯人乔升等招罪缘由到卫。据此，案照先蒙钦差山东等处总督备倭署都指挥佥事戚批，据本卫巡捕卫镇抚史璋呈前事。蒙批：仰该卫详报。其同伙人犯，据本犯已招在官，如果豪强有势之家，该卫难于拿处者，即便速呈……有司拿缉，以安地方，抄由缴等因。蒙此，依蒙遵照批呈内事理，已经备由帖仰该抚问报。去后，今据前因，覆详无异，拟合依律议拟，具招申详。为此，今将问过犯人乔升……蒙批呈，理合申缴。伏乞……

……

钦差山东等处总督备倭署都指挥佥事戚批：看得详报招由，法官已的，但棍伙结党败俗，情极可恶。且史辰、李氏，俱称未到官，该卫枉法曲护可见矣。仰卫务要拘获人犯，逐一完足，速招解夺，转会发落。此缴。"②

在该申文中，正文开头引用钦差山东等处总督备倭署都指挥佥事戚的批："仰该卫详报"，所以登州卫指挥使司发此申文，也就是详报，报告地方民情、

---

① 裴燕生. 历史文书（第二版）[M]. 北京：中国人民大学出版社，2009：259.

② 辽宁省档案馆，辽宁社会科学院历史研究所. 明代辽东档案汇编 [M]. 沈阳：辽沈书社，1985：1154－1155.

军政事务。从最后所附的戚的批复"看得详报招由",可以看出,请示类申文在后期逐渐被称为详文。

# 4 申文与呈文的比较

呈文与申文都属于明代官府间往来文书中的上行文,在明代的使用都比较广泛,在辽宁省档案馆馆藏的明代档案中的数量相对而言都是较多的,两者既有相同之处,也有不同之处。

## 4.1 相同之处

基本结构模式相同。从上面的格式分析可以看出,请示类和报告类申文,其结构都由起首语、正文、结束语、主送者、落款等部分构成,前面叙述的呈文的结构也是如此,由上述几部分构成,每部分都有固定的表达方式和转承语,如蒙批、蒙此、等因等引述词或引结词的用法都一致。

在正文中都是层层转引各级来文,以追叙事件缘由。前面所述呈文结构模式的呆板繁复之蔽,指出其正文开头会多次引用外单位的来文,而在外单位的来文中或许也会引用其他相应单位的来文,在申文中也是如此,如嘉靖三十五年九月,《海阳守御千户所为查报预支粮银数目差官姓名起程日期事给山东总督的申文》:

"海阳守御千户所为申明律例、查理班军以饬戒务事。嘉靖三十五年九月初四日酉时,抄蒙钦差山东等处总督备倭署都指挥佥事袁钧牌,嘉靖三十五年八月二十三日辰时,准山东都指挥使司咨,奉抚、按明文前事等因。蒙此,案照先奉文登营帖文,抄蒙本司纸牌,亦为前事,已经具由回报。去后,今蒙前因,查得本所前去领过原配莱阳县札付官百户韩继宗预支一十一个月,共银九两九钱。现操军人李伏留等一百七十八名,每名预支七个月粮银一两六钱八分,共银二百九十九两四分。帖发各伍,照数放支外,其拨补过逃故军人孙保儿等一百一十四名,每名预支五个粮银一两二钱,共银一百三十六两八钱。并照新例造完文册印钤、粮银数目,一并交与领操百户韩继宗,复于本年八月十五日起程挂号赴操去讫,取具本官,收过逃军银两数目,收领附卷外，拟合就行。为此，今将前项缘由并预支粮银数目、差官职名、起程日期，理合随牌申缴施行。须至申者……"①

该申文在正文开头先是引用了"钦差山东等处总督备倭署都指挥佥事袁钧"所发的牌文，该牌文又引用了"山东都指挥使司"的咨文，以引用来文的形式来说明所申事件的前项缘由。

因为申文与呈文都属于上行文，在正文中都处处体现出对上级的谦恭认真，公文用语都是谦卑恭谨，文书抬头制度也在两者中多次体现。

### 4.2　不同之处

#### 4.2.1　使用范围不同

在明代的《大明会典》所记载的《行移署押体式》中对呈文和申文的书写程式和使用范围进行了明确的规定。

明代申文的使用范围："在京并直隶外州卫指挥使司申五军都督府；应天府申五军都督府；兵马指挥司申五军都督府；各外卫指挥使司申五军都督府；各盐运司申六部；直隶各府申六部；在外各府申都指挥使司、布政使司；各处守御千户所直隶申五军都督府；在外申都指挥使司；直隶各州申六部；在外各州直隶布政司统属申本司；系各府所属止申本府并按察司、各卫并护卫指挥使司；各县申府并按察司、各卫并护卫指挥使司、各在京兵马指挥司；若系各州所属申州；各处仓库、司狱、巡检税课司局、递运河泊所、驿坝等杂职衙门申府（如内有各州所属申州）。"②

呈文的使用范围已有详细叙述，在此就不再阐述。③《大明会典》对两者的发文机关及收文机关都做了规定，两者有各自的行文方向。从同一发文机关来看，如"各外卫指挥使司申五军都督府，但是呈六部""各盐运司申六部，但是呈各布政司"；从同一收文机关来看，如"各外卫指挥使司申五军都

---

① 辽宁省档案馆，辽宁社会科学院历史研究所. 明代辽东档案汇编［M］. 沈阳：辽沈书社，1985：1144－1145.

② ［明］李东阳. 大明会典（卷七十六）［M］. 扬州：广陵书社，2007：1211－1213.

③ 赵彦昌，吴蒙蒙. 明代呈文研究——基于辽宁省档案馆馆藏明代档案［J］. 秘书，2019（4）：56－65.

督府，各都指挥使司呈五军都督府"。

### 4.2.2 用途功能稍有差异

从两种公文类型名称的不同可看出，申文更多地带有申请的意思，而呈文则更多地带有呈报的意思。在山东等处总督备倭署档案中保存了戚继光所发的公文和批语，可以从中比较一下。例如，戚继光批复的登州卫指挥使司所发的申文：关于乞讨贴丁的事登州卫指挥使司不敢擅自定夺，特请求批示，正文后附有戚的批复"依拟由。缴"①。在山东总督戚为催报马草事所发给即墨营的宪牌中："要求即墨营速速将嘉靖九年秋采积马草数目和诿过看守支销官员职名，依限随牌呈来。"② 后续所上交的呈文未得以保存，但由此可看出即墨营需要以呈文的形式向山东总督戚为汇报马草情况。当然这只是说申文与呈文区别的时候，才作如此细微的区分，其实两种公文都同时具有申请和呈报的含义，只不过为了区分的方便，把各自的特点强调了一下。

仅从辽宁省馆藏的明代档案可看出，申文更多地用于解发人犯、钱粮散发、申明律例、查理班军等军政事务；而呈文更多用于地方民情、达贼犯边、案件审理、官员请调、钱粮报销等，总的来说呈文的适用范围和用途较为广泛。

---

① 辽宁省档案馆，辽宁社会科学院历史研究所. 明代辽东档案汇编 [M]. 沈阳：辽沈书社，1985：1147.

② 辽宁省档案馆，辽宁社会科学院历史研究所. 明代辽东档案汇编 [M]. 沈阳：辽沈书社，1985：1073.

# 清代一份奏折形成时间考订及史料价值分析

## 何　庄　　叶雯雯

（中国人民大学信息资源管理学院　北京　100872）

**内容提要**：本文对一份没有具体形成时间的清代奏折，进行标点转录加工，根据奏折提供的线索，结合其他史料对其形成时间进行考订，并对奏折的史料价值进行分析。

**关键词**：清代　奏折　奏折形成时间　价值

1995年，西苑出版社出版了一套《清代皇帝御批真迹选》，包含康熙、雍正和乾隆三位清帝的御批。这套丛书由陈锵仪主编，其迹全部选自中国第一历史档案馆馆藏的清代皇帝亲自批阅的档案原件，其真实性毋庸置疑，但部分档案没有形成日期，或缺年月日，或缺月日，或缺日，编者均未予考订。档案形成时间是一份完整档案的必要组成部分，时间的缺失或讹误，会直接导致档案的无法利用。例如，第二册《雍正皇帝御批真迹》中有一份奏折，编者所定标题为"朱轼等奏呈会试元魁拾卷恭请钦定并选出额外好卷进呈折"[①] 内容是关于将会试前十名的考卷呈送皇帝钦定的事宜，结尾处仅有朱批，没有奏折的具体年月日，如图1所示。以下笔者将对其进行标点转录加工，根据该奏折提供的线索，结合其他史料对其形成时间进行考订，并在此基础上分析其史料价值。

---

**作者简介**：何庄，女，湖北汉川人，博士，中国人民大学信息资源管理学院副教授，硕士生导师。主要研究方向为历史档案与传统文化、档案鉴辨学。叶雯雯，女，广西贵港人，中国人民大学信息资源管理学院2018级硕士研究生。

① 中国第一历史档案馆. 雍正皇帝御批真迹 [M]. 北京：西苑出版社，1995：65.

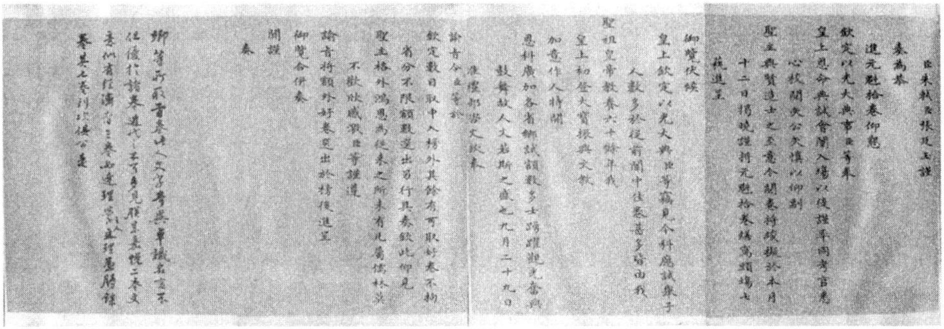

图 1　无年月日奏折原件扫描件

# 1　原文标点转录加工①

臣朱轼臣张廷玉谨

奏：为恭

进元魁拾卷，仰恳

钦定，以光大典事。臣等奉

皇上恩命典试会闱，入场以后，谨率同考官悉

心校阅，矢公矢慎，以仰副

圣主兴贤造士之至意。今阅卷将竣，拟于本月

十二日揭晓。谨将元魁拾卷缮写头场七

艺进呈

御览。伏候

皇上钦定，以光大典。臣等窃见今科应试举子

人数多于之前，闱中佳卷甚多，皆由我

圣祖皇帝教养六十余年。我

皇上初登大宝，振兴文教，

加意作人，特开

---

① 注：原文正文为竖排繁体，楷体墨书，现转录为横排简体，保留原有抬头格式。

恩科。广加各省乡试额数，多士踊跃观光，奋兴

鼓舞，故人文若斯之盛也。九月二十九日

准礼部咨文，钦奉

谕旨，令臣等于

钦定数目取中入榜外，其余有可取好卷，不拘

省分不限额数选出，另行具奏。钦此。仰见

圣主格外鸿恩，为从来之所未有。凡属儒林莫

不欢欣感激。臣等谨遵

谕旨，将额外好卷选出，于榜后进呈

御览，合并奏

闻。谨

奏。

（朱批）卿等所取首卷，此人文字奇异，卓识名言，不但优于诸卷，近代之不可多见，朕甚嘉悦。二卷文意似有经济者，三卷必达理学之人，文理并胜余卷。其七卷列次俱公是。①

## 2 奏折形成时间考订

该书编者将这份无年月日的奏折编入雍正元年（1723）的最末，而《雍正朝汉文朱批奏折汇编》则将该奏折编入雍正十三年（1735）之后的"无具文时间奏折"中②，但两书编者均未说明具体理由，现考订如下：

### 2.1 朝年考订

这份奏折的形成者是朱轼和张廷玉。首先简介此二人。朱轼（1665—1736年），字若曦，江西高安人，清代经学家、文学家，朝廷御用程朱理学

---

① 注：朱批原文为竖排繁体，行书或行草，顶格书写，现转录为横排简体。
② 中国第一历史档案馆. 雍正朝汉文朱批奏折汇编（第31册）[M]. 江苏：江苏古籍出版社，1991：648.

派重要代表，康熙、雍正、乾隆三朝重臣，生于康熙四年（1664），卒于乾隆元年（1736）九月，时年七十二岁，谥号文端，次年归葬故里，乾隆帝御赐"帝师元老"；康熙三十三年（1694）进士，历任湖北潜江知县、陕西学政、奉天府尹、浙江巡抚、左都御史；雍正时，充圣祖实录总裁，行取授刑部主事，督学陕西，累官文华殿大学士，兼吏部尚书。他任浙江巡抚时，首创"水柜法"修筑海塘，因治理沿海水患功垂后世。

张廷玉（1672—1755年），字衡臣，安徽桐城人，清代杰出政治家，大学士张英次子，康熙、雍正、乾隆三朝重臣。康熙三十九年（1700）进士，改庶吉士，授检讨，入值南书房。康熙朝官至刑部左侍郎，整饬吏治。雍正帝即位后，历任礼部尚书、户部尚书、吏部尚书，拜保和殿大学士（内阁首辅）、首席军机大臣等职，完善了军机制度和奏折制度。乾隆帝即位后，君臣渐生嫌疑，晚景凄凉，致仕归家。乾隆二十年（1755），其卒于家中，享年八十四岁，谥号文和，配享太庙，是整个清代唯一一个配享太庙的汉臣。

首先，据《清史稿·朱轼传》，朱轼生于康熙四年（1664），卒于乾隆元年（1736）九月，因而不可能在文中提到的"九月二十九日"之后再进行选取钦定数目佳卷入榜和其他佳卷另行奏报之事，所以排除这份奏折形成于乾隆朝。另外，这份奏折提到"圣祖皇帝教养六十年"，其中"圣祖"为康熙的庙号，据《中国官职大辞典·上卷》，庙号是指帝王死后，在太庙立室奉祀，并追尊以某祖某宗的名号，属于避讳用语（庙讳）。清代文书书写要求严格遵守避讳制度，凡皇帝名讳、庙讳、陵讳皆需回避，由此也可以排除康熙朝。

除了作者生平和避讳用语，奏折的朱批书法也可作为判断的依据。清代皇帝从小皆习汉字、练书法，尤以清初诸帝书法造诣较高。《清代皇帝御批真迹选》所选的三位清帝，康熙帝崇尚宋代米芾、明代董其昌等名家，御批书法以楷书为主，雍容平淡、疏朗匀称，有典雅静穆之气。乾隆帝的字比较秀丽，然终少雄风。雍正帝的书法兼具文雅与遒劲，用笔跌宕、气势宏伟，有大家风范。一般认为雍正帝的书法水平最高，是比较符合实际的。观察上述奏折的朱批，以行楷或行草为主，笔墨酣畅、自然潇洒，兼具骨力与灵秀，综合判断，应属雍正笔迹。

具体是雍正朝哪一年呢？由奏折首句"臣朱轼臣张廷玉谨奏为恭进元魁

十卷"可知，当时朱轼和张廷玉两人共同主持了会试工作，两人的经历可作为一个重要的时间线索。朱轼、张廷玉虽都历经康、雍、乾三朝，但据福格《听雨丛谈》卷九记载，"（雍正）元年癸卯恩科会试，主考：阁臣朱轼、吏部尚书张廷玉"①。说明两人共同主持会试的经历是在雍正元年（1723）。在《雍正皇帝御批真迹选》中还有一份奏折，目录标题为"督察院左都御史朱轼等奏进顺天乡试元魁十卷折"②，该奏折末尾有明确的形成时间"雍正元年五月初七日"，内容是朱轼和张廷玉共同主持顺天府乡试后，公平慎重选出元魁十卷，准备在揭榜前呈送皇帝御览。该奏折与待考奏折的形成者一致、内容相似、时间相承，均为考试后向皇帝呈送元魁十卷。据《清史稿·张廷玉传》："雍正元年，复命直南书房，偕左都御史朱轼充顺天乡试考官。"③ 又据福格《听雨丛谈》卷九记载："雍正元年癸卯恩科乡试。顺天主司：礼部朱轼、户部张廷玉。元年癸卯恩科会试，主考：阁臣朱轼、吏部尚书张廷玉。……两主叠典春秋两闱。"④ 可知雍正元年（1723）朱轼和张廷玉共同主持了顺天府的乡试和会试，奏折与史籍记载相印证，再次说明该奏折与待考奏折应形成于同一年，即雍正元年。

在《雍正朝汉文朱批奏折》中也有一份奏折，内容与待考奏折极为相似，目录标题为"会试正考官朱轼等奏进呈会试元魁十卷恭候钦定折"⑤，具奏者为朱轼、张廷玉、傅敏和史贻直，也没有年月日。据福格《听雨丛谈》卷九，此四人同为会试主考官之经历，是在雍正二年（甲辰年）补行正科会试，⑥与此奏折具奏者吻合。结合这份奏折结尾的朱批："知道了，览此十卷少（稍）不及去年文章些，亦好。"可以判断这份奏折形成于雍正二年（1724），也就是说，雍正二年的正科会试主考，除了朱轼和张廷玉，还有他人，因而仅有朱轼和张廷玉作为恩科主考官的会试，再排除雍正二年，只有雍正元年。

①  福格. 听雨丛谈（第九卷）[M]. 北京：中华书局，1984：198.
②  中国第一历史档案馆. 雍正皇帝御批真迹 [M]. 北京：西苑出版社，1995：20.
③  赵尔巽. 清史稿（第三十四传两百八十八卷）[M]. 北京：中华书局，1977：10237.
④  福格. 听雨丛谈（第九卷）[M]. 北京：中华书局，1984：198.
⑤  中国第一历史档案馆. 雍正朝汉文朱批奏折汇编（第31册）[M]. 江苏：江苏古籍出版社，1991：650.
⑥  福格. 听雨丛谈（第九卷）[M]. 北京：中华书局，1984：199.

在奏折中提及的几处特定史实，可为奏折形成时间的考订提供线索：一是奏折中提到"皇上初登大宝""特开恩科"指的是雍正元年（1723），为庆祝新皇帝登基大典，于正科外特恩开科取士。清代恩科始于康熙五十二年（1713），一共开过五次，而雍正朝只有雍正元年一次恩科，与史实相符。二是奏折中所谓"广加各省乡试额数"，与史籍"康熙六十一年十一月奏准，恭奉恩诏于雍正元年四月特行乡试，并加中额。大省三十名，中省二十名，小省十名"① 的相关记载相符。

在朱批中涉及对首卷的评语也可佐证年份。雍正评首卷："此人文字奇异，卓识名言，不但优于诸卷，近代之不可多见，朕甚嘉悦。"（图1朱批）当指雍正元年癸卯恩科会元杨炳。② 杨炳，湖北钟祥人，擅长遣词造句，撰写文章，卷呈御览，雍正帝很赏识，朱批以上文字，殿赐杨炳探花，除按例授职翰林院编修外，雍正帝又以此科是他登极首科，恩施格外有加，令其与状元于振、榜眼戴瀚鼎甲三人都在南书房行走。至此，这份奏折的朝年可以确定。

## 2.2　月份考订

在奏折中有两处特定时间线索，可进一步对其月份进行考订。

首先，在奏折中出现了"九月二十九日准礼部咨文，钦奉谕旨……"。这份钦奉的雍正"谕旨"经查收录于《雍正朝汉文谕旨汇编》，目录标题为"谕命进士照钦定之数入榜若有好卷另行具奏"③，谕旨要求朱轼、张廷玉"此外有好卷不拘省另行具奏"，与奏折中提到的"令臣等于钦定数目取中入榜外，其余有可取好卷，不拘省分不限额数选出，另行具奏"完全呼应。显然"九月二十九日准礼部咨文，钦奉谕旨"与雍正元年九月二十六日谕旨衔接，奏折则是对谕旨要求的答复，由此可以推断奏折写于九月二十九日之后。

---

① ［清］礼部. 钦定科场条例（第二十三卷）［M］//乡会试广额现行事例. 台北：文海出版社，1990：1665—1666.

② 江庆柏. 清朝进士题名录［M］. 北京：中华书局，2007：353

③ 中国第一历史档案馆. 雍正朝汉文谕旨汇编（第一册）［M］. 广西：广西师范大学，1991：59.

其次，在奏折中提到阅卷工作"拟于本月十二日揭晓"，说明奏折形成时阅卷工作尚未结束，而九月二十九日之后已无"十二日"，因而"本月"不可能是九月。据载，在"雍正元年恩旨开科，议准本年四月乡试，九月会试，十月二十七日殿试"①，殿试必须是以会试结果为依据的，因而"本月"应该是指十月，并且在十月十二日前，与稍后的十月二十七日殿试时间相距不远，也符合逻辑。至于具体日期，目前的资料尚不能完全确定。以上利用内容与外形结合、内证与外证结合等多重证据，考订出奏折的朝年和月份。

## 3　奏折史料价值分析

奏折为清代独创，是现存最重要的清代官方文书之一。奏折主要用于皇帝和高级臣僚间的交流，承载着清代大量军政要务和朝廷机密，是研究清史珍贵的第一手资料。这份奏折虽然仅有三百余字，但内容相当丰富，以下对其史料价值进行分析。

### 3.1　清初的科举制度概述

选官制度是历朝历代的重要事项，它是人才来源的有效途径，在一定程度上与国家兴衰息息相关。中国古代的选官制度大致经历了夏商周时代的世卿世禄制，秦汉的军功授爵及察举制、征辟制，魏晋南北朝的九品中正制，隋唐的科举制等变迁。科举制度的最大优势是公平公正，使有才干的寒门庶子有机会向社会上层流动。明、清是科举制度的兴盛期，各项制度都得到完善。清初的科举制分为三级：一是通过县试、府试、院试成为秀才；二是通过本省乡试成为举人，考取举人后就有做官的资格；三是参加京师举行的会试、殿试成为进士。科举考试的文体是八股文，内容取自四书五经，行文上有严格的程式化要求。清初的会试每三年一开科，会试正科在丑、未、辰、戌年于京师贡院举行，共考三场，三日一场，考试内容与乡试相同：头场四书三题、五经各四题，一共需要作七艺。明清乡、会试专重头场，久成惯例，

---

① 清实录（第七册）［M］//清世宗宪皇帝实录（第二卷）．北京：中华书局，1985：56．

这就是奏折中提及的"头场七艺进呈御览"。

## 3.2　雍正帝改革科举的举措

总的来说，清初的科举制度既继承了科举制度的一贯优势，同时也存在诸多弊端，如录取名额偏少、内容缺乏创新、一试定终身等，使相当一部分优秀人才流失。雍正帝针对这些弊端，在登基后采取了一系列措施对其进行改革。

### 3.2.1　增加登极恩科

恩科是指科举制度中于正科外皇帝特恩开科取士，始于宋代，明、清沿用此制。清代于康熙五十二年（1713）为庆祝康熙帝六旬万寿始设恩科，是谓"万寿恩科"，并规定"嗣后每遇十年，皇上万寿正诞即加一科，亿万斯年，永为定例"①。雍正元年（1723）为庆祝新皇帝继承大统特开恩科，此类恩科，史称"登极恩科"。这是恩科举行缘由上的重大突破，并在之后固定于新皇帝即位之时举行。因为恩科为额外开科取士，不影响正科的进行，如雍正元年举行恩科，雍正二年可以补行正科乡、会试，不必遵守三年一开科的制度程式，这样即为增加乡、会试的频次提供了理由。本文所考奏折，即雍正元年恩科会试元魁试卷的进呈事宜。

### 3.2.2　增加乡、会试名额数量

在顺治、康熙时期，会试的取中名额相对固定并按省份分配，庞大的参考人数与有限的取中名额导致众多士子落第。所考奏折除进呈元魁十卷外，还根据谕旨"将额外好卷选出于榜后进呈"，正是因为雍正元年开始"不拘省份、不限额数"，会试中额数量大大增加。上述两项举措大大增加了优秀人才脱颖而出的机会。

### 3.2.3　变更考试内容

清代乡、会试共有三场考试，三场考试内容相同。首场四书三题、五经各四题；二场论一道，判五道，诏、浩、表内科一道；三场经史时务策五道，

---

　　①　［清］王原祁. 万寿盛典初集（卷三十三）［M］. 影印文渊阁四库全书本. 北京：北京出版社，2010.

一般以首场为重。雍正认为孝为百行之首,《孝经》应与五经并重,遂令二场论题专用《孝经》,以收移孝作忠化民成俗之效。①

除以上改革外,雍正帝还变通一试定终身的考试制度、改革选派考官制度以保证科考公正性、增设考试科目以减轻进士科的偏重等,② 这些改革举措在当时可能的条件下,有效地避免了人才流失,较好地发挥了科举的作用,其改革力度之大前所未有,充分彰显了雍正帝作为一个政治改革家的气魄和胆识。

### 3.3　雍正帝改革科举制度的目的

雍正帝改革科举制度的目的,也可从奏折中窥见一二。

一是振兴文教、乐育群才。清代作为一个少数民族建立政权的朝代,对汉人创立的科举制度很是认同,振兴文教的理念早已有之。在康熙的老师陈廷敬等清代名士大儒的影响下,正如奏折所言,经过顺治及"圣祖皇帝教养六十余年",尊儒重教之风日盛。雍正帝继承并发扬光大了这种理念。早在藩邸之时,雍正帝就察觉到科举制度的一些弊端,认为现存科举制度不足以鼓舞士子,不利于形成浓厚的士林风气,这促使雍正帝即位后厉行改革。从雍正八年(1730)谕内阁:"国家声教覃敷,人文蔚起,加恩科目,乐育群才,彬彬乎盛矣。"③ 不难看出,乐育群才、兴盛文教,造就一个"人文若斯之盛也"的局面,是雍正改革的重要目的。

二是稳定士心、嘉惠士林。雍正帝登基之初,即谕礼部、工部等:"朕即位之始,即开恩科,诚以科目一途,实关用人取士之要。"④ 很明显,雍正帝上述的科举制度改革,尤其是恩科改革举措,是他不拘一格取士用人的重要组成部分。雍正经历了二十多年激烈的皇位之争才登基,初登大宝,皇权未稳,清代士子数量庞大,因而科举关乎士心,士心又关乎民心,科举对稳定士心起着关键性作用。

---

①　清实录(第七册)[M]//清世宗宪皇帝实录(第七卷).北京:中华书局,1985:148.

②　参见倪军民.雍正帝改革科举制度考述[J].通化师院学报,1998(2).

③　徐锡龄,钱泳.熙朝新语(卷十一)[M].上海:上海书店,2008:116.

④　清实录(第七册)[M]//清世宗宪皇帝实录(第二十七卷).北京:中华书局,1985:412.

康熙中叶以后，随着社会安定、经济发展、文教兴盛，科举人口持续增长，即奏折中提到的"臣等窃见今科应试举子人数多于之前，闱中佳卷甚多"，而乡、会试中额数并没有相应提高，日益增长的科举人口与少之又少的录取名额之间的矛盾日益加剧。一些士子终生科考而不第，心怀不满甚至绝望。统治者为缓解矛盾，笼络士子，特设恩科。康熙年间所设万寿恩科，由于间隔较长，录取人数有限。有学者统计，顺治朝科举中额，仅为雍正元年恩科乡试增广额数的一半。康熙朝每次所增的科举中额，大体仅为雍正元年恩科的三分之一。① 雍正朝增加登极恩科，不仅使恩科乡试、会试中额大量增加，地方儒学的学额也得以增广，增加幅度远超顺治、康熙两朝，可以说雍正朝恩科是清代恩科的重大发展期。从奏折"多士踊跃观光，奋兴鼓舞""凡属儒林莫不欢欣感激"可以看出，恩科的增广有效地缓解了"人文之盛"带来的社会不稳定因素，起到了嘉惠士林的作用。

综上所论，这份清代奏折经考订形成于雍正元年十月。通过这份奏折可以发现雍正朝科举的一些特点，比较明显的就是雍正帝对科举的重视和在科举制度改革方面的诸多举措。因此，这份奏折对于研究雍正朝的科举人才选拔制度，特别是雍正朝的恩科改革，具有较高的史料价值。此外，与军机处抄录的奏折副本录副奏折不同，朱批奏折是清代皇帝亲自批阅的档案原件，而列位清帝大都能书，所以朱批本身还是精美的艺术品，具有很高的书法研究价值和收藏价值。正如本文所考奏折的出处《清代皇帝御批真迹选》前言所说："相信本书的出版，会使海内外学人及广大的书法爱好者产生浓厚的兴趣。"

---

① 参见宗韵. 恩科科举功能的嬗变与清代教育危机［J］. 华东师范大学学报（教育科学版），2014（4）.

# 清至民国时期司法档案内容研究述评①

## 赵彦昌　刘依梦

（辽宁大学历史学院　沈阳　110136；中央财经大学法学院　北京　100081）

**摘　要：**清至民国时期留下了大量的司法档案，是研究当时司法状况乃至社会状况的第一手史料。本文对学术界针对清至民国时期司法档案的学术研究成果进行总结，梳理研究现状、提出研究不足，以促进我国清至民国时期司法档案研究的深入发展。

**关键词：**清至民国　司法档案　清代司法档案　刑事研究　民事研究

清代是我国封建社会的末期，司法制度较之前有较大的发展，达到了比较完备的程度。民国时期我国社会进行变革，学习西方社会体制，司法制度也随之变革，有较大的变化。清至民国时期遗留下了大量的司法档案，为我们研究当时的法律制度、法律实践乃至社会整体状况提供了可信、可靠的资料。清至民国时期司法档案种类繁多，学术界尚未明确地统计其具体数量及种类，在时间上，其涵盖了自 1644 年至 1949 年的司法档案；在内容上，其比较全面地记载了清代和民国时期的司法历史，也为研究该时期司法发展保存了大量的原始记录，被视为内容极其丰富的文献宝库。"本文所指清至民国时期司法档案，主要是指保存在档案馆、博物馆和图书馆里的官方档案，大

**作者简介：**赵彦昌（1978—），男，河北晋州人，教授，博士生导师，辽宁大学历史学院档案系系主任，辽宁大学中国档案文化研究中心主任，研究方向为中国档案史、历史档案编纂等；刘依梦（1996—），女，辽宁海城人，中央财经大学法学院 2019 级硕士研究生，研究方向为清代法律史。

①　基金项目：本文为 2017 年国家社科基金项目"民国时期档案管理思想研究"（17BTQ077）阶段性研究成果。

致可分为中央司法档案，主要包括清代刑部档案刑科题本、清代中央反贪档案，民国时期各地政府司法档案；分散于地方州县档案中的司法档案。"①

# 1　清至民国司法档案中的刑事案件研究

在清至民国时期司法档案中，有众多刑事类案卷，这些案卷是研究清代刑事案件及其处理流程的优良素材。根据清至民国时期司法档案进行刑事研究的著作有两本：蒋铁初、廖斌所著的《清代四川地区刑事司法制度研究——以巴县档案为案例》以法律史与诉讼法两学科的研究方法研究我国四川地区清代的刑事制度演变；李清瑞所作的《乾隆年间四川拐卖妇人案件的社会分析——以巴县档案为中心的研究（1752—1795）》探讨清代四川地区拐卖案件的现象及其所反映的社会问题。此外，二十余位学者对清至民国时期刑事案件中的命案、强奸案、强盗案、夫妻相犯现象、刑事和解进行讨论。

## 1.1　命案、奸拐案、强盗案研究

徐忠明将清代发生的一起杀害妻子案件的刑科题本记录与该案初审官员所作的日志进行对照，认为该案的刑科题本记录中有明显的虚构现象，由此提醒学术界不能对司法档案的内容过于相信，在研究材料的选择上需要多样化。② 清至民国时期对司法档案的形成尚无严格的程序和要求，其中内容的真实性也是值得学术界注意和研究的问题。程泽时对清嘉庆朝 7 个因争水引发命案的纠纷进行研究，对其中体现的"向例"现象进行发现和重述，从一致性、历史、常述等角度对其进行检测。③ 在清代命案中，存在自杀案件记载，周蓓对刑科题本中记录的自杀案件进行研究，认为村民的贫困生活、家庭关系利益化及官民紧张关系对自杀频发有较大影响，并提出依据档案所记

①　赵彦昌，刘依梦. 清至民国时期司法档案整理及研究述评 [J]. 档案，2019（9）：34.

②　徐忠明. 台前与幕后：一起清代命案的真相 [J]. 法学家，2013（1）：159−175，180.

③　程泽时. 清代刑科题本中的民间"向例"及其成长逻辑——以清嘉庆朝 7 个争水灌溉纠纷命案为中心 [J]. 甘肃政法学院学报，2013（4）：33−39.

录情况，政府注重法律、行政和思想宣传方面，这对预防自杀现象有一定的积极作用。① 在生命结束后，仍有对尸体进行犯罪的现象。据刑科题本记录，在清代社会中利用尸体泄愤或牟取利益的"图赖"做法普遍存在。杨扬对此现象进行讨论，试图剖析"图赖"现象的实施途径、尸体与"图赖者"的关系及此现象产生的原因。②

对于奸拐案的研究主要集中于以《淡新档案》为材料的清代台湾地区奸拐治理。程晓龙对《淡新档案》记录的奸拐案件进行梳理研究，尝试再现清代时期台湾厅县衙门司法审判的状况，挖掘该时期审理案件所牵涉的多样化元素，并深入剖析其中包含的法律意识状况。③ 陈郁如对强奸致妇女羞愤自尽类案件进行研究，发现此类案件在刑科题本中屡见不鲜，其就此讨论了《大清律例》中威逼致他人死亡规定的变化、妇女自尽的原因与对其社会控制的手段、埋葬银的具体情况。同时，作者在文章中强调了对于刑科题本这类数量巨大的司法档案利用的方法及对未来学术研究的期待。④ 此外，张小也针对北京地区现存清代司法档案，讨论了清代"行奸复拒奸"案件及在案件实践中各方的心理状态、表现。⑤

强盗是影响社会治安的重大因素，因而清代政府对强盗现象加以治理。杨春君探讨了清代强盗的来源、作案特征、审理中的问题及司法控制，认为强盗主要来源于士兵、灾荒、旗人，并从作案对象、人数、时间等五方面直观地解析当时的强盗类犯罪，在审视司法审判状态后指出盗案逾限、讳盗、捕役非法等问题。⑥ 毛蜀湘依据新繁县民国司法档案，试图探究与"匪嫌"

① 周蓓. 清代中期以经济为诱因的自杀与社会防范——以《清嘉庆朝刑科题本社会史料辑刊》为例 [J]. 兰州学刊，2011（1）：135－139.

② 杨扬. 清代社会视野下的图赖现象研究——以嘉道时期题本刑科档案为例 [J]. 云南民族大学学报（哲学社会科学版），2018（3）：146－155.

③ 程晓龙. 从《淡新档案》看晚清台湾对奸拐案的司法处理 [D]. 开封：河南大学，2013.

④ 陈郁如. 清乾隆时期刑科题本之研究——以调奸本妇未成致本妇羞愤自尽类型案例为例 [D]. 台北："国立政治大学".

⑤ 张小也. 清代司法档案中的"行奸复拒奸"[J]. 中国古代法律文献研究，2014（00）：411－432.

⑥ 杨春君. 清康熙朝之强盗案及其司法实践——以档案为主要史料 [D]. 重庆：西南大学，2011.

相关案件的案情、处理程序及取保问题。①

## 1.2　夫妻相犯研究

"清朝的夫妻互犯是指婚姻关系存续期内，被'律例'所惩治的互相损害的行为……《大清律例》对夫妻相犯规定了不同程度的刑罚措施。"② 钱泳宏以刑科档案为材料对夫妻相犯的现象进行了研究，认为清代法律对于夫妻权利义务设置向夫权倾斜取向是清朝夫妻相犯案件多发的直接原因。③ 在丈夫因妻子违反对公婆侍奉义务而殴打妻子致死案件里，丈夫的父母及祖父母的"亲告"影响对其定罪乃至量刑。④

## 1.3　刑事诉讼制度研究

廖斌、蒋铁初以巴县司法档案为中心，对清代刑事诉讼案件的启动方式进行研究，发现清代官府对刑事案件受理十分积极，且受理方式多样。⑤ 之后，廖斌以巴县司法档案为依据，针对清代刑事案件审判实践进行深入研究，发现在此类案件中，对案件事实的获得较为困难，由此司法人员倾向于判决稳定性而偏重口供进行裁决。⑥ 范闻根据南部县法律档案，对清代的司法检验轨制进行探讨，提出清代司法查验制度的水平是中国古代司法检验的岑领，仍值得今天的我们借鉴，其存在的缺点制约了司法检验及医学的发展。⑦ 刘德召对民国刑事诉讼制度进行研究，整理龙泉司法档案，对民国时期刑事诉

---

① 毛蜀湘. 浅析新繁县司法档案中"匪嫌"案件的处理 [J]. 法制与社会，2012（12）：184－185.

② 钱泳宏. 清代夫妻相犯的法律适用——兼论《大清律例》有治罪明文时律与例的关系 [J]. 南通大学学报（社会科学版），2011（6）：38－46.

③ 钱泳宏. 清代夫妻相犯研究 [D]. 上海：华东政法大学，2010.

④ 钱泳宏. 从清代刑科档案看"夫殴死有罪妻妾"律条之"亲告"[J]. 兰台世界，2010（16）：66－67.

⑤ 廖斌，蒋铁初. 清代州县刑事案件受理的制度与实践——以巴县司法档案为对象的考察 [J]. 西南民族大学学报（人文社科版），2008（5）：148－154.

⑥ 廖斌. 论清代刑事案件裁判事实的获得路径——以巴县衙门司法档案为基础的分析 [J]. 甘肃政法学院学报，2011（2）：7－15.

⑦ 范闻. 清代司法检验制度研究 [D]. 西宁：青海师范大学，2015.

讼制度进行归纳、总结，并得出对今天司法实践的启示。①

## 1.4　刑事和解研究

　　受社会转型等因素的影响，晚清民国时期的刑事和解制度与实践具有强烈的时代特点与中国特征，而龙泉司法档案的记录跨越清至民国时期，为学术界研究晚清民国时期刑事和解制度及实践提供了多样的原状资料。王崇对晚清"无讼"思想进行研究，认为其在人民调解、刑事和解中极为重要。②胡铭、张健提出这一时期的刑事和解体现了该时期司法实践与表达的分离，反映了新成立司法机关甚至整个社会的转向。这对于今日我国刑事和解制度转型探索有着现实意义，更提示我们要在转型中注重本土性。③ 张健深入研究了民国刑事和解规制，对民国时期龙泉司法档案中的检察文书进行整理，④发现当时刑事的和解情况主要发生在检察官起诉的阶段，可以分为检察官主导、官批民调两类，并再一次强调学术、制度设计中国特征化的重要性。⑤对于中国和解制度的构建和司法改革，官批民调提供了本土化的实践经验。⑥应玉倩对民国时期刑事和解进行了更为全面、细致的研究，分析了刑事和解的类型及原因，认为民国时期的刑事和解现代化先于西方，并且成功地结合了本土情况发展出了中国特征。同时，他强调现代的刑事和解制度与我国国情结合的实践性。⑦ 封安波对民国刑事不起诉制度进行研究。⑧ 伍跃对于"必也使乎无讼"的传统思想进行了考察，以清代巴县司法档案为例，指出清代

---

　　① 刘德召. 从龙泉司法档案看我国民国时期刑事诉讼制度 [D]. 杭州：浙江工商大学，2015.

　　② 王崇. 晚清时期"无讼"法律思想研究——以"龙泉司法档案"为考察对象 [D]. 杭州：浙江大学，2016.

　　③ 胡铭，张健. 转型与承续：民国时期的刑事和解——基于龙泉司法档案（1929—1949）的考察 [J]. 浙江大学学报（人文社会科学版），2014（1）：6—20.

　　④ 张健. 从龙泉司法档案看民国时期的检察文书 [J]. 浙江档案，2013（04）：40—41.

　　⑤ 张健. 民国检察官的刑事和解及当代启示——以浙江龙泉司法档案为例 [J]. 中南大学学报（社会科学版），2013（5）：133—137.

　　⑥ 张健. 晚清民国刑事和解的第三领域——基于龙泉司法档案刑事案件官批民调制度的考察 [J]. 中国刑事法杂志，2013（4）：107—111.

　　⑦ 应玉倩. 民国时期地方刑事和解的实践及其现实意义——以龙泉司法档案为研究范本 [D]. 杭州：浙江大学，2014.

　　⑧ 封安波. 民国刑事不起诉处分的制度设计及司法实践 [D]. 杭州：浙江大学，2014.

司法实践中创造的"有讼社会"。①

对于今日刑事和解制度改革的经验探索是研究清至民国时期刑事和解学者的共同关注点。袁小梅基于《淡新档案》，对清代刑事领域普遍适用的调处制度在刑事领域的实践进行研究，分析刑事调处的实践情况，期望能够给今日的和解制度改革提供帮助。②

由上述研究发现，目前学术界对于清至民国时期司法档案的刑事案件研究是较少的，且现存研究主题也较为分散，更多的案件内容及刑事司法运作体制，如命案、盗窃、斗殴等仍有待研究，这需要学术界继续努力，更加全面地展示清至民国时期司法档案的刑事案件，深入挖掘其价值。

## 2　清至民国司法档案中的民事案件研究

在清至民国时期司法档案中，记录了大量多类的民事案件，学者们对此进行了热烈的讨论。根据清至民国时期司法档案进行民事案件研究的著作有四本：阿风的《明清时代妇女的地位与权利》对当时的女人作为民事主体的权利进行讨论；王坤等人的《大理院婚姻、继承司法档案的整理与研究》对婚姻继承案进行整理、讨论；付春杨的《清代工商业纠纷与裁判——以巴县档案为视点》以巴县档案为材料，探讨清代工商业存在的合伙纠纷、雇佣纠纷、消费纠纷等九类纠纷；杜正贞的《近代山区社会的习惯、契约和权利》对浙江省龙泉司法档案中展现的市场交易习惯与权利分配等状况进行研究。十余位学者对清至民国时期司法档案中坟产纠纷、族产纠纷、田土产权、押租制度、知识产权、婚姻纠纷、妇女及民事诉讼进行了研究。

### 2.1　坟产纠纷研究

传统中国对坟产十分看重，它承载了多重意义。目前，仅有魏顺光一位学者对清代坟产纠纷进行系列研究。首先，魏顺光以清代巴县司法档案为材

---

① 伍跃. 必也使有讼乎——巴县档案所见清末四川州县司法环境的一个侧面 [J]. 中国古代法律文献研究，2014（00）：380－410.

② 袁小梅.《淡新档案》中的刑事调处研究 [D]. 南昌：南昌大学，2016.

料，对清代坟产纠纷案件进行整理、总结，明晰坟产的概念、属性、权属、管理，以及民间习俗、传统文化观念对坟产纠纷的影响。其后，魏顺光就坟产纠纷的司法裁决进行研究，得出清代官员对于此类官员的审判是将"法、理、情"相结合的，而非严格按照律例进行。[①] 在审判过程中存在调处的情况，在这一过程中，官民价值追求重合，彼此形成良好互动，这对于今天民事诉讼制度有着实际的借鉴作用。[②] 清代坟产纠纷能够很好地剖析该时期社会状况特别是民间风水习俗等，对于今天司法实践有着启示意义，遗憾的是目前仅有一位学者研究这一主题。仅靠这一位学者的力量是不够的，因而坟产纠纷可以是今后学术界研究清至民国时期司法档案的方向与机会之一。

## 2.2  族产纠纷研究

在清代社会中，存在着强烈的宗族文化，人们的生活在宗族文化中展开，免不了产生宗族财产的纠纷。冯尔康依据刑科题本，对清代宗族社会的状态进行梳理、总结，得出结论：这一宗族文化在一定程度上保障族人生活，政府通过宗族治理下放少量自治权。[③] 族田是宗族机构设立、维系的经济根基。杜正贞以龙泉司法档案为材料，解析龙泉司法档案中典型族田纷争案，[④] 探析族产纠纷频发的原因，认为其背后是社会、经济变迁的进程。[⑤] 这充分体现出社会政治变化、经济变动对法律产生的影响是显著的。

除族产纠纷外，与之类似的还有行帮共产纠纷及民间寺庙产权纠纷。周琳对巴县档案中 70 件行帮坟产纠纷进行考察，发现重庆行帮诉讼解决共产纠纷的有效性受新政及政府经济状况的影响，清代多地存在统治专制性与市场

---

① 魏顺光. 清代的民事法源问题再探析——以巴县档案中的坟产讼案为中心 [J]. 湖南警察学院学报，2013（3）：5−14.

② 魏顺光. 清代坟产争讼中的"民间调处"——以巴县档案为中心的考察 [J]. 江汉论坛，2013（4）：122−127.

③ 冯尔康. 十八、十九世纪之际的宗族社会状态——以嘉庆朝刑科题本资料为范围 [J]. 中国史研究，2005（S1）：99−117.

④ 杜正贞. 龙泉司法档案中的族产纠纷 [J]. 浙江档案，2013（3）：44−45.

⑤ 杜正贞. 晚清民国时期的祭田轮值纠纷——从浙江龙泉司法档案看亲属继承制度的演变 [J]. 近代史研究，2012（1）：79−91，161.

理性共存的局面。① 陈明华梳理出龙泉司法档案中寺庙产权纷争的案子 18 起，并对其作具体分析，总结民间寺庙产权纠纷的共性特点，为今日已经消弭的龙泉寺庙提供了追忆的途径。②

## 2.3　田土产权研究

在清代农耕社会中，土地是最重要的资产。杜正贞以龙泉司法档案为资料，对土地产权证明材料由契照转换为新的官方产权证明的过程进行研究，展现了民众习惯逐渐被官方新政改变的过程。③ 杨攀峰以田土类司法档案为对象，讨论清代民诉状况。④ 目前，学术界对于土地权利的研究单一化，需要学术界进一步考究。

## 2.4　押租制度研究

租地需要交付一定量的押金，始于清代。宋秀元根据刑科档案讨论押租制的发展史、产生原因及其在农业租佃中的作用。⑤ 张润梅、郭建辉基于新繁县司法档案，对租佃纠纷进行研究。⑥ 刘昕杰基于新繁县司法档案研究我国特有的土地制度——典权。⑦ 随后，其进一步考察民国新政后发现，官方在实践中对于普遍存在的传统"佃"所涉及的押租和转租现象的默许现象，以及存在于传统土地关系的"佃"在现代物权与债权、法律与习惯的交叉中生存，具有强烈民国时期特色。⑧ 娄敏基于民国江津县债务类司法档案研究押

① 周琳. 产何以存？——清代《巴县档案》中的行帮公产纠纷 [J]. 文史哲，2016 (6)：116－135，164－165.

② 陈明华. 龙泉司法档案展现的民间寺庙产权 [J]. 浙江档案，2013 (6)：42－43.

③ 杜正贞. 从"契照"到土地所有权状——以龙泉司法档案为中心的研究 [J]. 中国经济史研究. 2017 (3)：36－47.

④ 杨攀峰. 从田土类司法档案看清代民事诉讼梗概 [J]. 商情，2018 (43)：274－277.

⑤ 宋秀元. 从《乾隆刑科题本》看清代押租制 [J]. 故宫博物院院刊，1983 (04)：49－53.

⑥ 张润梅，郭建辉. 民国租佃纠纷之基层司法实践——以新繁档案为视角 [J]. 法律史评论，2009，2 (00)：128－157.

⑦ 刘昕杰. 民国民法中的典权：权利话语与司法实践——以新繁县档案为研究对象 [J]. 法律史评论，2008，1 (00)：52－68.

⑧ 刘昕杰. 民国民法中的佃：传统制度的现代法律实践——以新繁县民国司法档案为佐证 [J]. 南京大学法律评论，2010 (1)：69－78.

租制度及偿债逻辑，通过江津县个案，研究民国时期金融市场与土地市场的交叉与融合，认为这是一个高度流动的市场，且土地市场能够转化金融市场的风险。① 债务偿还的"摊还"原则人性化地结合有限责任与无限责任，更好地满足债权人与债务人双方的诉求。② 杜正贞通过对龙泉司法档案中契约的记录，揭示清至民国时期契约的订立场景、适用场景，认为中国传统契约是存活在当时特定的社会和空间上的，对契约的解读需要结合时空状况。③ 杜正贞、吴铮强就此展开对清代国家与民间契约的规则的研究。④

## 2.5　知识产权纠纷研究

知识产权纠纷案件在清至民国时期司法档案中有一定数量。目前，仅傅俊一位学者对清代龙泉司法档案中古青瓷仿制案件进行研究。他对"廖献忠古瓷防治案"进行梳理，认为这起案件对于我们研究清至民国知识产权纠纷、民国时期龙泉的传统技艺及发展提供了宝贵资料。⑤ 近几年，我国社会知识产权法律意识逐渐增强，以此为主题对清至民国时期知识产权纠纷进行研究是有必要的。

## 2.6　婚姻纠纷研究

婚姻纠纷研究是清至民国时期司法档案研究领域的热点。十一位学者分别对晚清民国时期婚约的缔结与离弃、离婚、妨害婚姻家庭罪、招赘、纳妾与童养媳进行讨论。赵娓妮以南部县司法档案中婚姻案件档案与"官箴"为材料，对清代婚姻纠纷进行研究，认为地方官在判决中具有相对的"自由裁

①　娄敏. 信用、风险与土地市场：民国时期押租制度再研究——以江津县债务类司法档案为核心 [J]. 史林，2018 (2)：105－114，219.

②　娄敏. "有限"与"无限"之间：摊还规则的偿债逻辑——以江津县债务类司法档案为中心 [J]. 中国经济史研究，2018 (2)：66－81.

③　杜正贞. 从诉讼档案回到契约活动的现场——以晚清民初的龙泉司法档案为例 [J]. 浙江社会科学，2014 (1)：118－124，159.

④　杜正贞，吴铮强. 地方诉讼中的契约应用与契约观念——从龙泉司法档案晚清部分看国家与民间的契约规则 [J]. 文史，2012 (1)：207－225.

⑤　傅俊. 龙泉民国司法档案中的古青瓷仿制纠纷案 [J]. 浙江档案，2013 (4)：42－43.

量权"，并因自身的价值关怀而常"轻判"。① 曹婷婷以刑科题本所记录的婚姻缔结与离弃为资料，从个体角度进行分析，婚约的产生与放弃受到家庭、社会、法律法规等方面的影响。② 里赞依据新繁县的司法档案进一步研究订婚的社会习俗，虽然民国时期法律改制，但在司法实践中仍以来自民间的风俗为裁决标准，同时存在着现代婚姻制度与传统"习惯法"。③ 刘昕杰依据新繁县司法档案，对民国民法颁布后，妇女离婚权利的实践进行分析，认为民国女人离婚权利的实现是立法上的进步，同时促进了女人权利意识的醒悟。④ 刘志娟对 1935 年至 1949 年江西河口离婚档案进行分析，认为当时女性离婚权益并不能完全实现，这主要由司法改革实践、当事人意识不足及传统世俗观念束缚导致。⑤ 随后，其继续探讨民国时期的离婚权益，将当前学术界的讨论推向新高度。⑥ 陈玉洁基于南京国民政府期间重庆市江北县司法档案，解析当时妨害婚姻家庭罪的因素，主要包括迁都与抗日战争，在实践中也可看出现代司法观念与传统民俗的融合。⑦ 王长青将目光转向战后广东新会华侨的婚姻状况，认为当时部分华侨婚姻名存实亡，部分女性与华侨进行钱色交易，加剧了华侨婚姻乱象。⑧

　　招赘现象长时间地存在于传统中国的婚姻市场，且一直备受歧视。王云婷针对龙泉司法档案中记录的招赘现象进行解析，认为自民国招赘婚受常态

　　① 赵娓妮. 清代知县判决婚姻类案件的"从轻"取向——四川南部县档案与"官箴"的互考 [D]. 成都：四川大学，2008.

　　② 曹婷婷. 个案视角下晚清江浙乡村地区婚姻的缔结与离弃——以清代刑科题本为例 [C] //赵志强. 满学论丛（第一辑）. 沈阳：辽宁民族出版社，2011：277—287.

　　③ 里赞. 民国婚姻诉讼中的民间习惯：以新繁县司法档案中的订婚案件为据 [J]. 山东大学学报（哲学社会科学版），2009（1）：11—17.

　　④ 刘昕杰. 民国民法中离婚权利的司法实践——以新繁县司法档案案例为线索 [J]. 北方法学，2010（3）：145—151.

　　⑤ 刘志娟. 民国女性离婚权利实现的困境解读——基于 1935—1949 年河口离婚司法档案的考察 [J]. 法制博览，2019（12）：8—10.

　　⑥ 刘志娟. 民国中后期诉状中的离婚权利——基于 1935—1949 年河口离婚司法档案的考察 [J]. 法制与社会，2019（08）：246—248.

　　⑦ 陈玉洁. 论妨害婚姻家庭罪——以重庆市江北县法院司法档案为中心 [D]. 重庆：西南政法大学，2014.

　　⑧ 王长青. 第二次世界大战后中国华侨的婚姻关系——以民国广东新会司法档案为中心 [J]. 河北学刊，2019，39（02）：207—213.

婚姻同等待遇后，招赘婚姻中个人主观意识便不断加强，与嫁娶婚互补。①随后，杜正贞、王云婷就龙泉司法档案中招赘婚书进行深入研究，发现招赘婚书存在稳定性，是现实实践中民事关系的真实体现。民国政府将招赘婚书与法律之间的矛盾，通过判例和司法审判灵活地进行修改、补充，良好地回应社会司法实践诉求。②

纳妾作为封建社会普遍存在的现象，民国政府对其的处理体现出了强烈的中国特征。李晓婧基于江宁县法院司法诉讼档案对民国时期政府对纳妾的法律处理进行研究，发现民国时期很少严格依照法律对纳妾按照通奸罪进行处罚，变通地将其视为通奸，可成为妻子诉讼离婚证据。③此外，如果进行纳妾典礼，便不成立重婚。④童养媳是我国传统婚姻中的特殊婚姻关系，徐蓓蕾创新性地以法律角度看待龙泉司法档案所反映的这一现象，总结童养媳的形象特征、法律地位，勾勒出童养媳群体的形象，指出其存在的原因——出于现实需要与政府不作为。⑤

由上述总结可以看出，学术界对于婚姻纠纷的研究，多集中于传统中国存在的特殊婚姻状态在民国现代法律适用过程中的法律地位与处理方式，反映出了"民间法"向当代司法转换过程中的中国特点。但是，婚姻纠纷研究领域仍有大片可发挥的空间，如清代社会婚姻状态、纠纷类型、原因等，有待学者们的开发。

## 2.7　妇女研究

封建社会的女性研究是当代历史研究的焦点。毛立平认为《列女传》等女性史料只收录模范的妇女，在内容上有很大的局限性，因而其以《南部县

---

①　王云婷. 龙泉司法档案中的招赘婚诉讼研究［D］. 杭州：浙江大学，2013.

②　杜正贞，王云婷. 民国的招赘婚书与招赘婚诉讼——以龙泉司法档案为中心的研究［J］. 政法论坛，2014（3）：143－152.

③　李晓婧. 论南京国民政府时期纳妾行为的"合法"存在——以江宁县法院司法诉讼档案为考察中心［J］. 内蒙古社会科学（汉文版），2013（1）：68－73.

④　李晓婧. 从法律的视角审视南京国民政府时期的纳妾行为——以江宁县司法诉讼档案为考察中心［J］. 民国档案，2013（4）：93－99.

⑤　徐蓓蕾. 童养媳婚姻研究［D］. 杭州：浙江大学，2013.

衙门档案》为材料，分析州县档案构建的中下层女性"孱弱、无德、愚昧"的形象，并认为此形象由男性亲族、政府与妇女本身合力建构。① 李相森持有同样的观点，其以清代司法判牍档案为中心，提出在中国传统的司法实践中女性因素本质是男权社会对女性角色的强制性构建。② 李然则强调了刑科题本对妇女主题研究的价值，真实、生动、群体性强。阚玮玥以刑科题本勾勒出清中期女性的日常生活，发现妇女的权利意识有所增强，这背后反映的是清中期对于社会控制的减弱与儒家文化对于社会教化的缺乏。③ 杜正贞对民国女性状况进行由表及里的挖掘，认为即使在法律上女性权益合法化，在司法实践中，女性仍然会受困于潜藏的男权思想而无法真正表达自己的诉求。④ 五位学者的研究皆为对封建社会女性地位及形象的探讨，从中可窥得无论是清代或是民国时期，男权社会中妇女的地位都是极度弱势、被物化的。

当前，对妇女的探讨主要是围绕清至民国时期司法档案中妇女的形象及其在司法裁决中的影响，反映了男权社会中妇女的被物化地位。但是，学术界的研究成果并不多，内容也不够全面，对于妇女的权益、婚姻、两性关系等并没有详细探讨，需要学术界继续研究，丰富其主题和内容。

## 2.8 民事诉讼制度研究

秦伟对代物清偿导致物权变动的案例进行研究，其发生在交付或登记后，共三类诉讼有此效力。⑤ 魏瑶、吴佩林以《清代四川南部县衙档案》为基础，探讨了清代地方民事纠纷的起诉缘由，区别于学术界认为的民事纠纷止于民

---

① 毛立平. 档案与性别——从《南部县衙门档案》看州县司法档案中女性形象的建构 [J]. 北京社会科学，2015（2）：54—61.

② 李相森. 传统司法裁判中的女性因素考量——以清代司法判牍档案为中心 [J]. 妇女研究论丛，2014（3）：71—77.

③ 阚玮玥. 清中期女性的日常生活——以嘉庆朝刑科题本为中心的探讨 [J]. 中国社会历史评论，2016：132—145，294.

④ 杜正贞. 晚清民国庭审中的女性——以龙泉司法档案供词、笔录为中心的研究 [J]. 文史哲，2014（3）：79—93，166.

⑤ 秦伟. 法律文书：迳行导致物权变动之研判——以代物清偿为切入点 [J]. 法学论坛，2016，31（5）：99—106.

间社会，他认为大量的民事纠纷可通过法律途径解决。① 在清朝社会中的民事矛盾解决机制主要有民间调解和官民互动。国家与社会之间的互动展现在案件审判中。同时，在审判实践上，存在着法律制度与其的背离。② 对于裁判方式，杨泽荣对甘肃省档案馆的清代诉讼档案进行阅析，提出了"清代司法审理具有严苛的审级轨制和诉讼程序，存在专门机构，分工明确，国内同一"的论断，③ 由此可见，百姓告状并不容易且不能草率。吴铮强则基于对龙泉司法档案的研究，发现了晚清时期"屡票不案"的现象，是清代司法审判的特有现象。④ 任莹依据嘉庆时期司法档案、判牍等材料，对当时基层司法实践进行研究，认为当时的实践固然有其自身的局限性，但对今天仍有较大启示。⑤ 李艳君以冕宁县司法档案为对象，研究了清代民事诉讼规制，提出民众的司法观念差异化，不能草率总结，而官员判决依据以法律、习惯、情理依次判断，以情理为主。⑥ 樊欣榕全面梳理了《黄岩诉讼档案》，探讨清代民事诉讼中的"抱告制度"，总结其具体规定、特点及实践等情况。⑦ 陈会林以清代司法文书、诉讼档案为材料，解析了普遍存在的制度"小事闹大"，将其分为四类十种，同时提出部分案件及合理应对有利于维护社会稳定、促进法律发展的结论。⑧ 张新平根据刑科题本，对清代乡村社会纠纷进行研究，分析大量乡村社会纠纷，发现清代乡村社会秩序控制、法律与习惯法在纠纷处理中所发挥的作用。⑨ 陆娓针对"黄岩档案"与"巴县档案"，对清代乡里

① 吴佩林. 清代地方民事纠纷何以闹上衙门——以《清代四川南部县衙档案》为中心 [J]. 史林，2010（4）：132－140，190.

② 吴佩林. 清代地方民事纠纷与解决机制研究——以清代四川南部县衙门档案为中心 [D]. 成都：四川大学，2009.

③ 杨泽荣. 清代司法审判情况的缩影——甘肃省档案馆新近征集的清代诉讼档案阅析 [J]. 档案，2004（5）：37－38.

④ 吴铮强. 龙泉司法档案所见晚清屡票不案现象研究 [J]. 浙江大学学报（人文社会科学版），2014（1）：34－41.

⑤ 任莹. 清代嘉庆时期基层司法实践探析 [D]. 重庆：西南政法大学，2014.

⑥ 李艳君. 从冕宁县档案看清代民事诉讼制度 [D]. 北京：中国政法大学，2008.

⑦ 樊欣榕. 论《黄岩诉讼档案》中的"抱告"制度 [D]. 兰州：甘肃政法学院，2014.

⑧ 陈会林. 论传统诉告中"小事闹大"的司法应对方式——以清代司法文书、诉讼档案为中心的考察 [J]. 湖北大学学报（哲学社会科学版），2016，43（5）：106－113，161.

⑨ 张新平. 秩序与冲突：清代乡村社会纠纷 [D]. 西安：陕西师范大学，2012.

调解制度进行研究，提出乡里调解是该时期社会基层主流的调解选择。①

## 3　清至民国司法档案中的参与者研究

"人"是司法实践的参与者、推动者，在清至民国时期司法档案中大量存在的原始记录为清至民国时期司法实行中参与者的研究提供了翔实资料。九位学者分别对清代基层社会治理方式及官民关系进行探讨。杜斌基于《乾隆朝惩办贪污档案选编》，讨论乾隆朝贪赃案件处理中的君权与实践，提出此类案件实践的核心是君主。② 对于清代社会基层的治理方式，常建华提出，清朝设立基层治理在地域推行上有一个过程。江西是实践突出的地域，由其乾嘉时期刑科题本的记载可见，以"地保"为标志的地方职役逐渐深入基层社会，基层社会治理得到了制度保证。③ 在四川地区的刑科题本中多记载"约邻"，取代"乡约"，是清乾嘉时期"乡约"实践的特色之一。④ 吴佩林以南部档案为研究对象，对清代丞、巡检的实际作用进行考察。⑤ 随后，其从官方的角度对《南部档案》呈现出的清代县丞、巡检司法角色和职能分工进行了研究，认为事务胚胎并非始于通常认为的州县衙门，县级以下的行政官员，如县丞、巡检等在其管辖区拥有更多的司法裁量权，接触着大部分民间纠纷。⑥ 这一结论是对学术界认为州县官作为正印官是国家行使司法裁决权的最底层的看法的推翻，更新了学术界的研究。

对于基层职能的考究，金敏、周祖文、王梦洁、曹洪、付萍萍、张思鸣

① 陆娓. 清代乡里调解制度研究——以"黄岩档案"与"巴县档案"为例 [J]. 求索，2013（11）：64—67.

② 杜斌. 乾隆朝督抚贪赃案件的司法运作与君权 [D]. 重庆：西南政法大学，2008.

③ 常建华. 清乾嘉时期的江西地方社会职役——以刑科题本为基本资料 [J]. 历史教学，2018（1）：13—19.

④ 常建华. 清乾嘉时期四川地方行政职役考述——以刑科题本、巴县档案为基本资料 [J]. 清史论丛，2016（1）：167—213.

⑤ 吴佩林. 明断：清代佐贰杂职司法——以《南部档案》为中心 [J]. 法律史评论，2008，1（00）：24—37.

⑥ 吴佩林. 万事胚胎于州县乎：《南部档案》所见清代县丞、巡检司法 [J]. 法制与社会发展，2009，15（4）：30—37.

针对其中的具体职员的相关研究进行了交流。其中，绅士研究一直是明清研究中热度较高的主题，"生监"是绅士群体中的一部分，指通过捐纳成为有初级功名的学生。对于"生监"群体，金敏、周祖文认为生监群体高度分化，绅士群体由此走向边缘化。① 这印证了该时期国家权力深入乡村的局面。② 高晓波对"歇家"的作用进行研究，认为其区别于"歇役"，发挥着不同的作用。③ 王梦洁对基层管理中的特殊职员"催头"进行了研究。他以西和县司法档案为资料，提出清代催头在实践中担任了向百姓催税和监督地方的责任。遗憾的是有关催头职责的档案发现较少，无法深入研究，需要学术界做更多的工作。④ 陈明华对民国时期龙泉司法档案进行研究，考察"法警"在法律适用中发挥的作用。⑤⑥ 曹洪、付萍萍、张思鸣对清水江文书中所体现的"保甲"的法律职责进行讨论，将其分为管理户籍、筹集资金等类，并试图客观还原当地基层法制状况。⑦

除了对基层社会治理的研究，神尾将司、吴冠颖以刑科题本为材料对实践中官民关系、家庭秩序与国家制度的关系进行了研究。神尾将司重于各阶层普遍认同的秩序的形成及公权力在社会阶层发挥作用的方式研究。⑧ 吴冠颖则考察了在实践中，家庭秩序多来源于受儒家文化等影响形成的族规，国家制度则通过《大清律例》对家庭秩序产生影响。⑨

———————————

① 金敏，周祖文. 国家权力视角下的生监群体——以清嘉庆刑科题本为中心 [J]. 浙江社会科学，2009（7）：77-83，127-128.

② 周祖文. 清代嘉庆朝刑科题本中的生监群体 [C] //中国社会科学院近代史研究所. 中国社会科学院近代史研究所青年学术论坛 2009 年卷. 北京：社会科学文献出版社，2011：17.

③ 高晓波. 从档案史料看"歇家"的司法职能 [J]. 山西档案，2015（03）：111-114.

④ 王梦洁. 清代地方基层催头及其职能探究——以甘肃省西和县档案馆馆藏司法档案为例 [J]. 档案，2017（7）：40-44.

⑤ 陈明华. 诉讼文书中的虚构：民国龙泉司法档案中的"吏警食宿"叙事 [N]. 中华读书报，2015-01-14（009）.

⑥ 陈明华. 民国龙泉司法档案中的"吏警夜宿"叙事 [J]. 浙江档案，2013（11）：35-37.

⑦ 曹洪，付萍萍，张思鸣. 民国时期天柱地区保甲的法律职责探析——以清水江文书为中心的考察 [J]. 铜仁职业技术学院学报，2014（03）：48-51，71.

⑧ 神尾将司. 清中国官民之间的秩序形成原理研究——以淡新档案为史料 [D]. 北京：北京师范大学，2009.

⑨ 吴冠颖，清代的"家入秩序"与"国家统治"——以清嘉庆朝《刑科题本》为中心 [D]. 台北：台湾中兴大学，2010.

清代司法体制中的主体众多，包括决定并默化全国司法的皇帝及臣子们，在日常生活中将大量细故纠纷吸收到司法体系中的州县官员，协助诉讼实践的幕友，以及司法九分中的绝对主体：当事人。[①] 目前，我们从基层的县丞、巡检及当事人角度研究是远远不够的，期待更多角度、多元联系的研究，以更好地分析人对司法实践的影响。

## 4　清至民国司法档案中的法律转型研究

清末法制改革、民国政府成立等社会大环境的变动强烈地影响着中国法律的实践与变化，在清末民初阶段，中国法律经历了由尊重传统"习惯法"到近代法治社会的剧烈变化，这期间的司法实践被打上了强烈的法律转型烙印。研究者们对这一阶段法律转型的兴趣很高，尤其是在我国建立依法治国的法治社会探索、转型阶段的今天，清末民初法律转型的实践有着颇为重要的启示价值。

目前，学术界共有二十余位学者对清末民初司法实践中"习惯法"与近代法治制度的融合情况及在宗族、财产、婚姻、对外案件的具体处理进行分析讨论。何东对民国时期江宁地区司法档案进行研究，讨论了民国初年法律转型的实践。[②] 杨鸿雁以清末民初法律文书为基础，对该时期法治变革进行研究，发现这一阶段的法制变化体现在法律文书的"文书名称、格式、制作主体、裁判依据等方面"。[③] 何勤华依据《华洋诉讼判决录》，尝试还原清末民初的法律适用。[④] 朱金彩从具体内容与问题结构视角对统一材料进行全面讨论。[⑤] 侯欣一以西安法院诉讼档案为材料，探讨民事调解制度适用不佳的

---

① 邓建鹏. 清帝国司法的时间、空间和参与者 [J]. 华东政法大学学报，2014 (4)：110－115.

② 何东. 民国初年司法诸相：司法转型与试法的人们——以江宁地方司法档案为例 [J]. 法律史评论，2012，5 (00)：76－86.

③ 杨鸿雁. 法制变迁的痕迹——以清末民初法律文书为考察对象 [D]. 北京：中国人民大学，2009.

④ 何勤华.《华洋诉讼判决录》与中国近代社会 [J]. 中外法学，1998 (1)：41－45.

⑤ 朱金彩.《华洋诉讼判决录》研究 [D]. 天津：南开大学，2010.

原因，认为其来源于制度与参与者的实践。① 李晓婧以南京市江宁区司法档案为依据，探讨民国初期传统刑法的重新适用，为探析传统法律与现代法律关系及转变提供了素材。在法律实践中，结合现代法律与本土特色经验是必经之路。② 付海晏针对民国法律实践中的商会进行系列研究，将商事公断处置于民国背景下对其功能进行研究，③ 并指出其中的商会舆论的目的在于获取商事裁判权。④ 刘昕杰以新繁县司法档案为材料，对民国婚约制度实践进行讨论。⑤ 周娟娟对民国上海涉外婚姻进行研究，指出这类案件证明了民国时期我国"人人平等"的法律观念的良好践行。⑥ 娄敏、曹树基以江津债务司法档案为依据，探讨民国初期《破产律》的实践，理论的革新与实践产生的矛盾使县知事在实践层面回归传统产权的审判路径，这是当时的特色。⑦ 陆赟对民初江宁县司法档案的财产纷争进行了实践考察。⑧ 刘昕杰基于新繁县司法档案，对民初财产继承的司法审判实践进行了观察，发现在该类司法实践中司法人员大多对于民间"习惯法"给予默认与尊重。⑨ 谢超以龙泉司法档案为对象，研究民国初期寡妻立继纠纷，力图研究当时的立继纠纷化解模式。⑩ 张静对河北土地产权纠纷案例进行研究、分析，指出民国时期河北

---

① 侯欣一. 民国时期法院民事调解制度实施状况实证研究 [J]. 华东政法大学学报，2017，20 (5)：157-168.

② 李晓婧. 论民国初期传统刑罚的恢复——以南京市江宁区司法档案为例 [J]. 中国刑事法杂志，2013 (2)：103-110.

③ 付海晏. 民初商事公断处：商事裁判与调处——以苏州商事公断处为个案研究 [D]. 武汉：华中师范大学，2001.

④ 付海晏. 民初商会舆论的表达与实践——立足于商事裁判权的历史研究 [J]. 开放时代，2002 (5)：106-114.

⑤ 刘昕杰. 从身份到契约的尝试：民国婚约制度的法律实践——以民国新繁县司法档案为佐证 [J]. 中西法律传统，2013，8 (00)：149-160.

⑥ 周娟娟. 民国上海涉外婚姻审判研究 [D]. 上海：上海师范大学，2009.

⑦ 娄敏，曹树基. 产权之分化与制约：私人破产案的审理及《破产律》的实践——以民国初年江津债务类司法档案为中心 [J]. 中国社会经济史研究，2016 (3)：71-86.

⑧ 陆赟. 清末民初财产纠纷的司法裁判——以江宁司法档案为样本考察 [D]. 南京：南京师范大学，2014.

⑨ 刘昕杰. 法律与习惯的并存：民国财产继承与分家承嗣的法律实践——以新繁县民国司法档案为例 [J]. 民间法，2010 (1)：309-316.

⑩ 谢超. 民初立继纠纷的化解模式探析 [D]. 杭州：杭州师范大学，2015.

土地交易分活卖、绝卖、当、典等类。① 马金平对山西土地案件进行研究，全面剖析此类纠纷背后的民事法律适用状况及社会状况。② 尹伟琴持类似观点，在对龙泉司法档案中祭田纠纷裁决实践研究后发现，在传统法与外来法的融合阶段中存在着自上而下的背离情况。③ 杜正贞以龙泉司法档案为材料进行研究，再现了在法律变化、社会变动情况下，宗族的主动与被动适应。④ 张凯以龙泉司法档案为对象，研究民国初期官治与民治的情况。⑤ 吴铮强依据龙泉司法档案，讨论法律转型初期县知事兼理审判程序的情况及其意义：传统诉讼向近代诉讼的巨大转变。⑥ 随后，其从民事传讯制度角度对龙泉司法档案进行研究，以差票公文的形式存在，进一步挖掘了龙泉司法档案的价值。⑦ 潘超正依据龙泉司法档案，对南京国民政府时期的法庭调解进行研究，认为其在主体、场所、程序及强制性等方面都表现出了现代特色。⑧ 李洋以近代司法档案为对象，探讨现代理念"人权保障"的实践。⑨ 王叶、李秉祥以重庆司法档案为中心，剖析了自由心证制度自北洋政府时期引进开始在我国的本土化过程，再现了自由心证制度的实践，并强调其在司法实践中的重要性。⑩ 曾代伟以司法档案为对象，研究自由心证的实践及其意义。⑪ 曾代

① 张静. 民国时期河北地权纠纷——以河北民国高等法院档案为中心 [D]. 石家庄：河北师范大学，2010.

② 马金平. 山西高等法院土地案件研究（1945 年—1948 年）[D]. 太原：山西大学，2012.

③ 尹伟琴. 论民国时期基层法院判决依据的多样性——以浙江龙泉祭田纠纷司法档案为例 [J]. 浙江社会科学，2010（05）：92—96，128.

④ 杜正贞. 民国时期的族规与国法——龙泉司法档案中的季氏修谱案研究 [J]. 浙江大学学报（人文社会科学版），2014（1）：21—33.

⑤ 张凯. 官治与自治：龙泉司法档案中的学警纠纷 [N]. 中华读书报，2015－02－25（010）.

⑥ 吴铮强. 龙泉司法档案所见县知事兼理审判程序及其意义 [J]. 浙江社会科学，2014（07）：129－136，2，160.

⑦ 吴铮强. 近代中国基层民事传讯制度的演变——以龙泉司法档案为例 [J]. 文史，2019（1）：249－262，268.

⑧ 潘超正. 南京国民政府时期的法庭调解：制度与实践——基于龙泉司法档案的考察 [J]. 政法论坛，2017，35（04）：102－111.

⑨ 李洋. 龙泉司法档案中的现代法治理念"人权保障"[J]. 景德镇学院学报，2015，30（01）：71－74.

⑩ 李秉祥. 自由心证在民国刑事审判中的运用 [D]. 重庆：西南政法大学，2010.

⑪ 曾代伟. 民国时期刑事审判中的自由心证——基于司法档案的考察 [J]. 法治研究，2010（09）：46－50.

伟、毕凌雪以民国司法档案为依据，研究南京国民政府期间"自由心证制度"的实践，提出南京民国政府时期已完成向自由心证的转变，法官在实践中已能对其熟练运用。① 在法律转型过程中，中国产生对外交流，由此产生了华洋诉讼。惠科以巴县档案为基础，对华洋诉讼这类特色案件展开研究，以期从不同的方面展现清末民初社会、法治的历史。② 阎晓梦对民国后期新繁县司法档案进行研究，从民事立法角度讨论西方法律在中国的移植。③ 谢志民对 1936—1949 年的江西各县司法处进行研究。④ 柳一舟从诉讼模式、案件数量、法官断案方式、人员经费以及百姓意识五个方面对清江县民国司法档案进行研究。⑤ 谢志民对民国县司法处的职员的薪资水平及社会波动进行考察，考察结果反映了个体在动荡局势下生活的艰辛。⑥ 胡永恒对抗日战争时期陕甘宁地区司法审判中援用六法全书的现象进行研究，认为这与当时边区人民法律意识薄弱、政治环境宽松有关。⑦ 清末民初法律转型一直是清至民国时期司法档案研究的热点，但学者们倾向于对于特定地区的具体实践进行研究，在研究角度、对比研究等方面有待进一步开展。

## 5　清至民国司法档案中的少数民族法治研究

清代少数民族地区远离政治中心、自身文化风格强烈且不同于其他地区。

---

① 曾代伟，毕凌雪. 南京国民政府时期自由心证制度驳议——以民国司法档案为据 [J]. 贵州社会科学，2013 (1)：158-161.

② 惠科. 晚清重庆华洋诉讼与地方司法初探——以巴县档案为中心的考察 [J]. 西南大学学报（社会科学版），2018 (3)：168-176.

③ 阎晓梦. 从民国后期的民事立法看中国法律对西方法律的移植——以民国后期新繁县司法档案为例 [J]. 知识经济，2009 (04)：17-18.

④ 谢志民. 江西各县司法处研究 (1936—1949) [D]. 上海：华东政法大学，2016.

⑤ 柳一舟. 清江基层司法状况研究 (1946—1947)——以档案为中心 [D]. 南昌：南昌大学，2012.

⑥ 谢志民. 南京国民政府时期县司法处职员薪酬考——以档案资料为中心 [J]. 江西师范大学学报（哲学社会科学版），2016，49 (02)：136-148，156.

⑦ 胡永恒. 陕甘宁边区民事司法中对六法全书的援用——以边区高等法院档案中的民事审判案卷为中心 [C] //作者不详. 中国社会科学院近代史研究所第十一届青年学术讨论会论文集. 北京：社会科学文献出版社，2009：507-519.

因此，对清代少数民族地区法制的研究是清至民国时期司法档案研究的焦点之一。十三位学者根据青海省循化厅档案对清代少数民族聚居区、藏区的法律实践进行讨论。魏瑶以清水江文书为材料，对清至民国时期黔东南苗疆地区基层司法实践进行研究，从法律实践的层面剖析了苗疆由独立走向大一统局面的过程。① 阮兴对少数民族聚居的边疆区刑事案件中的承保现象进行研究，认为承保人由于番例的规定处罚、民族间案件的易翻难结而产生，同时带有扩张的目的。② 李守良对清朝少数民族的案件进行讨论，认为"循化厅的少数民族两造诉讼战略以诉冤、谎状与缠讼为主，这与政治大环境、文化与习惯有关"③。他还对司法判决执照进行专题分析，解析了清代执照的制作与发放流程及其所起的作用。④ 在此基础上，他探究当地少数民族纷争管理特点，发现乡老在其中起到重要的作用。⑤ 马成俊侧重于研究循化厅的应对策略，循化厅采取的证据定谳等听讼策略很好地解决了当地纠纷。⑥ 高晓波专注于少数民族纷争解决规制及政策研究，以河南蒙古郡王与隆务寺、多哇族的诉讼案例为依据，解析晚清蒙藏民族纠纷处理机制；⑦ 对清代藏族地区纠纷解决的参与者进行归纳、梳理，厘清在纠纷解决中循化厅、寺院等多方角色，并由此梳理出纠纷解决的流程。⑧ 苗虹瑞对极为罕见的清代循化厅土地契约文书进行了整理与研究，这对于后人了解当时当地的社会政治经济文

---

① 魏瑶. 清代及民国黔东南地区基层诉讼研究 [D]. 北京：中央民族大学，2012.

② 阮兴. 晚清边疆少数民族聚居区刑案中的承保人——以清代循化厅为研究区域的考察 [J]. 青海社会科学，2018（5）：190－196.

③ 李守良. 清末甘肃循化厅少数民族诉讼策略探析 [J]. 中国边疆史地研究，2017（2）：19－27，179.

④ 李守良. 因俗而治下的司法判决执照论析——以清末甘肃循化厅少数民族诉讼为视角 [J]. 青海民族研究，2017（3）：190－196.

⑤ 李守良. 乡老与晚清循化厅藏区部落纠纷的诉讼审判 [J]. 青海社会科学，2018（2）：192－197，204.

⑥ 马成俊. 清末甘肃循化厅应对少数民族诉讼策略探析 [J]. 中国边疆史地研究，2017（2）：28－37，179－180.

⑦ 高晓波. 论晚清时期官方参与下蒙藏民族纠纷解决机制——以河南蒙古郡王与隆务寺、多哇族的纠纷为例 [J]. 青海民族大学学报（社会科学版），2014（3）：16－22.

⑧ 高晓波. 晚清藏边民族纠纷解决中的角色职能析论——以光绪年间循化厅所辖藏区为例 [J]. 西藏大学学报（社会科学版），2011（1）：99－105，126.

化乃至法制状况有着重要的意义。① 田欢对清代司法档案记录的"租卖"现象进行研究发现，这种清代新疆特有的交易得到了清政府的认可与支持，② 其后又对清代法律档案进行研究，探讨其所体现的维吾尔族女性地位。③ 六位学者讨论清朝的蒙古地区司法档案。刘欢对内蒙古地区女性问题进行梳理，归纳女性在社会中的不同角色，认为其体现了蒙古族特色及中原传统文化特色。④ 随后，刘欢又对当地的寡妇问题进行深入研究。⑤ 平平以《土默特左旗档案馆藏清代蒙古文档案》中的案例为对象，研究蒙古地区司法实践情况。⑥ 王丹通过对清代土默特司法案件的研究认为，清代对蒙古地区实行"民族隔离"的刑事法律价值取向在大局角度是缺乏远见的做法，同时其指出清政府在保证宗教纯洁性、宗教人士无刑事司法特权等方面设置的诸多刑事保障措施对今天仍有借鉴意义。⑦ 苏日塔拉图以《准格尔旗扎萨克衙门档案》《杭锦旗扎萨克衙门档案》《阿拉善旗札萨克衙门档案》《鄂托克旗扎萨克衙门档案》等蒙古档案为基本资料，梳理清时期鄂尔多斯的蒙旗司法部门职能划分及司法裁判制度，补充了学术研究在清代蒙古地区司法实践研究上的不足。⑧ 目前，学术界仅有一位学者对新疆地区司法档案进行研究。范文博对《清代新疆档案选辑》中刑科档案所记载的"保状"进行了讨论，认为这一司法实践已包含了今日取保候审的含义，⑨ 由此可见清代司法制度的完备化。张先兰

---

① 苗虹瑞. 清代循化厅土地契约文书概述 [J]. 档案，2018 (8)：24—27.

② 田欢. 清代吐鲁番厅法律文书所见"租卖"土地交易 [J]. 深圳大学学报（人文社会科学版），2013，30 (5)：151—159.

③ 田欢. 清代法律档案所见维吾尔社会中的女性地位 [J]. 深圳大学学报（人文社会科学版），2015 (1)：154—160.

④ 刘欢. 清代归化城土默特地区的寡妇问题——以土默特左旗档案馆的一则清代司法档案为核心资料 [J]. 学理论，2013 (18)：162—163.

⑤ 刘欢. 清代归化城土默特地区蒙古女性问题探究——以归化城土默特副都统衙门司法档案为核心 [D]. 呼和浩特：内蒙古师范大学，2014.

⑥ 平平. 清代蒙古地区司法审判若干问题研究——以《土默特左旗档案馆藏清代蒙古文档案》所载案例为说 [J]. 内蒙古民族大学学报：社会科学版，2016 (3)：25—31.

⑦ 王丹. 清政府对蒙古地区民族宗教刑事法律调整思想及现代启示——以清代土默特司法档案为中心 [J]. 西南边疆民族研究，2018 (2)：29—35.

⑧ 苏日塔拉图. 清代鄂尔多斯蒙旗司法制度运行研究 [D]. 呼和浩特：内蒙古大学，2017.

⑨ 范文博. 清代"保状"与取保候审探析——以《清代新疆档案选辑》"刑科"为考察中心 [J]. 法制与社会，2014 (3)：5—6.

整理了义宁州土客诉讼档案并对其加以讨论，认为清末土客诉讼实际上加剧了当地土客群体的撕裂。① 张晓蓓研究冕宁司法档案发现，直到清末，土司都在参与地方司法，这是国家对少数民族混居地管理的体现。②

## 6 清至民国司法档案中的其他主题

在清代刑科题本档案中，存在着大量的多地区、多阶层的社会经济活动的记录，对于今日学术界复原清代社会宏观经济状况、微观经济情况来说是珍贵的资料。这一议题也得到学者们的大量关注。步德茂对清代司法档案、经济与社会进行研究。③ 常建华对刑科题本中的经济记录进行了系列研究，梳理、分析了清中叶山西④、江西⑤、河南⑥、四川⑦四地居民的社会生活状态，呈现了地域差异和特色。王跃生则对扬州镇居民经济生活水平进行细致分析，该分析区别于之前研究的"粗线条解析"。⑧ 何溥滢、谢肇华聚焦于东北旗地的经营方式，这对于研究满族与汉族的交往、融合、发展及清代中国社会有着积极意义。⑨ 冯尔康转换研究角度，专注于乾嘉之际小业主群体的

---

① 张先兰. 清后期义宁州土客诉讼案卷整理与研究 [D]. 南昌：江西师范大学，2016.

② 张晓蓓. 从冕宁司法档案看清代四川土司的司法活动 [J]. 西南大学学报（社会科学版），2009（4）：45-52.

③ 步德茂. 司法档案以及清代中国的法律、经济与社会研究 [J]. 法制史研究（中国法制史学会会刊）. 2003，（4）：217-243.

④ 常建华. 清中叶山西的日常生活——以118件嘉庆朝刑科题本为基本资料 [J]. 史学集刊，2016（4）：4-26.

⑤ 常建华. 生命·生计·生态：清代中叶江西的日常生活——以108件嘉庆朝刑科题本为基本资料 [J]. 上海师范大学学报（哲学社会科学版），2016（5）：110-128.

⑥ 常建华. 档案呈现的清中叶河南乡村社会——以59件嘉庆朝刑科题本为例 [J]. 黄河文明与可持续发展，2013（1）：46-65.

⑦ 常建华. 清代乾嘉时期的四川赶场——以刑科题本、巴县档案为基本资料 [J]. 四川大学学报（哲学社会科学版），2016（5）：62-75.

⑧ 王跃生. 清代中期扬州市镇经济水平和民众生活初探——以刑科题本档案资料为基础 [J]. 清史研究，2011（2）：110-117.

⑨ 何溥滢，谢肇华. 从乾隆刑科题本看东北旗地的经营方式 [J]. 中国社会经济史研究，1985（1）：72-78.

生活与经济状态，小业主有农民、雇主等多重身份，其法律地位没有保障。①
周祖文、金敏专注于对小农经济的研究，认为即使在"康乾盛世"，小农的经
济仍受生存危机威胁，而江南一带童养媳现象较其他地区更为严重也有可能
是出于小农经济中女性对于经济利益的作用的影响。② 黎民尝试对清中期农
业资本主义萌芽进行研究，梳理刑科题本中的相关资料。③ 魏捷兹对晚清澎
湖群岛的法律文书产生及其影响因素进行探讨。④ 张健以龙泉司法档案为对
象，研究贫困与犯罪的关系：贫困失业是引发犯罪的直接原因。⑤

　　除上述内容，有学者还探讨了清至民国时期司法档案的其他内容。毛剑
杰从历史的角度探究龙泉司法档案中的原生态历史。⑥ 王鑫在阅读专著后发
表自己的感想，认为法律制度的复杂超过人们的想象。⑦ 高元武对清政府对
民教纠纷案件的处理进行研究，发现政府对其处理较谨慎。⑧ 程泽时以清水
江阴地风水契约文书为材料，研究当地风水习俗，认为风水习俗是经当地普
遍认可的，目的在于平衡农林业与墓地。⑨ 刘佳以贵州大定县司法档案为材
料，并对其进行整理、分析，尝试较为全面地展现民国时期贵州的法律文
化。⑩ 李乔认为，《淡新档案》对多元认识陈星聚形象有促进作用，而且对纠

---

　　① 冯尔康. 乾嘉之际小业主的经济状况和社会生活——兼述嘉庆朝刑科题本档案史料的价值
[J]. 中国社会历史评论，2006：13－31.

　　② 周祖文，金敏. 清代刑科题本中的小农家庭经济——以 527 件服制命案为中心的考察 [J].
中国社会经济史研究，2008 (1)：71－80.

　　③ 黎民. 乾隆刑科题本中有关农业资本主义萌芽的材料 [J]. 文物，1975 (9)：69－75.

　　④ 魏捷兹. 在帝国的羽翼之下：晚清澎湖群岛的书院、文化与法律文书 [C] //张江华，张佩
国. 区域文化与地方社会："区域社会与文化类型"国际学术研讨会论文集. 上海：学材出版社 2007：
195－217.

　　⑤ 张健. 试析龙泉司法档案中的贫困与犯罪 [J]. 档案，2013 (03)：50－52.

　　⑥ 毛剑杰. 龙泉司法档案中的原生态历史 [J]. 档案春秋，2013 (12)：53－55.

　　⑦ 王鑫. 司法档案：表达亦或实践——读《清代的法律、社会与文化：民法的表达与实践》有
感 [J]. 云南大学学报 (法学版)，2008，21 (1)：148－151.

　　⑧ 高元武. 龙泉晚清司法档案中的民教诉讼案 [J]. 浙江档案，2016，(10)：45－47.

　　⑨ 程泽时. 锦屏阴地风水契约文书与风水习惯法 [J]. 原生态民族文化学刊，2011 (3)：50－
59.

　　⑩ 刘佳. 民国贵州法律文化研究 [J]. 赤峰学院学报：汉文哲学社会科学版，2017 (4)：75－
78.

正史志错误也有意义。① 任崇岳则注重看待陈星聚治理淡水的功绩。② 曹立朝同样以档案为材料，研究个体（陈嗣同）的人生轨迹。③ 这样的研究成果同样具有较高的学术价值，使清至民国时期司法档案的第二价值能够得到充分发挥，丰富了其研究内容及主题。何谷理、陈伟文通过研究清代刑科题本中对于案情中愤怒、械斗等情节的再现方式，提出刑科题本对于案情中身体受伤状况进行核心、准确直白描写，与其作为官方司法文本的严肃性有关。④ 董笑寒在其文章中，对清代刑科题本中所记录的下层社会男同性恋群体进行分析，着眼于案例中的年龄、职业、处理方式等规律，并得出男同性恋在当时是大量存在的，并没有受到过多的歧视的结论，同时揭示了二百年前社会底层男同性恋群体的特征。⑤

## 7　结论

由上述总结可以得出，清至民国时期司法档案的研究已有丰硕的成果，这为世人呈现了清至民国时期一部分司法档案的原始状况，其研究价值也得到不断提升。但是，在清至民国司法档案的研究中仍存在着问题。当前，学术界对清至民国时期司法档案的研究，以地域为主题进行专题研究的较多，缺乏研究体系和底层逻辑，研究主题、方向零散化，如针对清至民国时期司法档案的研究：一是司法档案的研究样本单一。在清至民国时期司法档案中包含大量的中央司法档案以及地方州县的司法档案，但目前学术界的研究多以司法档案出产地为中心进行，且集中在清至民国时期的州县一级，如四川冕宁县司法档案等，在研究中未涉及对不同时间、不同空间、不同种类的清至民国时期司法档案的总结对比研究。二是研究内容不够丰富。清至民国时

———————————

　① 李乔.《淡新档案》与台北知府陈星聚研究 [J]. 中原文物，2015 (2)：104－110，119.

　② 任崇岳. 从《淡新档案》看陈星聚治理淡水的功绩 [J]. 闽台文化研究，2013 (4)：25－34.

　③ 曹立朝. 从档案看民国司法官陈嗣哲的人生沉浮 [J]. 档案天地，2014 (11)：10－12.

　④ 何谷理，陈伟文. 想象的暴力——明清刑科题本与小说对凶杀的再现 [J]. 励耘学刊，2005 (2)：203－226.

　⑤ 董笑寒. 19 世纪中国下层社会男同性恋研究——基于内阁刑科题本的分析 [D]. 北京：中国人民大学，2013.

期司法档案在时间上跨越近 300 年，在空间上包含内地十八省和边疆地区，其中大量内容涉及刑事案件（人命、强盗、强奸等）、民事案件（坟产纠纷、婚姻纠纷、妇女研究等）、司法实践、法律转型、法律参与者等方面，但当前对其的研究，尚未讨论全面，甚至遗漏了一些主题。三是清至民国时期司法档案的整理与研究缺少合理、有效、统一的研究体系。这导致目前的研究有部分重叠、部分无覆盖，造成了资源浪费，降低了研究效率。

　　总之，学术界今后对于清至民国时期司法档案的研究，首先是丰富研究对象，增加对清至民国时期司法档案进行时间上的对比研究、空间上的对比研究、交叉研究等，更全面地把握清至民国时期的司法档案；其次是丰富研究方法，从多角度、多方位加以探讨，多元开发清至民国时期司法档案的潜在价值。由于清至民国时期司法档案数量极大、内容丰富、跨时极长，需要学者们不懈的努力，清至民国司法档案的研究之路任重道远。

# 近百年来孙中山档案编纂研究[①]

## 张乐乐　赵彦昌

（中山大学资讯管理学院　广州　510006；辽宁大学历史学院　沈阳　110136）

**摘　要：**本文通过汇集整理孙中山档案汇编，梳理了汇编的类型并对其编纂特色进行了分析总结，将其分为全集类、专题类、合集类三种类型，并在此基础上总结评价了孙中山档案编纂的特色，最后整理总结了材料收集及汇编加工中的未尽问题，指出了在今后汇编工作中需要完善的方面，以期对历史档案的整理开发，尤其是对人物档案的编纂提供一定的借鉴和启发。

**关键词：**孙中山档案　档案汇编　人物档案　辛亥革命　民国档案档案编纂

孙中山（1866—1925），名文，字逸仙，中国民主革命的先行者，广东香山（今中山）人。毛泽东在《纪念孙中山先生》一文中评价孙中山是"中国革命民主派的旗帜"，江泽民将孙中山与毛泽东、邓小平并列为 20 世纪中国三位世纪伟人。孙中山档案及其汇编对于我们了解评价这一世纪伟人，弘扬其革命精神，传承其爱国遗志都具有重要的参考价值。"在孙中山数十年革命生涯中，奔走于国内外，足迹远涉欧、美、亚、非各地，频繁地接触国内外

**作者简介：**张乐乐（1992—），女，山东德州人，中山大学资讯管理学院博士研究生，研究方向为信息资源开发；赵彦昌（1978—），男，河北晋州人，教授，博士生导师，辽宁大学历史学院档案系系主任，辽宁大学中国档案文化研究中心主任，研究方向为中国档案史、历史档案编纂等。

①　基金项目：本文为 2017 年国家社科基金项目"民国时期档案管理思想研究"（17BTQ077）阶段性研究成果。

各个阶层的人，也频繁地接触了海外华侨和各国的军政领袖及社会人士，当以十万计。"① 有关孙中山的档案数量庞大，但佚失严重且不易获得，所幸孙中山档案的编纂成果较为丰富，在孙中山研究中起到了举足轻重的作用。本文旨在通过汇集整理和归纳孙中山档案编纂成果，对其编纂成果进行特点分析，以期对历史档案的整理开发，尤其是对人物档案的编纂提供一定的借鉴和启发。

从狭义上而言，孙中山档案是指孙中山在其个人、家庭及社会活动中直接形成的真实记录。中国第二历史档案馆史料编辑处处长孙秋浦在接受《中国档案》杂志社记者刘守华采访时指出："孙中山档案是一个宽泛的主题概念，并不限于孙中山先生个人形成的档案，反映孙中山先生生平、活动及相关纪念活动的档案，都应该属于孙中山档案的范畴。"② 孙中山档案是研究孙中山思想、事迹及中国近代史的第一手资料，其价值不言而喻。但是，由于孙中山多年在国外，足迹远涉欧、亚、非等多个大洲，加上战争原因，孙中山档案佚失严重。孙中山档案汇编就是将孙中山的档案进行重新的编排或整理，并在一定范围内公开出版的过程。由于孙中山档案佚失严重且不易获得，孙中山档案汇编成为史学家参考利用最多的一种形式，所以汇编质量的高低也就直接影响了对孙中山研究的工作。需要说明的是，本次主要是对原文汇编和原文加考释汇编等传统形式汇编的统计，此外对于孙中山档案的利用及研究的成果并未列入统计。

孙中山档案编纂工作已经进行了一个世纪，成果丰硕，而对于编纂的研究主要集中在整理汇编索引以及对单部汇编编纂体例、方法的简单介绍上，主要是部分编者在编写序言中提及，但学界对完整的孙中山档案汇编及其加工整理的关注度较少，目前尚未有系统整理孙中山档案汇编的论著出现。

孙中山档案编纂方面的论文较少，一般集中在汇编出版的简单介绍、佚文的补充及考订、汇编特色剖析三个方面。首先，吴文发表的《介绍〈孙中山全集·第一卷〉的两篇佚文》将全集未收录的 1907 年孙中山在槟城平章会

① 陈旭麓，郝盛潮. 孙中山集外集 [M]. 上海：上海人民出版社，1990：1.
② 刘守华. 回望孙中山档案遗存 [J]. 中国档案，2016 (11)：22.

馆的演说词与 1908 年孙中山在槟城小兰亭俱乐部演说词进行了介绍。① 王耿雄发表的《〈孙中山全集〉几件史事的考订》中指出"国民党改组中华革命党年份""批林森函应为批林祖函"等的讹误，提出全集中尚有不少时间差异、误校、漏校等舛误。② 2003 年，吴元康对孙中山档案汇编中存在的一些时间方面的失误发文勘误。③ 2011 年，尚明轩发表《编纂〈孙中山全集〉之我见》对重新编纂《孙中山全集》的条件、要求、编纂特色三方面进行了简单的介绍：随着有关孙中山的新资料和有关研究成果的不断被发掘和披露，约有 250 万字的新资料为现有《孙中山全集》的佚文，故重新编纂一部较为完整的全集是有必要且可能实现的。全集编纂重在资料增补方面，着重改进的主要有较大幅度地增收孙中山的中外文著作资料；在体例编排方面力争有所创新；在编书质量方面，努力提高各个编辑环境的学术水准。④ 除汇编介绍及考订类的成果外，2017 年，刘桂生、王宪明对《孙中山全集》的编纂特色进行了分析总结，指出了新版全集在体例上注重"文""笔"之分的创新性，在底本选择中依据"百衲本"的传统进行选择，且在题解注释等方面运用跨文化、跨语际的方法，考索准确来源。⑤

除期刊论文以外，涉及孙中山档案编纂方面的学位论文仅有一篇：2005 年，武汉大学毛凌文撰写的《孙中山文献学研究》。该文对孙中山著作和孙中山研究文献的编纂、出版、收藏、整理和利用情况进行了系统全面的梳理和研究。⑥

目前，对孙中山档案编纂进行研究的专著有两本，第一本是 1979 年中山大学图书馆等所编的《孙中山著作集研究书目资料索引》，全书按照时间、问题分类梳理了孙中山的著作和参考资料，以便于教学、科研人员对孙中山著

　① 吴文.《介绍〈孙中山全集·第一卷〉的两篇佚文》[J]. 华中师范大学学报，1991 (3)：81—84.

　② 王耿雄.《孙中山全集》几件史事的考订 [C] // 丁日初. 近代中国（第三辑）. 上海：上海社会科学院出版社，1993：10.

　③ 吴元康.《孙中山集外集》等书勘误四则 [J]. 安徽史学，2003 (2)：111—112.

　④ 尚明轩. 编纂《孙中山全集》之我见 [J]. 世纪，2011 (6)：25—26.

　⑤ 刘桂生，王宪明. 辨文体·择善本·寻根源——新版《孙中山全集》的编纂特色 [J]. 近代史研究，2017 (1)：157—159.

　⑥ 毛凌文. 孙中山文献学研究 [D]. 武汉：武汉大学，2005.

作及其研究有较为全面的理解。① 但是，这一专著侧重于对孙中山档案编纂成果的汇集整理，并未对孙中山档案汇编进行系统的分析与研究。第二本为1996 年黄彦编写的《孙中山研究和史料编纂》，黄彦在孙中山研究领域中作出了某些带有开拓性的工作，从中华书局版《孙中山全集》的《凡例》到本书《关于〈孙文全集〉的编辑构想》经历了一个发展、完善的过程，全文 91页，洋洋洒洒 6 万余言。从材料搜集、体例选择、收录范围、底本选择、拟定标题、文字校勘、外文翻译、标点分段、辅文编写等十二个方面对《孙文全集》的编纂进行了详细的说明。② 虽然孙中山档案汇编成果丰硕但尚未有系统地对汇编进行整理研究的文献，也少有对汇编工作的总结，正如黄彦所说："我国自古以来出版的名人著作集浩如烟海，编辑质量居上乘者在当代尤多，这些出版物各具特色，蕴含编者对于编纂史料的不少精辟见解，可惜这些见解却极少以专论形式公之于世，故颇难借鉴和交流。"③

## 1 孙中山档案的构成及其保管现状

### 1.1 孙中山档案的构成

孙中山档案主要由两部分构成，一是由孙中山在个人、家庭及社会活动中直接形成的档案，如 1904 年取得的夏威夷出生证明书及其美国公民身份的档案等有关其个人生平的档案，孙中山与家人、友人之间的通信，孙中山为革命事业而作的多次演讲，关于革命事业的多部专著以及孙中山被选为大总统后的公牍、命令、函电等；二是与孙中山密切相关的能够反映其活动、事迹的档案，如其亲密战友及追随者对其有关事迹的记录，外国势力、清政府的官吏和个人收集整理的关于孙中山的情报档案以及奉安大典和中山陵档案等。如图 1 所示。

---

① 中山大学图书馆等. 孙中山著作及研究书目资料索引 [M]. 广州：中山大学出版社，1981：18.

② 黄彦. 孙中山研究和史料编纂 [M]. 广州：广东人民出版社，1996：310.

③ 黄彦. 孙中山研究和史料编纂 [M]. 广州：广东人民出版社，1996：310.

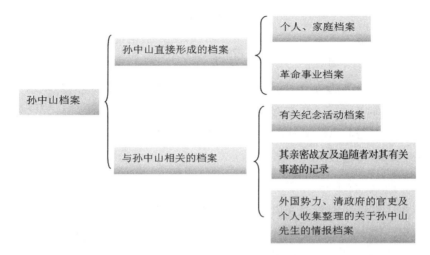

图 1  孙中山档案构成示意图

## 1.2  孙中山档案的保存现状

因函稿的底稿多由秘书保管，经手者不止一人，且孙中山因革命事业流转于国内外各地，加上战争原因，孙中山档案佚失严重。但是，保存下来的档案仍是数量庞大且保存较为分散的，目前主要保存于中国第一历史档案馆、中国第二历史档案馆、台北中国国民党党史馆、南京市档案馆、广东省档案馆、广州市档案馆、北京市档案馆等机构。此外孙中山后裔、海内外机构及个人手中也有部分孙中山档案的收藏。

### 1.2.1  孙中山个人、家庭档案

涉及孙中山个人籍贯、国籍等的档案是孙中山档案的重要组成部分，但相关的资料留存较少，目前主要有孙氏家谱可供参考，该谱多数由其妹孙妙茜，长兄孙眉、孙满等家人保管，部分由孙中山故居纪念馆保存。此外，美国旧金山南郊的国家档案馆保存的"亚裔移民档案"中含有孙中山的照片等个人资料，其中比较有代表性的是孙中山为躲避清政府通缉曾是美国公民时期的档案，以及1912年返回中国后放弃美国籍的档案资料。

### 1.2.2  孙中山革命事业档案

孙中山在革命运动中形成了诸多档案资料，如孙中山在领导革命运动前

后的多次精彩演讲，联系革命事务的函电信件，辛亥革命后担任临时大总统期间形成的批文、信函，二次革命中形成的往来函电等。这部分档案比较分散，我国多个省市均有一定数量的保存，如广东省档案馆保存的一批反映孙中山在海外从事革命活动的信件、照片等档案史料，云南省档案馆保存的护法运动期间孙中山致唐继尧的电报，湖北档案馆、辛亥革命武昌起义纪念馆保存的辛亥革命武昌起义档案文献，上海市档案馆保存的孙中山在革命时由革命军发行的银票。

相对而言，中国第一历史档案馆、中国第二历史档案馆、台北中国国民党党史馆三处保存的这部分档案比较集中。

在中国第一历史档案馆馆藏的 70 多个全宗中，外务部、军机处、宫中各处、责任内阁、兵部——陆军部、端方档案、京防营务处、巡警部等全宗的一些档案中，直接或间接地记载了孙中山从事革命活动的光辉业绩。这些档案按照孙中山活动的地区主要可以分为十类：在美国檀香山活动的档案内容；在英国革命活动的档案内容；在越南活动方面的档案内容；在新加坡活动方面的档案内容；在爪哇革命活动的档案；在日本革命活动的档案内容；在中国香港革命活动的档案内容；关于筹运军火方面的档案内容；有关发售军务债票方面的档案内容；在国内发动武装起义等的有关档案内容。①

中国第二历史档案馆馆藏孙中山档案资料总的特点是：来源较为分散，内容较为丰富，形式较为多样，馆藏数量相对较少；② 从总体上能够反映孙中山的一生，而且在重大历史节点上，都有重要档案留存，馆藏设有孙中山档案全宗，但数量不多，大量"直接反映孙中山活动"的档案散存在相关全宗的关案卷里。③

台北中国国民党党史馆的前身是 1930 年 1 月成立于南京的"中国国民党中央党史史料编纂委员会"，其主要任务为掌理国民党党史史料的编纂及重要

---

① 叶秀云. 孙中山光辉革命业绩的历史见证——有关孙中山革命活动的清代档案简介 [J]. 岭南文史，1991 (3)：4－9.

② 任荣. 中国第二历史档案馆馆藏孙中山档案评介 [J]. 民国档案，2003 (2)：126－130.

③ 蔡鸿源. 研究孙中山　纪念孙中山——有关孙中山先生档案资料简介 [J]. 档案工作，1986 (10)：4－6.

文献保管事宜。1948 年年底，因时局关系，党史史料编纂委员会将所藏大批
重要档案史料迁往中国台湾，其中的孙中山档案较为丰富，内含个人著述、
手稿、传记、照片、衣物等。一些在大陆看不到的孙中山手迹与批文，在那
里都有收藏。该馆针对所藏孙中山史料，曾出版过一本专档目录，名为《中
国国民党中央委员会党史委员会藏孙中山先生史料目录汇编》。[①] 目前，台北
中国国民党党史馆保存有孙中山的很多手迹，包括早在一百多年前同盟会时
期的手稿，他写给分布在美洲、东南亚各地同志的信件，以及 1924 年孙中山
在高等师范学院作演讲的讲稿、经整理并由他亲手修订成文的《三民主义》
这一最珍贵文献的原稿，该馆是全世界收藏孙中山先生资料、历史文献最丰
富的机构之一。[②]

### 1.2.3　奉安大典、中山陵档案

1924 年，孙中山为争取国家统一、早日结束军阀混战的分裂局面，毅然
抱病北上，后于 1925 年在北京逝世，灵榇暂厝西山碧云寺。因临终时他希望
将遗体葬于南京山麓，遂于 1926 年开始修建中山陵，1929 年孙中山灵榇由
北京西山碧云寺迁葬南京紫金山。这部分纪念性的档案主要保存在北京市档
案馆和南京市档案馆。

北京市档案馆涉及孙中山的档案有近百卷，包括《孙中山先生暂厝西山
纪念册》，北平特别市政府修筑孙中山奉安迎榇大道史料，1929 年在北海公
园建立孙中山奉安纪念碑史料等。南京市档案馆馆藏民国时期中山陵档案文
献，源于南京国民党政府中央机构"总理陵园管理委员会"，该文献形成于
1925—1949 年，有文字材料 1904 卷、照片 619 张，时间跨度不长，但内容
涉及面广。[③] 中山陵档案文献包括奉安大典及 1925—1948 年中山陵的筹建、
管理和变迁，是一部研究我国现代史尤其是中山陵发展变化的珍贵参考资料。

### 1.2.4　亲密友人回忆录

在孙中山为革命事业辗转奔波中很多直接的资料因为各种原因佚失，但

①　杨斌. 台北中国国民党党史馆典藏民国档案简介 [J]. 民国档案，2002 (3)：102－105.

②　毛凌文. 孙中山文献学研究 [D]. 武汉：武汉大学，2005.

③　顾黎阳. 民国时期中山陵档案文献 [J]. 档案与建设，2002 (5)：3.

一些亲历或亲见亲闻者在事后的回忆却被保留了下来，这在一定程度上可以反映孙中山的活动、事迹。这一部分档案的质量参差不齐，一般较为客观的、距离所忆事件时间较短的回忆录质量较高，其他的主观性较强或含有鼓吹成分的记者报导或距离发生事件时间较为久远的回忆录质量较差。例如，何香凝回忆孙中山与廖仲恺，黄季陆对孙中山的回忆等，这部分文献多由海内外个人收藏保存。

### 1.2.5　清政府、国外势力收集的情报档案

除孙中山直接形成的档案资料以外，清政府及英、日等国外势力也收集整理了一部分有关孙中山的档案资料，一般为情报档案。例如，英国所藏涉及英当局对孙中山伦敦蒙难的相关调查记录。日本、俄罗斯以及东南亚各国也都有孙中山相关的档案史料。

综上所述，孙中山档案保存地众多，较为零散，只有中国第二历史档案馆保存有孙中山档案全宗，但数量较少，我们期待孙中山档案全宗的进一步完善。

## 2　孙中山档案汇编的类型

孙中山档案编纂成果众多，类型丰富，按取材方式可以将其划分为全集类、选集类、合集类三大类型；按照加工方式的不同主要有汇编、实录、荣哀录等形式。

### 2.1　孙中山全集及其补编

自孙中山先生 1925 年去世后，孙中山全集的编纂工作就迅速展开，至今孙中山全集的版本已有百余种，且多次再版，可谓经典，历久不衰，详见表1。孙中山全集是反映孙中山文献最为完整、全面的一种汇编形式，一部完整的孙中山全集，是了解和研究孙中山思想与生平事业的文献基础，在多种汇编形式中全集的价值最高，编纂难度也最大。孙中山全集的编纂工作经历了一个螺旋上升的过程，是由各地各机构、民间个体所共同推进的一个接力工作，孙中山全集编纂体例多样，参与者众多，成果多样且内容不断完备，对

内容考证更加仔细，质量越来越高。

### 2.1.1　孙中山全集的沿革

孙中山全集的编纂始于民国十四年（1925），由吴拯寰主持编写、三民图书公司出版的四册版《中山全书》，此后孙中山全集的编纂从时间上看可以分为中华人民共和国成立前和中华人民共和国成立后两个阶段，从空间上看可以分为大陆和台湾两个阵营。①

自孙中山逝世后，其革命追随者胡汉民等为使"总理学术之精粹得以流传兼纪念孙中山先生"而广事搜集汇编全集，这一时期的全集距离档案史料对应之活动较近，原始性保持得较好，后续的全集版本多参考借鉴这一时期的成果，再版频繁，吴拯寰编写的《中山全书》自 1925 年出版到 1937 年十余年间已经修订多达 16 版，可见其影响之大。同时，这一时期的编纂目的多为宣传修订孙中山之思想，如黄昌毂在序言中所言"先生非仅为以革命破坏家，亦非仅为以空谈理想家"。但是，此时汇编的编写多为繁体竖版，汇编结构亦是不甚完整，一般仅有目录，少有序言、注释、点校等辅文。这一时期比较有代表性的有吴拯寰编《孙中山全集》和《孙中山全集续集》，胡汉民编《总理全集》，甘乃光编《中山全书》，黄季陆编《总理全集》，四种版本的字数均超过 100 万字，其中以胡汉民版的最为完整，影响力最大，以黄季陆版的字数最多，多达 159 余万字，共收著作 1500 篇左右。②

解放战争后，孙中山全集的编纂分成了大陆与台湾两个阵地，这一阶段台湾方面在中国国民党中央委员会党史委员会主持编辑之下，《国父全集》经历了不断完善的过程：1950—1952 年，出版《总理全书》十二册，1956 年改版定名为《国父全集》；1965 年 11 月出版修订版，共三册；1973 年 6 月新的《国父全集》经过增补，内容扩充一倍，共六册。③ 同一时期，大陆方面共编辑出版了两种全集，其一是 1981—1986 年由中国社会科学院近代史研究所民国史研究室、广东省社会科学院历史研究室、中山大学历史系研究室三机构

---

① 黄彦. 孙中山研究和史料编纂［M］. 广州：广东人民出版社，1996：264.
② 黄彦. 孙中山研究和史料编纂［M］. 广州：广东人民出版社，1996：264.
③ 贺渊. 最好的纪念——新《孙中山全集》面世经过［N］. 团结报，2016-03-14（003）.

合作编写，中华书局出版的 11 卷本《孙中山全集》，共收录了各种函电、文令、演说等 8000 余篇，字数多达 488 余万字。其二是由尚明轩主持编纂，人民出版社出版的 16 卷本《孙中山全集》（1981 年版），共收孙中山现有著述 11500 篇，字数达 1010 余万字。另外，随着数字化技术与网络技术的发展，2016 年北京大吕文化传播公司授权北京当当科文电子商务有限公司制作发行了电子版《孙中山全集》，使得孙中山著作更易被读者获得，阅读利用更为方便。这一时期汇编结构逐渐完整，出现了一批高质量的汇编成果，序文、目录、注释等辅文翔实，且多在文中说明材料来源，繁体竖版也变为简体横版，并加以新式标点进行点校，使读者阅读更为方便。

### 2.1.2　孙中山全集的体例

孙中山全集版本众多，一般按分类序时的体例进行编纂，比较有代表性的有民国时期的"吴本""黄本""陆本""廿本"与 1989 年秦孝仪主编、近代中国出版社出版的《国父全集》。此外 1981—1986 年中华书局版《孙中山全集》采用的是年编，即所有著述均按照写作时间先后编次。两种体例各有侧重，对孙中山全集编纂工作的丰富性、多样性均具有重大意义。

第一，分类序时的编纂。因为孙中山著作颇丰，所涉档案史料众多，一般将其著述先按照文体性质分为若干类别，再在每类中按照时间顺序编纂，在过去的几十年中，采用这一体例的孙中山全集众多，民国时期的四个典型版本与台湾方面的编纂均是其代表。在不断丰富的全集中，孙中山全集的分类也更加完整科学。早期编纂的分类较为零散，如中山书局 1926 年版将全集分为 5 册 12 小类，分别是"传略""主义""方略""宪法""政纲""演讲""谈话""学说""宣言""书牍""杂着""计划"；1927 年，太平洋书店将全集分为 4 册 8 类，分别是"传略""主义""方略""演讲""学说""宣言""书牍""杂着"；胡汉民版分上、下两册共 9 类："主义""方略""杂着""宣言""演讲""谈话""文电""函札""遗墨"。中华人民共和国成立后，分类更为科学完整，在前人的基础上又加了"年谱""英文著述""人事任免"等类别，从总体来看分类序时的编纂体例能够较为完整地展现孙中山的著述。

第二，按时间顺序编排。1981 年中华书局出版的 11 卷本《孙中山全集》为编年体，其所有著述均按照写作时间先后编次，全集将 1890—1925 年的各种训令、演讲、函电等完全按照时间顺序编排。这种体例能够较为清晰地展示出孙中山的人生事业轨迹，也有利于就某一段时间或某一事件进行具体研究，且这是唯一的一部编年体的全集，丰富了孙中山全集的体例，其意义是十分重大的。

### 2.1.3　孙中山全集的编纂主体

孙中山全集及其补编的编纂工作，是档案编纂中最具有纲领性与挑战性的工作，参与孙中山全集编纂的主体众多，可谓队伍庞大，且单个的个体、组织难以独自完成，故孙中山全集中不乏多单位合作分批次完成部分。通过我们的调查研究发现，孙中山全集的编纂主体大致分为以下几类，他们是孙中山全集编纂的核心力量，为孙中山全集编纂及研究做了突出的贡献。

首先，是以胡汉民、黄昌毂等为代表的孙中山的追随者，他们多随侍先生左右，保存部分先生手书或记录下来先生的演讲稿，部分记录稿件经由先生审阅后集结成册以告知民众。这部分全集出版最早，原始性保持得最高，后续的编纂多以此为底本或校勘样本。

其次，是以中国国民党党史史料编纂委员会为代表的国民党官方机构对孙中山档案史料的编纂，中国国民党党史史料编纂委员会保存有大量孙中山档案资料，且编纂孙中山档案史料为其本职工作，故其编纂的史料多采用最初档案作为底本，价值较高。

最后，一些民间个体、高校、科研机构等也是孙中山档案编纂的参与者，其中王耿雄作为孙中山文献收藏家，长期以来一直致力于孙中山档案资料的收集开发工作，且工作卓有成效。中山大学、孙中山研究所、孙中山研究会等亦是孙中山档案资料编纂的主力军，其中陈旭麓、郝盛潮、黄彦、张磊等均在孙中山档案编纂中做出了相应的不可磨灭的贡献。

此外，孙中山档案编纂作为一项事业，具有很强的传承性与合作性，孙中山档案编纂是一个不断继承又不断超越的过程。

### 2.1.4　孙中山全集的增补

"由于孙中山的数十年革命生涯，其在海内外的有关文献资料不下数十万件且佚失严重，他的文献虽广事搜集，一本集子难竟全功。"① 因此，孙中山全集的补编自全集编纂开始就已经启动，也正是增补才使得孙中山全集不断完善化。从整体来看，孙中山全集编纂的增补有以下几次较有代表意义的补编。第一次是 20 世纪 20 年代末，吴拯寰及太平洋书店分别编辑的《孙中山全集续集》和特种增补《中山全书》，这一阶段距离第一代全集完成的时间较近，吴拯寰本主要补充了部分新发现的史料及孙中山 1929 年奉安大典后的一些唁电、唁函等纪念活动中的史料。特种增补《中山全书》为太平洋书店1926 年出版，共分四册，第一册收入传略、三民主义；第二册收入革命方略、建国方略 8 篇；第三册收入演讲 44 篇；第四册收入学说和宣言 12 篇、书牍 6 篇、杂着 18 篇。② 第二次是 20 世纪 80 年代，中国国民党中央委员会党史委员会对 1973 年《国父全集》（6 册）的补编："距今又十二年矣，期间若干资料复续有发现，故本会编纂同志因又广事搜集，成此书，以补往日阙疑，其内容包含国父早年政论、译著及倡导革命、主持临时政府、军政府、大元帅府等时期之各类文献，依照性质划分为宣言及文告、论著、译著、演说、谈话、规章、函电、公牍、杂文九类，并殿以英文著述，共一千二百四十四篇，都七十二万余言。"③ 第三次是 20 世纪 90 年代，郝盛潮、陈旭麓所编的《孙中山集外集》及此后郝盛潮先生独自完成的《孙中山集外集补编》，其中《孙中山集外集》"就《孙中山全集》所遗落及最新发掘的文献，所获达一千二百余件，加上《国父全集补编》中的三百余件，共一千五百多件，分类编次，分为：论著、演说、谈话、函札、文电、宣言、文稿、规章、杂志、公牍十类"④。此后的《孙中山集外集补编》是将王耿雄翔实搜集的孙中山1893—1925 年的演说、谈话、函札、文电等，汇集出版，以补《孙中山集外集》的遗漏，共收录 600 余件文献资料，20 余幅图片。⑤

综上所述，孙中山全集的编纂经历了一个不断完善的过程，编纂主体多

①　郝盛潮. 孙中山集外集补编［M］. 上海：上海人民出版社，1994：13.
②　葛培林. 老版本里的孙中山［M］. 上海：远东出版社. 2015：40.
③　秦孝仪. 国父全集补编［M］. 台北：中国国民党中央委员会党史委员会，1985：2.
④　陈旭麓，郝盛潮. 孙中山集外集［M］. 上海：上海人民出版社，1990：1.
⑤　郝盛潮. 孙中山集外集补编［M］. 上海：上海人民出版社，1994：13.

元旦队伍庞大，编纂成果数量丰硕、种类多样，汇编内容越来越丰富，部头越来越大，编纂质量不断提高。同时，孙中山史料众多且佚失严重，孙中山全集的编纂与完善还需要海内外多方力量的共同努力，以便为孙中山研究事业提供一个更为完整真实的史料。部分孙中山全集类汇编及补编汇总，见表1。

表1　　　　　　　　部分孙中山全集类汇编及其补编汇总表

| 序号 | 汇编名称 | 编者 | 出版者 | 出版时间/年 |
|---|---|---|---|---|
| 1 | 《中山全书》（4册） | 吴拯寰 | 三民书店 | 1925 |
| 2 | 《中山丛书》（4册） | 张秉文 | 太平洋书店 | 1926 |
| 3 | 《中山丛书》（增补特种） | 不详 | 太平洋书店 | 1927 |
| 4 | 《中山全书》（5册） | 不详 | 上海中山书局 | 1927 |
| 5 | 《中山全书》（4册） | 不详 | 新民书局 | 1927 |
| 6 | 《中山全书》（4册） | 黄昌毅 | 求古斋书局 | 1928 |
| 7 | 《孙中山全集续集》（上、下册） | 吴拯寰 | 三民公司 | 1928 |
| 8 | 《总理全集》（上、下册） | 胡汉民 | 民智书局 | 1930 |
| 9 | 《中山全书》 | 廿乃光 | 良友图书印刷公司 | 1931 |
| 10 | 《总理遗教全集》 | 军事委员会政治部 | 军事委员会政治部 | 1943 |
| 11 | 《总理全集》（上、下册） | 中国国民党中央执行委员会 | 中国国民党中央执行委员会 | 1940 |
| 12 | 《总理全集》（2册） | 中央陆军军官学校政训处 | 中央陆军军官学校政训处 | 1942 |
| 13 | 《总理遗教全集》 | 军事委员会政治部 | 军事委员会政治部 | 1943 |
| 14 | 《总理全集》（上、中、下册） | 黄季陆 | 近芬书屋 | 1944 |
| 15 | 《中山全书》（4册） | 刘钟泉 | 国民图书公司 | 1946 |
| 16 | 《中山先生全集》 | 邓文仪 | 国防部新闻局 | 1947 |

续表

| 序号 | 汇编名称 | 编者 | 出版者 | 出版时间/年 |
|---|---|---|---|---|
| 17 | 《总理全书》 | 罗家伦 | 中央改造委员会党史史料编纂委员会 | 1950 |
| 18 | 《国父全集》 | 罗家伦 | 中央文物供应社 | 1957 |
| 19 | 《国父全书》 | 张其昀 | 国防研究院 | 1960 |
| 20 | 《国父全集》（6 册） | 中国国民党中央委员会党史委员会 | 中央文物供应社 | 1973 |
| 21 | 《国父全集》续编 | 张其昀 | 台北国防研究院 | 1975 |
| 22 | 《国父全集》补编 | 中国国民党中央委员会党史委员会 | 中央文物供应社 | 1985 |
| 23 | 《国父全集》（3 册） | 中国国民党中央党史委员会 | 中央文物供应社 | 1980 |
| 24 | 《孙中山全集》（11 卷） | 中国社会科学院近代史研究所民国史研究室、广东省社会科学院历史研究室、中山大学历史系研究室 | 中华书局 | 1981 |
| 25 | 《孙中山集外集》 | 陈旭麓、郝盛潮 | 上海人民出版社 | 1990 |
| 26 | 《孙中山集外集补编》 | 郝盛潮 | 上海人民出版社 | 1994 |
| 27 | 《国父孙中山先生遗教全集》 | 沈光亚 | 瑞成书局 | 1984 |
| 28 | 《国父全集》（12 卷） | 秦孝仪 | 近代中国出版社 | 1989 |
| 29 | 《孙中山全书》（3 册） | 周溯源 | 红旗出版社 | 2013 |
| 30 | 《孙中山全集》（16 册） | 尚明轩 | 人民出版社 | 2015 |
| 31 | 《孙中山全集续编》（5 册） | 邱捷、李吉奎、林家有、周兴樑 | 中华书局 | 2017 |

## 2.2 孙中山选集

由于多种原因档案汇编往往不可能将有关材料全部选入，孙中山档案编纂中更多的是采用选编或称为简编的形式。孙中山档案选编始于1912年吴砚云编订、上海新中国图书局出版的上、下两卷本《孙大总统书牍》，此后孙中山档案编纂工作不断发展，一直到今天都没有中断，尤其以20世纪二三十年代为最盛，后因战争原因，编纂工作一度难以持续，抗日战争期间档案编纂成果较少，直到20世纪80年代，孙中山档案编纂工作又得到了迅速的发展，成果丰硕，详见表2。较于全集，选集的编纂所需的人力、物力、财力更小，编纂任务相对较轻，故参与选集编纂的主体更为多样，选集种类多样。按照文体性质的不同，档案编纂大致可以分为以下几个类别：书牍类、著作类、演讲类、函电类、手札类、年谱类，其中以著作类、演讲类种类最多，书牍类数量较少。

### 2.2.1 书牍类

据目前所见，除孙中山全集以外，孙中山书牍的编纂共有三个版本，最早的是1912年由吴砚云编订、上海新中国图书局出版的上、下两卷本《孙大总统书牍》，共收入孙中山担任大总统期间的62篇书牍。此后，1927年由吴砚云编订、上海广益书局出版的增订版共收入孙中山书牍64篇，同年，有上海广智书店编印出版的《孙大总统书牍》收入书牍38篇。[1]

### 2.2.2 著作类

孙中山的著作可谓其一生思想之结晶，是我们了解、研究其革命思想的主要依据。"国父学说，胚胎于兴中会，而完成于晚年，总名曰建国方略，计为四篇，曰心理建设，曰物质建设，曰社会建设，曰国家建设，前三篇各自独立成书，末篇国家建设则分民族主义、民权主义、民生主义、五权宪法、中央政府、地方政府、外交政策、国防计划，其中除民族、民权、民生（尚有一部未完成）已成书，合为三民主义，以下各篇均尚未着手。"[2]

---

① 张磊. 孙中山辞典［M］. 广州：广东人民出版社，1994：353.

② 宣传部. 国父遗教（正编）［M］. 宣传部，1942：1.

　　孙中山著作的编纂成果众多，主要有单行本和著作集两种，早期成果以《三民主义》《建国方略》《革命方略》《伦敦被难记》等单行本居多。近年来，刻书印书日趋便利，学人著书立说、随刻随印随改之事日渐平常，故孙中山早期的著作汇编多为单行本，数量众多，版本各异；[①] 其编纂目的多为宣传孙中山的革命思想与进步理念，编纂成果质量相对较低，一般少有序言、编辑说明、注释等辅文，在点校加工上亦存在一些错漏，且翻印、重印较多，出版时间与编辑者较难考稽。例如，单《三民主义》这一著作就有百余种，就其价值而言，单行本的以 1919—1924 年孙中山署名的《孙文学说》《建国方略》《民族主义》《民权主义》原始性最高，均为孙中山反复修改后出版发行的。著作集以 1926 年黄昌毂编辑、民智书局出版的上下两卷本《孙中山先生遗教》价值最大，该书四大部分系遵照孙中山遗嘱"革命尚未成功，凡我同志，务须依照余所著建国方略、建国大纲、三民主义及第一次全国代表大会宣言继续努力，以求贯彻"编辑而成，故凡属孙中山之革命主义与建设方法无不齐备，其中《三民主义》部分为 1924 年数月间先生的演讲，因当时先生忙于东江与督师北伐，加上眼病，故而未作最后之校对，其余各部分均系孙中山原著，只有错字校对，无一字一句之增减。[②]

　　中华人民共和国成立后，尤其是 20 世纪 80 年代以来，孙中山著作编纂开始出现内容相对完整、质量相对较高的著作集，此时的汇编成果体例逐渐丰富，结构更为完整，序言、目录、注释等辅文较为翔实，其中以黄彦主编、广州人民出版社出版的《孙文选集》影响较大、价值较高，共收著作 69 篇，达 60 余万字，且重印多次，在国外还被翻译为外文。[③] 这一时期孙中山选集的体例更为丰富，以时间顺序编排的有魏新柏选编、中华书局出版的《孙中山著作选编》，以内容性质分类编排的有中山市文化局、翠亨孙中山故居纪念馆于 2000 年编辑出版的《孙中山言粹》。同时，中华人民共和国成立后的编纂在排版上多为简体横版，原文言文被译为白话文，并加以现代标点符号且

　　① 桑兵. 各方致孙中山函电汇编［M］. 北京：社会科学文献出版社. 2012.
　　② 黄昌毂. 孙中山先生遗教［M］. 上海：民智书局，1926：3.
　　③ 黄彦. 孙文选集（上册）［M］. 广州：广东人民出版社，2006：3.

对篇章进行分段，可读性更强，但档案史料的原始性受到了一定影响。

### 2.2.3　演讲类

孙中山作为一个革命家，同时也是一个政治家、演讲家，他的演说词极多，在革命的各个阶段均有相应的演讲宣之于民众，或为对革命形势的深刻见解，或为对列强和清政府的口诛笔伐，或为对革命目标的详细解读，或为对爱国救国的强烈呼吁，但早期演说多随记随佚①，所保留下来的演说词仅占先生演讲的少部分，主要是黄昌縠等人跟随先生左右的个人所笔记。这些珍贵的演讲被各界人士编辑成册，流传至今。在众多演讲中，幸有 1924 年沈卓吾为孙中山录制《革命的三民主义》之讲话，使得这一伟人的声音得以保存下来。

1923 年，由上海民智书局编辑出版的《孙中山先生十讲》，是一部较早出版发行的孙中山演讲合集。全书辑录了孙中山的《三民主义》《五权宪法》《军人精神教育》《党员须研究革命主义》等十篇重要讲演文献，是民国早期较为珍稀的历史文献。从总体来看，孙中山的演讲汇编虽版本众多，但大同小异，所收演讲数量较少。1926 年，由太平洋书店编辑出版的《中山演讲集》共收录其演讲 44 篇，黄埔中央军事政治学校政治部编辑的《孙总理演讲集》共收演讲 38 篇。首都各界总理逝世三周年纪念会于 1924 年编辑出版的《中山先生演说全集》是相对较为完整地收录演讲篇目的一部成果，全书共分五编，第一编是对国民党员的演讲，共 23 篇；第二编是对军政界的演讲，共 18 篇；第三编是对工学界的，共 11 篇；第四编是对农商界的，共 4 篇；第五编是对民众及民众团体的，共 17 篇。全书共 73 篇演讲，是目前对孙中山演讲汇编收录篇目最多的一部，且每篇演讲均标明了演说场合与演说时间，价值颇高。此外，由吴曼君编纂、三民主义文化运动委员会出版的《总理演讲集》（上、下册）广泛参考了《总理全集》等多部时著，可谓集之大成，是当时也是现在市面上比较完整的孙中山演讲全集。但是，这些"全集"亦存在"全集不全"的问题，甚至所收篇目不及中山先生实有篇目之半数，故后续补编还有很大空间。

---

① 黄昌縠. 孙中山先生演说集 [M]. 上海：民智书局，1926：5.

### 2.2.4　函电类

电报、信函是孙中山传达命令、商讨事务的重要媒介，目前所发现的函电类汇编种类较少，但 2012 年由桑兵主编、社会科学文献出版社出版的 10 卷本《各方致孙中山函电汇编》作为函电类汇编的典型，其完整性、真实性、可靠性均较高，史料、文献、历史价值也非常高。该书经十年酝酿，按时间顺序编排，共收集 1895—1925 年各方致孙中山的公私函电、唁函、唁电等共 7600 通，其对于研究孙中山以及近代历史都具有重要意义。2017 年，由桑兵、安东强主编的《孙中山思想政见各方论争资料集》（第一辑）依据民国以来编辑的各种目录索引，广泛翻检各种文献，从《申报》《晨报》《香港华字日报》等 115 种报刊、图书中多方搜寻，共辑得关于孙中山相关史料约 1200 余条，这些资料涉及各方与孙中山有关的奏折、笔谈和信函，还有同时代人如康有为、梁启超、欧榘甲、戴季陶等对孙中山的思想共鸣与分歧。全书按照时间顺序编排，将涉及孙中山思想政见的赞同、反对、异议的所有意见汇集一起，透过同时代人的各事各说，加以比较参证，进而考察把握孙中山思想政见的渊源流变、社会反响以及时代影响。此外，由云南档案馆李明编选的专题型汇编《护法运动中孙中山致唐继尧电报选》对于后人了解护法运动时期孙中山争取滇军参加护法运动以及唐继尧的态度具有重要参考价值。

### 2.2.5　手札类

手札，亦称"尺牍""手剳"，孙中山留下了大量的书信、手稿、文批等书法作品，具有珍贵的史料价值、文献价值、历史价值以及艺术价值。孙中山手札汇编数量众多，早期的有 1927 年由邓泽如整理编辑的《孙中山先生廿年来手札》，共收孙中山亲笔手书 30 件，代笔者（孙中山署名）64 件，附载 13 件。中华人民共和国成立后比较典型的有广州博物馆编辑整理的《南洋筹饷——广州博物馆藏孙中山及其通知有关筹饷手札集》，书中共收录了 100 张珍贵历史照片，集中反映了 1912—1924 年南洋同志大力支持孙中山及其战友的革命活动，尤其是积极筹备革命军饷的情况。此外，影印版的孙中山手札，完整地将其字迹、内容展现出来，这些书法作品在一定程度上体现出了孙中山的气质、胸怀与学识，具有一定的艺术价值和收藏价值，已经成为后人瞻仰伟人风姿的一种寄托。

### 2.2.6　年谱类

年谱，所谓"叙一人之道德、学问、事业，纤悉无遗而系以年月者，谓之年谱"。孙中山年谱，是以年月为经纬，收集其个人最详尽的第一手资料，比较全面细致地叙述了他一生的事迹，可以帮我们了解并厘清人物活动的许多线索。孙中山年谱的编纂始于 1927 年贺岳僧所编、世界书局出版的《孙中山年谱》，1929 年中央宣传部编辑的总理奉安纪念宣传丛书中有一部《孙中山先生年谱》，但内容较少，仅有 48 页，此后中国国民党党史史料编纂委员会曾试编《总理年谱长编初稿》，其成于 1932 年，仅约二十万言，且多录长篇文件，因当时尚无完整之国父全集问世，故常见者亦被全录，后虽有全集问世，但因全书体例系按文献之体裁性质分类，故不能循一贯年月予以编次，后编《国父年表》但简略殊甚，疏漏不免，故对年谱之拓编，仍无时不在计划之中。1965 年，由罗家伦主编、中国国民党党史史料编纂委员会所编上下两卷本《国父年谱》为相对翔实的一部孙中山年谱，且经过多次修订，臻于完善，于 1958 出版，1965 年第一次增订，1969 年第二次增订，1985 年第三次增订，上、下两册共 1305 页，上册收家世、孙氏宗族世系表，1866—1915 年年谱，下册收 1916—1925 年年谱，以国民党党史史料编纂委员会库藏的原始资料为主体，兼采一些重要文件，索引材料均注来源，为研究孙中山思想提供了重要史料。① 另一部比较有代表性的是 1991 年陈锡祺主编、中华书局出版的三卷《孙中山年谱长编》，共 155 万字，全书共分三卷，第一卷（1866—1911）为记录孙中山为推倒帝制、建立共和而奋斗的经历；第二卷（1912—1918）系为建立民国、保卫民主共和成果的行谊；第三卷（1919—1925）为新民主主义革命初期，晚年改组国民党，实行三大政策及北上、辞世等史实。该书根据国内外大量已经刊布和未曾发表的孙中山著述和有关档案材料，经过认真鉴别考订，全面、系统、详细地记述了孙中山的生平思想、言论和革命实践活动，是中华人民共和国成立以来第一部大型的孙中山年谱，也是迄今为止海内外最丰富的孙中山年谱著作。②

---

① 张磊. 孙中山辞典 [M]. 广州：广东人民出版社，1994：839.
② 陈锡祺. 孙中山年谱长编 [M]. 北京：中华书局，1991.

　　除以上六种外，孙中山选集的汇编还有少部分谈话类汇编，另有实录、荣哀录、画传等编纂形式。需要特别指出的是，孙中山选集中有部分补编性的轶文集、外集、逸语等编辑成果，这部分成果系陆达节先生所搜集整理为《中山丛书》《总理全集》《总理全集续编》等所不备的函电、谈话等，其成果主要有《中山先生外集》《孙中山先生逸语》《国父轶文选集》《国父逸语新编》。陈树人如此评价："咸属总理之轶文逸语，实足以补全集之所不足为善一矣；又其所采取者，咸属总理之嘉言，而非无关宏筹之常谈，故虽吉光片羽，而实一字千金，其善二矣；又其所采取之言论，十之八九皆平日追随总理之革命巨子或曾亲闻謦欬之党国先觉之所转述者，而无一字没来历，其善三矣。"① 部分孙中山档案选集汇总，见表2。

表2　　　　　　　　　　部分孙中山档案选集汇总表

| 序号 | 汇编名称 | 编者 | 出版者 | 出版时间/年 |
|---|---|---|---|---|
| 1 | 《孙大总统书牍》 | 吴砚云 | 上海新中国图书局 | 1912 |
| 2 | 《伦敦被难记》 | 廿作霖（译） | 商务印书馆 | 1912 |
| 3 | 《孙文学说》 | 孙中山 | 华强书局 | 1919 |
| 4 | 《建国方略》 | 孙中山 | 民智书局 | 1922 |
| 5 | 《孙中山先生十讲》 | 民智书局 | 民智书局 | 1923 |
| 6 | 《民族主义》 | 孙中山 | 民智书局 | 1924 |
| 7 | 《民权主义》 | 孙中山 | 民智书局 | 1924 |
| 8 | 《三民主义》 | 民智书局 | 民智书局 | 1924 |
| 9 | 《孙中山先生最近演讲集》 | 中国国民党中央执行委员会 | 中国国民党中央执行委员会宣传部 | 1924 |
| 10 | 《中山先生演说全集》 | 首都各界总理逝世三周年纪念会 | 首都各界总理逝世三周年纪念会 | 1924 |

---

① 陆达节. 孙中山先生逸语［M］. 南昌：江西省三民主义文化运动委员会出版，1935：4.

续表

| 序号 | 汇编名称 | 编者 | 出版者 | 出版时间/年 |
|---|---|---|---|---|
| 11 | 《孙中山先生由上海过日本之言论》 | 民智书局 | 民智书局 | 1925 |
| 12 | 《孙中山先生文集》 | 甘乃光 | 广州孙文主义研究社 | 1925 |
| 13 | 《孙中山先生演说集》 | 黄昌穀 | 民智书局 | 1925 |
| 14 | 《孙中山先生遗言》 | 上海书店 | 上海书店 | 1925 |
| 15 | 《孙中山先生荣哀录》 | 刘中杭 | 讲武书局 | 1925 |
| 16 | 《孙中山先生遗教》（上、下） | 黄昌穀 | 民智书局 | 1926 |
| 17 | 《中山先生文集》 | 飞侠 | 开明书局 | 1926 |
| 18 | 《中山演讲集》 | 太平洋书店 | 太平洋书店 | 1926 |
| 19 | 《五权宪法》 | 民智书局 | 民智书局 | 1926 |
| 20 | 《孙中山先生遗教》 | 王天恨 | 民智书局 | 1926 |
| 21 | 《孙中山先生廿年来手札》 | 邓泽如 | 文海出版社 | 1926 |
| 22 | 《中山先生荣哀录》 | 民权书局 | 民权书局 | 1926 |
| 23 | 《中山嘉言钞》 | 周润寰 | 中央图书局 | 1927 |
| 24 | 《孙文荣哀录》 | 民治书局 | 民治书局 | 1927 |
| 25 | 《孙中山年谱》 | 贺岳僧 | 世界书局 | 1927 |
| 26 | 《中山演讲集》 | 新民书局 | 新民书局 | 1927 |
| 27 | 《建国方略》 | 黄昌穀 | 民智书局 | 1927 |
| 28 | 《孙文学说演讲集》 | 王剑星 | 中央图书局 | 1927 |
| 29 | 《孙总理演讲集》 | 黄埔中央军事政治学校政治部 | 黄埔中央军事政治学校政治部 | 1927 |
| 30 | 《中山外集》 | 冯超 | 上海中央图书局 | 1927 |
| 31 | 《中山宣言》 | 建国书店 | 建国书店 | 1927 |
| 32 | 《孙中山演讲录》 | 广州国民书局 | 广州国民书局 | 1927 |

续表

| 序号 | 汇编名称 | 编者 | 出版者 | 出版时间/年 |
|---|---|---|---|---|
| 33 | 《总理遗教摘要》 | 中国国民党中央执行委员会 | 中国国民党中央执行委员会宣传部 | 1928 |
| 34 | 《总理演讲集》 | 上海三民书店 | 上海三民书店 | 1928 |
| 35 | 《孙中山先生年谱》 | 中国国民党南京特别市党部宣传部 | 中国国民党南京特别市党部宣传部 | 1929 |
| 36 | 《孙中山先生年谱》 | 中央宣传部 | 北平各界总理奉安纪念大会 | 1929 |
| 37 | 《总理关于青年的遗教》 | 国民党中央执委会宣传部 | 国民党中央执委会宣传部 | 1929 |
| 38 | 《总理奉安实录》 | 总理奉安专刊委员会 | 南京出版社 | 1929 |
| 39 | 《总理遗教——重要演讲》 | 中国国民党中央宣传部 | 中国国民党中央宣传部 | 1930 |
| 40 | 《总理谈话新编》（系总理逝世五周年纪念宣传丛刊） | 首都各界总理逝世五周年纪念会 | 首都各界总理逝世五周年纪念会 | 1930 |
| 41 | 《总理遗教》（上、下） | 中国国民党中央执行委员会 | 中国国民党中央执行委员会 | 1931 |
| 42 | 《总理年谱长编初稿》 | 中国国民党党史料编纂委员会 | 中国国民党党史料编纂委员会 | 1932 |
| 43 | 《中山先生外集》 | 陆达节 | 中华书局 | 1932 |
| 44 | 《孙中山先生逸语》 | 陆达节 | 江西省三民主义文化运动委员会 | 1935 |
| 45 | 《中山先生遗教》 | 张和重 | 商务印书馆 | 1937 |

| 序号 | 汇编名称 | 编者 | 出版者 | 出版时间/年 |
|---|---|---|---|---|
| 46 | 《重要演讲》 | 第四战区司令长官司令部 | 新建设出版社 | 1940 |
| 47 | 《总理谈话集》 | 吴曼君 | 江西省三民主义文化运动委员会 | 1941 |
| 48 | 《重要演讲》 | 中国国民党中央宣传部 | 中国国民党中央宣传部 | 1941 |
| 49 | 《国父全集选本》 | 叶青 | 江西省三民主义委员会 | 1941 |
| 50 | 《总理演讲集》（上、下） | 吴曼君 | 江西省三民主义文化运动委员会 | 1942 |
| 51 | 《国父遗教正编》（8集） | 宣传部 | 宣传部 | 1942 |
| 52 | 《孙中山先生外编》（2册） | 黄光学 | 江西省文化运动委员会 | 1942 |
| 53 | 《中山文选》 | 陈劭先 | 文化供应社 | 1943 |
| 54 | 《国父语集》（上、下） | 一苇 | 自学出版社 | 1943 |
| 55 | 《重要演讲》 | 军事委员会政治部 | 军事委员会政治部 | 1943 |
| 56 | 《国父轶文集》 | 陆达节 | 中山大学训导处 | 1943 |
| 57 | 《国父遗教选集》 | 陆达节 | 中国国民党中央执行委员会 | 1946 |
| 58 | 《国父遗教》 | 文化供应社 | 文化供应社 | 1946 |
| 59 | 《国父逸语新编》 | 陆达节 | 广州市文化运动委员会 | 1947 |
| 60 | 《国父轶文新编》 | 陆达节 | 广州三民主义学社 | 1947 |
| 61 | 《国父轶文集》 | 陆达节 | 广州三民主义学会 | 1948 |
| 62 | 《中山文选》 | 陈知行 | 香港启蒙出版社 | 1949 |

续表

| 序号 | 汇编名称 | 编者 | 出版者 | 出版时间/年 |
|---|---|---|---|---|
| 63 | 《国父对外交的言论》 | 改造出版社 | 改造出版社 | 1952 |
| 64 | 《国父批牍墨迹》（影印） | 罗家伦 | 中国国民党党史委员会 | 1955 |
| 65 | 《孙中山选集》 | 黄彦 | 人民出版社 | 1956 |
| 66 | 《国父年谱初稿》 | 罗家伦 | 中国国民党史料编纂委员会 | 1958 |
| 67 | 《国父年谱》 | 中国国民党党史史料编纂委员会 | 台北中央文物供应社 | 1958 |
| 68 | 《国父论国际合作》 | 文星书店 | 文星书店 | 1965 |
| 69 | 《国父年谱》（增订本） | 黄季陆 | 台北中央文物供应社 | 1965 |
| 70 | 《孙中山新思想类编》 | 文星书店 | 文星书店 | 1965 |
| 71 | 《国父年谱》（增订本） | 罗家伦 | 中国国民党党史史料编纂委员会 | 1969 |
| 72 | 《孙中山年谱》 | 魏宏运 | 天津人民出版社 | 1979 |
| 73 | 《孙中山史料专辑》 | 中国人民政治协商会议广东省委员会、文史资料研究编纂委员会、中山大学历史系孙中山研究室 | 广东人民出版社 | 1979 |
| 74 | 《孙中山选集》（上、下） | 黄彦 | 人民出版社 | 1981 |
| 75 | 《孙中山选集》 | 王晓波 | 帕米尔书店 | 1984 |
| 76 | 《国父年谱》（增订本） | 秦孝仪 | 台北中央文物供应社 | 1985 |

| 序号 | 汇编名称 | 编者 | 出版者 | 出版时间/年 |
|---|---|---|---|---|
| 77 | 《孙中山藏档选编》（辛亥革命前后） | 黄彦、李伯新 | 中华书局 | 1986 |
| 78 | 《中山陵档案史料选编》 | 南京市档案馆、中山陵园管理处 | 江苏古籍出版社 | 1986 |
| 79 | 《孙中山先生书信手札集》 | 沈云龙 | 文海出版社 | 1987 |
| 80 | 《孙文讲演"大亚细亚主义"资料集》 | 陈德仁、〔日〕安井三吉 | 东京法律文化社 | 1989 |
| 81 | 《孙中山在日活动密录》（1913 年 8 月—1946 年 4 月） | 俞辛焞、王振锁（编译） | 南开大学出版社 | 1990 |
| 82 | 《孙中山文粹》（上、下） | 张磊 | 广东人民出版社 | 1991 |
| 83 | 《孙中山名言录》 | 李晔、杜凡一 | 吉林教育出版社 | 1991 |
| 84 | 《孙中山年谱长编》 | 陈锡祺 | 中华书局 | 1991 |
| 85 | 《国权与国族——孙中山文选》 | 曹锦清 | 上海远东出版社 | 1994 |
| 86 | 《国父年谱》（增订本） | 罗家伦、黄季陆 | 近代中国出版社 | 1994 |
| 87 | 《孙中山文粹》（上、下） | 岭南文库编辑委员会、广东中华民族文化促进会 | 广东人民出版社 | 1996 |
| 88 | 《海军护法史料汇编》 | 汤锐祥 | 广东人民出版社 | 1996 |
| 89 | 《孙中山与广东——广东省档案馆库藏海关档案选译》 | 广东省档案馆 | 广东人民出版社 | 1996 |
| 90 | 《孙中山文集》（上、下） | 孟庆鹏 | 团结出版社 | 1997 |

续表

| 序号 | 汇编名称 | 编者 | 出版者 | 出版时间/年 |
|------|----------|------|--------|------------|
| 91 | 《孙中山文选译》 | 周源 | 巴蜀书社 | 1997 |
| 92 | 《一九二二至一九二三年孙中山在沪期间各地来电汇编》 | 张世福 | 上海书店出版社 | 1998 |
| 93 | 《孙中山箴言录》 | 刘波 | 中国文联出版公司 | 1998 |
| 94 | 《孙中山言粹》 | 中山市文化局、翠亨孙中山故居纪念馆 | 中国大百科全书出版社 | 2000 |
| 95 | 《孙中山与陈炯明关系史事编年》 | 段云章、沈晓敏 | 广东人民出版社 | 2003 |
| 96 | 《孙中山题词手迹》 | 《孙中山题词手迹》编委会 | 中国言实出版社 | 2005 |
| 97 | 《孙中山手书真迹》 | 中国中央文献研究室档案处 | 中央文献出版社 | 2006 |
| 98 | 《孙文选集》（上、中、下） | 黄彦 | 广东人民出版社 | 2006 |
| 99 | 《总理奉安实录》 | 总理奉安专刊编纂委员会 | 南京出版社 | 2009 |
| 100 | 《南洋筹饷——广州博物馆藏孙中山及其同志有关筹饷手札集》（影印） | 程存洁 | 文物出版社 | 2011 |
| 101 | 《护法时期孙中山轶文集》 | 唐瑞祥 | 海洋出版社 | 2011 |
| 102 | 《孙中山先生手迹选》（2册） | 广陵书社 | 广陵书社 | 2011 |
| 103 | 《孙中山著作选》 | 黄明通 | 高等教育出版社 | 2011 |
| 104 | 《孙中山著作选编》（3册） | 魏新柏 | 中华书局 | 2011 |
| 105 | 《孙中山文选》 | 戴逸 | 巴蜀书社 | 2011 |

续表

| 序号 | 汇编名称 | 编者 | 出版者 | 出版时间/年 |
|---|---|---|---|---|
| 106 | 《孙中山文选》 | 徐尚定 | 九州出版社 | 2012 |
| 107 | 《各方致孙中山函电汇编》 | 桑兵 | 社会科学文献出版社 | 2012 |
| 108 | 《中山演讲录》 | 陈夏红 | 中国大百科全书出版社 | 2012 |
| 109 | 《孙中山与天津》 | 天津市和平区档案馆、天津市档案馆等 | 天津人民出版社 | 2015 |
| 110 | 《中山陵档案》（5册） | 南京市档案馆、孙中山纪念馆、南京市城建档案馆 | 南京出版社 | 2016 |
| 111 | 《天下为公大道行：纪念孙中山诞辰150周年馆藏文物图集》 | 吕章申 | 北京时代华文书局 | 2016 |
| 112 | 《孙中山文集》 | 孟庆鹏 | 团结出版社 | 2016 |
| 113 | 《孙中山思想政见各方论争资料集》（第一辑） | 桑兵、安东强 | 国家图书馆出版社 | 2017 |
| 114 | 《孙中山在澳门》 | 霍启昌著，黄平编 | 中国社会科学出版社 | 2017 |
| 115 | 《孙中山挽联选编》 | 中国人民政治协商会议天津市委员会文史资料委员会 | 天津人民出版社 | 2018 |

## 2.3　合集类

编纂类型除全集和专题以外，还有合集型，即主要是将与孙中山时代相近或者事迹相关、相似的两个或者两个以上的人物、事件安排成一集。由于孙中山独具特色的历史角色及政治面貌，因而涉及孙中山史料的合集数量众多，主要可以分为两种：一是与同时代或相关人物合编的汇编，其中有按某一种类汇编的，如 2011 年广东科技出版社出版的《孙中山与帅府名人文物与未刊资料选编》；2011 年程存洁所著、文物出版社出版的《南洋筹饷——广州博物馆藏孙中山及其同志有关筹饷手札集》，记录了孙中山与其同志有关筹备革命军饷的来往信件，反映了南洋吡叻同志在 1912—1924 年筹备革命军饷的情况；2016 年南京出版社出版的《孙中山在南京史料辑录》① 采用十分珍贵的历史影像和当时出版的《临时政府公报》《共和关键录》及部分较有影响的报纸（如《民立报》《申报》《时报》《大公报》《盛京时报》）的影印件等图文史料，比较详细地记录了孙中山在南京就任中华民国临时大总统和其后重返南京期间，参与的政治、外交、军事、经济以及南京城市管理等方面的大事，真实地反映了孙中山在民国肇建初期的重要地位和广泛影响，这对于研究孙中山和民国史具有一定的史料价值；2017 年出版的《孙中山在澳门：档案中的孙中山先生澳门经历》② 集中分析讨论有关这方面的第一手资料，即澳门政府档案报刊、当时澳门出版的中葡文资料等，以便进一步了解孙中山为什么要去澳门行医，其原因是否真的是寓革命于行医，他到澳门及离开的准确时间，他在留澳时段认识了哪些人士，以及这些人士是否对他尝试开拓革命运动有重要影响。除了按某一种类汇编的，也有分专题汇编的，如《中国近代思想家箴言录》《近代文史名著选译丛书》《近代中国史料丛刊》等。二是与相关事件汇集的合编。由于孙中山为辛亥革命的领导者，革命胜利后其又当选为临时大总统，管理相应事务，故主要是与辛亥革命档案汇编中涉及的孙中山档案汇编。例如，2011 年由中国第二历史档案馆编辑、凤凰出版社出版的 8 册《南京临时政府遗存珍档》，内含大总统府文档、总统府电报房来电、南京临时政府外交部文档等，包含临时大总统令、批、收发电报等档案原件，这对于我们了解孙中山肇建共和国之初的内政外交具有重大的史料

---

①　南京市地方志办公室，金城出版社. 孙中山在南京史料辑录 [M]. 北京：金城出版社，2016.

②　霍启昌. 孙中山在澳门：档案中的孙中山先生澳门经历 [M]. 北京：中国社会科学出版社，2017.

价值。此外，《清宫辛亥革命档案汇编》系台湾文献史料出版工程"馆藏国民党档案汇编"项目之一，由海峡两岸出版交流中心与中国第一历史档案馆共同编纂，该书所辑档案囊括中国第一历史档案馆所藏上谕档、电报档、军机处录副奏折、宫中朱批奏折、外务部、刑部一发布、兵部一陆军部、宪政编查馆、咨议局、端方档等十五个全宗类别，时间跨度自光绪十七年（1891）开始，到民国元年（1912）止。主要内容有孙中山在国内外的革命活动及清政府的政策。① 该书所辑档案计三千余件，共约八十册，内容丰富，史料珍贵。

## 3　孙中山档案编纂特色评析

自 1912 年吴砚云编辑《孙大总统书牍》起至今，孙中山档案编纂工作已经持续了一个世纪，在近代人物档案编纂中，孙中山档案的编纂工作可谓成果丰硕，也呈现出了鲜明的特色。主要表现在编纂成果丰富多样，编纂主体多元且有明显的地域性，编纂工作吸收前人成果又有所突破三个方面。

### 3.1　编纂成果的丰富性与多样性

孙中山档案编纂的成果丰富首先表现为编纂成果数量极多。据统计，在1912—1949 年的 38 年间，出版的孙中山研究著作和资料图书共 1780 余种，其中著作（全集、文集、选集）有 242 种，阐释孙中山著作的书籍有 287 种，研究专著有 1150 余种，传记、简史 72 种，年谱 15 种，墨迹、画册 12 种。② 中华人民共和国成立迄今 70 余年间（1966—1976 年正常的学术研究中断）史料得到大力发掘，《孙中山年谱》、《孙中山选集》、《孙中山藏档选编》（辛亥革命前后）、《孙中山全集》、《孙中山年谱长编》、《孙中山辞典》、《广东省志·孙中山志》、《孙文选集》，以及《辛亥革命》和《辛亥革命回忆录》等资料相继出版，孙中山档案研究一度成为"显学"。无论是全集还是选集，孙中山档

---

① 中国第一历史档案馆. 清宫辛亥革命档案汇编 ［M］. 北京：九州出版社，2014.

② 王杰. 关于"中山学"的几点思考 ［J］. 团结，2009（6）：53－58.

案编纂成果的数量、质量在近代人物档案编纂中都可谓无出其右。另外，孙中山档案编纂的部头越来越大，收录内容不断完善，相信越来越完整的汇编必将推进孙中山档案研究的进一步发展。

除成果丰硕外，孙中山档案编纂的多样性亦是可圈可点。就取材范围而言，有全集本也有选集本；从汇编的规模与形式而言，既有单行本也有大型汇编和丛书汇编；从编纂体例上看，既有按照时间顺序编纂的也有按照类别和问题进行编纂的；从汇编形式上看，既有以文字为主的早期汇编也有图文并茂的现代版本，还有画传、邮票集等新形式汇编；从出版方式上看，既有原始性较强的影印本也有经过文言翻译与新式标点整理过的方便阅读的版本，现在还出现了电子版全集，大大降低了读者的经济成本。多样的汇编成果可以满足不同层次利用者的需求，既能满足史学研究的需要，又能使孙中山史料贴近大众，满足普通民众学习休闲的需要，使孙中山的思想精粹得以流传开来。

### 3.2　编纂主体的多元性与地域性

孙中山作为中国近代伟大的历史人物，涉及其史料编纂的个人、团体众多，编纂队伍尤为庞大，既有官方的主导编纂，也有民间的个人、团体参与；既有台湾方面的倾心编纂，也有大陆方面的关注，日本、美国等国家也有参与其中，故孙中山史料编纂的主体十分多元。多元的编纂主体在不断竞争的过程中也相互借鉴，成果之内你中有我、我中有你，造出了孙学的声势，也使孙中山的文献著作得到完整的收集和很好的整理甄别，并直接促成了编纂成果的丰富性和多样性，同时也使得编纂质量不断提高。孙中山史料编纂主体的多元性主要表现在官方的重视和民间的主动上，国民党人是重视的，蒋介石即曾提议编孙中山全集；共产党人也是重视的，1956年人民出版社出版《孙中山选集》，毛主席亲自指示要收入孙中山的四篇遗嘱。[①] 民间的主动表现在民间的本子更多上，以陆达节为代表的一些仰慕孙中山之伟大人格的革

---

① 王兴科. 一项浩繁的学术工程——黄彦研究员、刘望龄教授谈《孙文全集》编纂［J］. 辛亥革命动态，1996（3）.

命追随者终身致力于孙中山史料的编纂，尤其是上海的王耿雄，年轻时就注重收集孙中山文献，王耿雄一生在绸缎工业部门从事设计工作，以业余时间募集他所能见到的各种孙中山资料。作为孙中山文献收藏家，他编辑了《孙中山集外集》《孙中山集外集补编》两部著作，是非常了不起的，这些民间的主动编纂行为充分体现了孙中山伟大的人格魅力和持久的影响力。

孙中山档案编纂主体广泛存在于海内外各个地区，但在这一多元化主体的基础上，广东、南京因为其与孙中山独特的渊源在多个主体中呈现出来独特的优势，孙中山档案编纂又呈现出来明显的地域性。首先，广东是孙中山的家乡，也是中国民主革命的策源地，孙中山生长在这里并在这里进行过长期的革命活动，从 1895 年到 1911 年，他在这里发动了 7 次反清武装起义，尤其是自 1917 年至 1925 年，曾先后三次在广东建立政权，同北洋军阀的北京政府相对抗，为大革命高潮的到来奠定了基础。① 其次，广东研究孙中山的学术力量较强②，中国大陆研究孙中山的两个专门机构：中山大学孙中山研究所和广东省社会科学院孙中山史料研究所均落户广东，孙中山研究一直是其重点研究课题，还有中山市翠亨村孙中山故居、广东省档案馆、中山市档案馆等为孙中山档案编纂提供了多种素材，且广东的学术界和广东人民出版社有为纪念孙中山而批准的多项项目，为孙中山档案编纂提供了良好的经济基础。

### 3.3 编纂成果的继承性与时代性

孙中山档案史料的编纂已进行了一个多世纪，这是一项建立在汲取前人成果的基础之上而又不断开拓创新的伟大工程。

孙中山档案编纂是在继承前人成果的基础上完成的，其继承性主要体现在早期版本被用作后期汇编的底本和编纂体例与编纂方法的继承上，孙中山档案编纂分类多借鉴早期胡汉民所编《总理全集》，而 2012 年《各方致孙中

---

① 中国人民政治协商会议广东省委员会，文史资料研究委员会，中山大学历史系孙中山研究室. 孙中山史料专辑 [M]. 广州：广东人民出版社，1979：1.

② 王兴科. 一项浩繁的学术工程——黄彦研究员、刘望龄教授谈《孙文全集》编纂 [J]. 辛亥革命动态，1996（3）.

山函电汇编》是参照早期中华书局版《孙中山全集》的分卷，按照时序分工编纂的。孙中山档案编纂中不乏经典，多次再版修订，历久弥新。

孙中山档案编纂的时代性首先体现在编纂思想上，早期的中山丛书、中山全书，编者多为孙中山的追随者，目的多为宣传孙中山之思想，如黄昌毂在序言中所言"先生非仅为以革命破坏家，亦非仅为以空谈理想家"；或为整理孙中山思想学术之精粹，使之免于流失。在 20 世纪 80 年代后，孙中山档案编纂的目的多为宣传孙中山的爱国精神，及其敢于革命救国的伟大成就。此外，在出版形式上，早期版本采用繁体、竖版、抬头、侧书，而 20 世纪五六十年代后排版多为简体横版，去掉了传统的书写格式，并添加了段落与新式标点，便于读者阅读利用，且后期汇编除序言、目录外，又加了脚注、底本注、凡例、插图等内容，这些方面都体现出了不同时代之间的差异。此外，孙中山档案编纂所收篇目不断增多，内容更加完整，形式更加丰富，这都体现了孙中山档案编纂与时俱进的特色。

### 3.4　编纂过程的连续性与补充性

孙中山档案编纂是一个连续的过程，这主要表现为汇编的再版、重印十分之多，无论是全集还是选集，孙中山档案汇编都有多部修订本，在原有版本的基础上进行更新完善，改正原版的不足之处，吸收最新的查考成果和研究成果。例如，由黄彦主持编纂的《孙中山选集》于 1956 年初版后，于 1981 出版校订本，增补删节文字，重新选择底本，对原版进行完善。同时，也正是由于这种连续性，使得以黄彦为代表的部分孙中山档案编纂者在多次实践中摸索提升，这些核心人物的存在使得孙中山档案编纂质量不断提升，为孙中山研究提供了更好的史料。

除连续性外，孙中山档案编纂还经历了一个不断补充的过程，各种补编、外集、轶文、逸语层出不穷，为孙中山档案编纂的完整性做出了卓越的贡献。由于孙中山档案总量庞大，内容涉猎异常广泛，且佚失严重，故虽经过一个世纪各方人士的努力搜集补充，孙中山档案编纂工作仍然任重而道远。随着新发现史料的出现与史学界、档案界对孙中山档案的深入研究和考证，孙中山档案补编已经是一个周期性的工作，虽然目前孙中山档案编纂成果众多，但补编所占的比例却较低，故学界还应该加强补编的编纂工作，逐渐将孙中山档案编纂的全面性、完整性提高，以促进孙中山档案及中国近代史相关问题的研究工作。

# 4　孙中山档案汇编的编排体例与加工方法

孙中山档案编纂工作已经取得了丰硕的成果，我们通过对其编纂原则的确定、编纂体例的选择，与汇编标题的拟定、材料与底本的选择，以及档案史料的转录点校、辅文的编写等几个方面，总结分析了孙中山档案编纂的过程和方法，以期为历史档案编纂，尤其是人物档案的编纂提供一定的借鉴。

## 4.1　孙中山档案汇编的结构与体例

孙中山档案编纂成果丰硕，编纂体例不一，其有多种编纂体例，多样的编纂结构和体例有利于研究者从多个角度了解这一历史人物的多方面特征，进而有利于对人物的研究。

### 4.1.1　分类编年体编排方式

按照类—时序编排是人物档案编纂的基本特色，孙中山档案的全集类和专题类编纂多采用这一体例，典型的有胡汉民版的《总理全集》和黄彦主持编辑的《孙文选集》两部书。具体而言孙中山全集的分类多为按照其文体性质进行分类，一般分为十一类：论著、文告、规章、书信、电报、演说、谈话、公牍、人事任免、杂著、译著，后又添加题词遗墨、索引传略等新的篇章，部分著作含有多种性质，作者应尽可能根据其主要倾向和具体情况进行分类。在以上分类的基础之上，按照写作实践或者最初发表时间先后编次，如有时间空缺或不确定的情况，一般要通过考证力求准确判定各篇著作的具体日期，考订依据一般要在注释中进行说明。确实难以确定具体日期的一般通过考证估定写作日期，并置于确定年、季、月的末尾。[①]　孙中山选集除参

① 广东省社会科学院历史研究所，中国社会科学院近代史研究所中华民国史研究室，中山大学历史系孙中山研究室. 孙中山全集·第一卷（1890—1911）［M］. 北京：中华书局，1981：13.

照全集按照文种分类外还有按照问题分类的，如 1947 年陆达节所编《国父逸语新编》将所收著作分为主义类、革命类、党务类、国家类、学术类、懿行类、杂事类七类。演讲类汇编主要按照演讲对象进行分类，如 1924 年首都各界总理逝世三周年纪念会编辑的《中山先生演说全集》将所录演讲稿分为对军政界、工学界、农商界、民众及民众团体等六个类别，共六编，便于读者了解孙中山对不同阶层的期望与呼吁。多种分类方式有利于将属于同一种类或同一问题的档案史料集中起来，有利于发挥规模效益，推进孙中山档案研究工作的深入开展。

### 4.1.2　编年体编排方式

按照时间顺序编纂是历史档案编纂的经典体例，是将档案史料按照写成或发表的时间顺序进行排列，以反映某一时期所涉史料间的联系，便于按照时间历史地研究问题，以窥探孙中山思想演变与革命工作的特点和逐年发展演变的情况。孙中山档案全集与选集均有按照编年体进行编排的范例，是除分类编年体以外孙中山档案编纂最常用的一种体例，全集有 1981—1986 年中华书局出版社出版的 11 卷本《孙中山全集》，全书内容按写作或发表先后编排，自 1890 年《致郑藻如书》到 1925 年孙中山的三份遗嘱，36 年间的论著、谈话、演讲、函电等共 8000 余篇文献按照时间顺序编排。此外，孙中山选编与演说、函电等专题型汇编也均采用这一体例。例如，1927 年广州国民书局出版的《孙中山演讲录》，1941 年吴曼君所编写的《总理谈话集》，2012年桑兵编写的《各方致孙中山函电汇编》等。

除以上完全按照时间顺序进行编排外，还有部分汇编是将史料先分为若干时期，每一时期内再按照时间顺序编排。例如，1996 年由广东省档案馆编排、广东人民出版社出版的《孙中山与广东——广东省档案馆库藏海关档案选译》则先将史料按照孙中山在广东活动的情况分为"武装反清""民国初建""一次护法""二次护法""海陆军大元帅大本营"五个时期①，每一时期内再按时间顺序先后排列。

---

① 广东省档案馆. 孙中山与广东——广东省档案馆库藏海关档案选择 ［M］. 广州：广东人民出版社，1996：5.

### 4.1.3　按照问题编排的方式

按照问题进行编排也是档案史料编纂的一种重要体例，能够使内容相近或性质相同的史料集中在一起，便于保持档案史料内容方面的联系，便于使用者按照专题查找利用档案史料。由于孙中山档案编纂的历史渊源，编纂体例以上述分类序时和编年体居多，按照问题编排的成果较少，较为典型的有早期出版的《国父对外交的言论》《总理关于青年的遗教》等专门对某一方面的史料汇集，以及 20 世纪 80 年代后出版的《孙文讲演"大亚细亚主义"资料集》《南洋筹饷——广州博物馆藏孙中山及其同志有关筹饷手札集》《海军护法史料汇编》等专题型档案汇编。

除以上三种编排方式外，孙中山档案编纂也有按照时间种类进行编排的方式，如陈劭先所编《中山文选》一书将先生一生划分为复华运动、辛亥革命、讨袁、护法、北伐五个时代，每一时代内再按照问题性质，选择能反映先生政治主张的内容进行编排。尤为值得我们注意的是孙中山档案编纂还有综合多种体例进行编写的方式，由南开大学出版社于 1996 年出版的《孙中山在日活动密录》将整本书分为两大部分，第一部分为"日录"按时间顺序编排，第二部分为"文件录"按问题分类编排。

## 4.2　孙中山档案编纂的加工方法

档案史料汇编一般要通过选题、选材、转录点校、编写辅文等步骤将与编研题目相关的史料尽可能收集齐全，在保证其原始性、真实性的基础上对其进行加工，以便为读者提供系统、翔实、学术性较高的文献资料。一部好的汇编离不开科学的加工方法，我们总结并评价了孙中山档案汇编的加工方法，以期能够总结前人经验，吸取教训，为此后的编纂工作提供一些借鉴。

### 4.2.1　孙中山档案编纂的原则与选题

#### 4.2.1.1　尊重历史、实事求是的编纂原则

孙中山档案编纂多遵循尊重历史、实事求是的原则，尽力保持所收资料的原貌，在此基础上本着慎改、阙疑的原则进行加工，祈求符合史料研究的宗旨和能对史学研究有所贡献。在这一原则的指导下，搜集来源可靠的资料，选择底本，审慎转录，力求真实地反映孙中山一生政治主张和奋斗业绩的各

个方面，努力为读者提供全面客观反映孙中山政治思想文化的汇编产品。编纂原则的确定是贯穿整个汇编工作的具有纲领性的工作，指导着底本选择、材料取舍、校对排版等编纂工作的各个环节。在这一原则的指导下，1926年，黄昌毂所编《孙中山先生遗教》除孙中山未及校对完毕的部分"三民主义"外，所余均为其原著，只有错字校对、无一字一句之增减；1981年，黄彦所编《孙中山选集》多采用直接的原始的资料，尽量使用原件及其照片、影印本作为底本，以便将显示著作以最接近真实的方式呈现在读者面前；在排版形式上，陆达节所编《孙中山先生外集》"函札一类，尽依原来格式排印，以免失真"①。

尊重历史、实事求是为历史档案编纂的首要原则，但由于"近百年前的社会习惯用字与今不尽相同，历史文献中的部分用词、地名等多有所演变"②；而汇编成果还需考虑现代读者阅读利用文献的文化背景、阅读习惯等因素，故如何在尊重历史的前提下采用适当方法使历史档案汇编适应现代读者需求，是一个需要我们共同探究的问题。

4.2.1.2　孙中山档案编纂的选题

孙中山档案编纂工作意义重大，这不仅仅是缅怀一代伟人，保留下其思想精华、爱国精神等供后世学习探究的需要，"其史料汇编还可加强民族团结、振兴中华，促进祖国统一大业"③。当下，孙中山档案编纂成果丰硕，但从类型上看，全集版本较多且质量较高，专题编纂还有待补充与提高；从汇编针对的用户上看，多偏向于历史学家或孙中山研究者，针对普通读者的较少且质量不一。因此，我们认为孙中山档案编纂应加强专题性选题的选择，同时注意考虑多层次利用对象的需求，满足多种需要，使孙中山档案的作用与影响得到最大的发挥。

**4.2.2　孙中山档案编纂的标题**

标题一般是从文献正文中摘选出来用以描述文献内容特征的简短语句，

①　陆达节. 孙中山先生外集［M］. 上海：中华书局，1932：7.

②　黄彦. 孙文选集（上册）［M］. 广州：广东人民出版社，2006：3.

③　南京市档案馆中山陵园管理处. 中山陵档案史料选编［M］. 南京：江苏古籍出版社，1986：1.

标题对于读者了解文献主旨具有重要作用。科学的拟题是编写一部高质量历史档案汇编的首要条件。孙中山档案编纂中的标题主要有利用原标题和编者拟定标题两种。

孙中山档案中的文件、论著、诗文一般都有孙中山自拟的原标题，此类汇编多保留原标题。① 除采用档案原有标题外，在档案编纂中还有采用较权威的早期版本中的标题或所选报刊标题的做法。

在众多文献资料中，有孙中山自拟标题的并不多，绝大部分是过去报刊或文集编者另加的，那么一些原无标题或原有标题存在某些缺点的情况，就需要编纂者重新拟定标题或对原有标题加以改进。现有的孙中山档案汇编在拟定标题时有多种模式，在不断的演变中主要表现为两种方法，黄彦将其总结为中华版和秦编本两种模式并指出了其各自的优势不足："前者避繁就简，标题格式划一，比较整齐但是缺少对内容的反映，对于公牍、函电、演说、谈话等多在标题中显示其人名或地点；后者是根据不同内容的提要标出，读者只需要稍稍查阅目录便可了解各篇著作的主题，优势明显，但是这种标法又难以做到准确，易出现一些文不对题、题意含混、用词欠精的问题。"②

我们认为人物档案编纂标题的拟定应首先以该人物自拟的标题为先，若无原拟标题，可通过多方考证本人在其他论著或言论中有无比较确切的称法，若查证无果，可在正文中摘取关键词、句作为标题主体，优先考虑保持其原始性，若正文中观点不是十分明确，宜通读全文找出文章围绕的问题，将标题拟为"×××关于×××的×××"的公文形式，在标题中指出本文中心问题，但编者不宜在标题中加入过多观点、倾向性的词汇，以防出现错漏误导读者。至于函电、演说、谈话等类著述，可采用副标题的形式，在内容提要的基础上，提出涉及的人物、地点以便于利用者结合当时的历史背景及人物背景了解史料的内容及其背后反映的问题。另外，也可直接采用"人物＋时间＋地点"的方式拟题，其所涉主题留给利用者自行阅读理解。此外，为

---

① 广东省社会科学院历史研究所，中国社会科学院近代史研究所中华民国史研究室，中山大学历史系孙中山研究室. 孙中山全集·第一卷（1890—1911）［M］. 北京：中华书局，1981：14.

② 黄彦. 孙中山研究和史料编纂［M］. 广州：广东人民出版社，1996：355.

避免标题过长，也可将全书内容根据主题或时间、地点、对象等要素做相应的索引附于后，便于读者查找，并在注释中说明编制方法，便于读者利用。

### 4.2.3　收录范围与取舍标准

无论是全集还是选集，在确定编纂主题后，编研人员都要尽快搜集相关材料并确定收录范围与取舍标准。"档案编研是一项针对性、主题性较强的工作，所以只有将符合编研选题的档案汇集在一起，才能发挥出档案的整体性优势。如果出现大量与编研选题无关的档案材料，不但会使编研成果和质量下降，同时编研成果也会因为材料庞杂而降低了使用价值。"①

孙中山执笔的各种著作，据他口述写成的书文。在这里需要注意，孙中山口授秘书书写的著作应该注意加以区分，严格来说，执笔者应该是纯粹起记录作用的才收。

别人执笔经他同意署名的诗文函电。

他主持制定的文件，由他签发的公文、命令、委任状、各种证券和收据及部分题词。

孙中山所写的意思完整的批语，如有需要将批件附载于后。

孙中山翻译的作品。

别人当时记录的演说和谈话，当事人事后忆载的、意思完整的演说和谈话。这里要特别注意记录人的身份，记录人记录的时间，记录人是否为亲闻者，回忆记录距所忆事件发生的时间间隔，所忆内容是否完整可靠。这些内容均需要编者进行详细的考证，在此基础上，确定收录范围和取舍标准。黄彦在编辑《孙文选集》时将史料根据相应的标准分为正规、参阅两部分，并根据标准划分层次，提高了收录范围的科学性。

黄彦曾指出，编辑孙中山档案，需要考虑以往编辑的历史情况，也要考虑学人对于孙中山著作特点的理解及广大读者长期形成的观念，故孙中山档案编纂的取舍标准应在沿袭历史与改正非科学倾向之间进行确定。

### 4.2.4　底本的选择

选择底本是否得当是衡量编纂成果优劣的一项重要指标，孙中山著作版

---

①　华林，苏晓轩，倪丽娟. 档案逻辑管理学［M］. 沈阳：辽宁大学出版社，2012：136.

本众多，其底本的甄选就更为重要，甄选底本也是较为考验编纂者能力的一个过程。黄彦曾经指出："好的底本，更能够真实而完整地反映孙文著作的原貌，脱讹衍倒的文字就越少，且多标明准确可靠的著作日期。"① 许多孙中山档案编纂者在编纂过程中对底本的选择进行了说明，我们将其进行了如下总结，在多方搜集底本的前提下，按照如下原则进行选择。

就版本而言，优先采用原始文件、影印本和初刊本，秦孝仪版全集编辑所据之底本，均以中国国民党党史委员会收藏之原始文献、直接资料及早期印本为主，也正是因为底本的权威性较强，故此版全集尤为瞩目。

就文件稿本而言，优先采用孙中山手书或签名原件、原件影印或照片、手校或手订出版物、他所领导的组织发布的正式文件、从兴中会到孙中山在世时中国国民党所发行的报刊等具有某些原始凭证的或当时官方报刊作为底本。

凡经孙中山修订过的著述，均采用修订本。中华书局版《孙中山全集》与秦孝仪版《国父全集》均采用这一方法："除一经发表即未再修改之文件，采用最初来源外，余对国父生前出版之文件，则采用较后修订者。"②

外文著述如尚无中译，或为后人所译，大都重译、校译，但孙中山在世时已经有中译本广泛流传的则采用原译本。③

在以上四种原则的基础上，还存在一些版本，它们内容虽有出入但是各具特色，或外文译著虽广为流传却存在某些问题，使得编纂重译的情况出现。在这种情况下，采用"同题异文"的形式，将其他版本附录于后也收入汇编，以便于读者自行阅读比较也是孙中山档案编纂的特色之一。

最后，孙中山档案编纂一直秉承着充分吸收现有各种文献成果的传统，诸版本有歧义之处，经过考证后取其一说，其余在注释中进行介绍。④

---

① 黄彦. 孙中山研究和史料编纂 [M]. 广州：广东人民出版社，1996：335.

② 中国国民党中央党史委员会. 国父全集（第一册）[M]. 台北：中央文物供应社，1981：6.

③ 广东省社会科学院历史研究所，中国社会科学院近代史研究所中华民国史研究室，中山大学历史系孙中山研究室. 孙中山全集·第一卷（1890—1911）[M]. 北京：中华书局，1981：14.

④ 尚明轩. 孙中山全集·第一卷 [M]. 北京：人民出版社，2015：9.

### 4.2.5　转录与点校

转录。孙中山档案的转录经过了几个时期的演变，早期孙中山档案的编纂排印多为繁体竖版，部分汇编为表示对孙中山的尊敬在序言及正文中采用了抬头的格式；后于 20 世纪五六十年代，孙中山档案编纂开始出现简体横版，排版方式与字体更为符合当下的阅读需求。

校勘。校勘文字以各篇底本为依据，选择若干较佳版本及近人校本，逐一比较校勘，从中发现讹字、脱字和衍文，并加以纠正，所纠正者以明显讹误为限，尊重原文遣词造句的习惯，除明显错漏外一般都不轻易改动，史实正误或文字通顺与否，一般不在校勘之列。孙中山档案的校勘内容一般包括：删除衍文；补改脱字、讹字；考补因保密、避讳而故意空缺的字；根据外文著述勘正汉译本明显的错漏。需要注意的是，无论何种校勘，均需在注释中进行清晰的说明解释。

点校。孙中山档案汇编初期为旧时圈点，且不分段落，读来较为困难。各篇均按照当今通行习惯标点分段，书信类参照其行文习惯统一格式，废去文内抬头，电报一般不分段，如果电文较长则参照书信分段；此后出现了新式标点的《中山全书》。

### 4.2.6　外文的翻译

在孙中山著作中，来源于外文资料的占有很大比重，故对这些外文的翻译就成为档案汇编的一项重要工作。

校译。部分孙中山外文资料已有中译本刊行，但在翻译中存在个别错漏或对其文字略加润饰的情况，我们应充分吸收前人经验，在原译本的基础上进行校译。

重译。在资料已有中译本但译文质量不高或与原文出入较大的情况下，可聘请专家统筹全书翻译并遴选人员承担各语种的翻译工作，同时原译文可附录于后。

对于从未有中文译文的资料，请专人译出。在对孙中山外文资料的翻译时还需要注意，在各篇翻译中，同一外国人名、地名及其他专有名词要求尽可能统一采用当时孙中山和华侨最习用的译名；翻译基本采用白话文，力求忠于原意，文字畅达，同时兼顾文体特征。

### 4.2.7　辅文的撰写

孙中山档案汇编经历了一个不断规范化的过程，辅文更加完整翔实，主要有序言、凡例、注释三类。

序言。一篇好的序言可以帮助读者了解汇编的主题、材料来源、编纂宗旨以及编纂体例。早期的孙中山档案汇编存在一些缺少序言的情况，或虽有序言但对汇编内容介绍较少，很难起到辅助阅读的作用。近年来，孙中山档案汇编的序文逐渐丰富，一般对编纂背景、编纂目的、编纂过程、编纂特色有着较为详细的介绍。

凡例。凡例主要是向读者介绍汇编内档案史料的状况和编者进行编辑加工的情况。孙中山档案汇编的凡例主要是对收录范围、编排次序、底本选择、标题拟定、注释撰写与校勘的说明。

注释。孙中山档案汇编主要有题注、页末注、底本注三种。题注向读者提供有关著作的一些基本背景史实；页末注主要包括简介相关背景史实，考释著作时间，必需的校勘说明，注释人名、地名、生僻词、隐语，以及夹杂在中文著作中的外国文字、方言等；底本注即对资料来源的注释，通过底本注人们可以了解编者对于著作资料的发掘是否尽力，底本的选择是否得当，一般均需详细列出所据底本的编者、译者、篇名、书刊报名称、出版时间、地点及资料藏处。①

## 5　未尽问题

### 5.1　尚待收集的档案

全集不全，是编辑资料的一大困扰。近代文献太多，图书、档案、报刊以及未刊稿本钞本，任何一类均在古代文献总和的百倍以上。如果加上海外公私档案、文献，数量更加巨大，几乎可以说是漫无边际，而且又有著录编目的缺漏和收藏保存的诸多限制，无人能够全部接触，遑论逐一过目。编辑

---

①　黄彦. 孙中山研究和史料编纂［M］. 广州：广东人民出版社，1996：315.

孙中山全集虽经两岸学人接力式地持续努力，能够扩展的空间余地仍然不小，并且可以预期将来还会不断增补。①

除全集以外，虽然孙中山档案编纂不断出版补集、外集等补充类汇编，但现有汇编距离孙中山的全部档案仍然相差甚远。孙中山档案编纂者陆达节曾说过："孙先生一生奔走革命，遗著散在人间者，合不可以数计，而坊间诸本，唯于主义、方略、宣言等类，略无缺失，至其他各类，如文电函札等，则余敢断言其所搜集出版者，尤不如尚未发现者之多也，余深愿吾党同志，勤加搜集，以供国人之研求，则先生之轶文，终有完全发现之一日，此其有裨于党国。"②

孙中山档案史料众多，佚失严重，且因其所到之处甚广，所接触之人甚众，故孙中山档案的搜集虽然已经持续了多年，但尚有大量史料散落于海内外各个单位及个人手中。因此，我们对孙中山档案的征集工作必将继续进行下去，还需加强散落于民间及流失海外的孙中山文献的征集工作，做好全集补编工作，提高汇编的完整性。

## 5.2　孙中山档案考订

以往所有孙中山著作都不同地存在着收录过滥的情况，主要表现为：把孙中山签署、批发的政府机关大小文件统统归于他的名下；把许多未经正式记录的、甚至准确度极低或片段零碎的言论编收进去；一些版本把著作集当作史料书来辑录，收入不少根本不属于孙中山著作的文字。此外，在孙中山档案汇编中有些文献底本的选择、标题的拟定、著述时间的订正等还有不少疏漏，如1956版《孙中山选集》对孙中山文献中的清代的称谓一律改成了"清朝"，这对于准确理解孙中山的民族主义思想可能就有影响。因此，对孙中山档案必须加强考订，逐渐剔除或在注释中说明收录范围及取舍标准，提高汇编科学性。另外，在孙中山档案中还有一些时间、人物、地名、写作背

---

① 桑兵，赵立彬. 各方致孙中山函电汇编·第一卷（1895—1912）［M］. 北京：社会科学文献出版社，2012：4.

② 陆达节. 孙中山先生外集［M］. 北京：中华书局，1932：3.

景等存在疑问的地方及诸多"同题异文"的现象，这些问题均需要通过进一步的考订探索，使孙中山档案汇编的科学性与研究性都得到进一步的提升。

### 5.3　汇编的不当加工

编辑文献史料，还有另一重困难，即如何整理的问题。一般而言，限制学术进展的原因主要是学人很难接触到相关文献，整理本虽然容易普及，可是如果没有鉴别判断力，使用起来发生错误的危险度也较高，况且整理近代文献，相关工作太多，很难完全掌握，仅断句一项，就容易产生种种问题。孙中山档案编纂的诸多版本都存在着不必要的改字，不恰当的删减，以及一些不恰当的外文翻译，这些问题的存在无可厚非，也正是这些问题的存在，孙中山档案汇编工作才更要继续发展下去，并根据这些问题寻找努力的方向。例如，《孙中山集外集》，文献来源广泛是长处，但文献取舍尺度的把握欠严格，回忆文章中孙中山讲话的引文也作为孙中山文献收录，即视线过于宽泛。即使是目前学术界公认质量较高的 1981—1986 年中华书局版的《孙中山全集》和 1989 年台湾版的《国父全集》也还有不少可指陈的地方，前者的问题是由于当时三家合编，未设统编，使得编排体式各不相同，譬如注释，该注与不该注，详与略，缺乏统一标准；后者较明显的问题是对外文文献的收集和译校不免粗疏，台湾学者外文水平均好，但不知为何这方面未着力。

总之，孙中山档案编纂工作意义重大，孙中山档案汇编是了解研究孙中山思想、事迹及我国近代史的第一手资料。孙中山档案的整理是研究孙中山的前提和基础，目前所编的孙中山档案汇编已经在孙中山档案利用中发挥了不可替代的作用。

当前，孙中山档案编纂工作已经进行了一个世纪，且已经取得了丰硕的成果，各类汇编浩如烟海，形式丰富多样，同时档案汇编正在逐步走向规范化的道路，收录更为充实，体例更加多样，标题更加准确，辅文更加翔实。但是，由于孙中山丰富的人生经历，其档案很难搜罗完备，加上编纂工作本身的复杂性，孙中山档案汇编中还存在着材料搜集、考订、校勘等方面的问题，孙中山档案汇编工作仍然任重而道远。

由于我们能力有限，所掌握的资料与信息并不完全、及时和准确，文中的认识不免存在疏漏错误之处，我们会继续努力完善现有内容，认真总结分析孙中山档案汇编的规律和特色，以求全面促进孙中山档案汇编工作的不断发展，使其资料更加翔实，考校更加准确，整理更加科学，我们期待着更多优秀的历史档案汇编问世。

# 【档案管理】

# 基于参与式管理方式的档案职业认同感提升研究[①]

邢变变　　张欢笑

（郑州大学信息管理学院　郑州　450001）

**摘　要：**档案职业认同感是影响档案管理工作质量的重要因素。本文借助参与式管理的方式，从信息分享、知识发展和培训、报酬系统和权力分享四个方面分别阐述了档案管理部门应如何实施参与式管理以引导档案职业人员参与管理决策，以及档案职业人员如何在参与档案管理决策的活动中提升其档案职业认同感。

**关键词：**参与式管理　档案职业　职业认同感

## 1　引言

档案职业认同感是影响档案管理工作质量的重要因素。提升档案职业认同感需要从两个方面入手，即提升档案职业人员对自身工作的认同感，以及增加他人对于档案职业的认可度。参与式管理即企业吸收员工介入管理决策的制定和实施，通过与管理层的交互作用，参与和影响管理行为。[②] 参与式管理能够有效提高员工的工作满意度和工作技能，为员工提供高水平的激励，

---

**作者简介：**邢变变（1986—），女，郑州大学信息管理学院讲师，博士，研究方向为档案学基础理论；张欢笑（1998—），郑州大学信息管理学院档案学本科生，研究方向为档案学基础理论。

①　基金项目：本文为国家社科基金重点项目"档案学经典著作评价研究"（17ATQ011）阶段性研究成果之一。

②　陈万思，余彦儒. 国外参与式管理研究述评［J］. 管理评论，2010（04）：73－81.

增加企业的产出效率，减少员工对生产变动的抵触情绪。① 该理念以人性假设理论为基础，通过充分激发员工的潜力，以追求企业发展与员工价值的共赢。档案管理工作需要档案职业人员发挥主观能动性，如此才能更好地实现档案资源的充分利用。因此，在档案管理工作的各个环节，档案职业人员都有资格对档案管理部门的决策发表意见并参与其中。基于参与式管理方式，档案管理部门需实施参与式管理的举措并增强与档案职业人员的交互性，档案职业人员则需积极参与到相关的管理决策中，在影响管理行为的同时，其自身的职业认同感也将得到提升。由于在此过程中并不涉及增加他人对于档案职业认可度的问题，故本文不对此问题展开讨论。

Lawler确立了参与式管理的四维结构模型，区分出了信息分享、知识发展和培训、报酬系统、权力分享四个维度。② 参与式管理的四维结构模型改变了大多数学者针对单个维度进行研究的局限性，被作为后续学术研究的基准结构，同时也是当前战略人力资源管理演进背后的首要动力。③ 笔者将从这四个维度出发，分析档案管理部门应如何实施参与式管理，激发档案职业人员的积极性，提升其对档案工作的职业认同感。

2018年11月13日，笔者在中国知网文献数据库中，以篇名为检索项、以"参与式"并含"档案职业"为关键词进行精确检索，检索结果均为0。此外，在读秀学术搜索中亦未检索到相关图书。整体来看，我国档案学界应用参与式管理方式对档案职业认同感提升的研究较为薄弱。

---

① Jean T. Turner. Participative management：Determining employee readiness [J]. Administration and Policy in Mental Health，1991，Vol. 18（5）：333—341.

② Lawler. E. E.. Choosing an Involvement Strategy [J]. The Academy of Management Executive，1989，2（3）：197—204.

③ Mcmahan. G. C.，Bell. M. P.，Virick. M.. Strategic Human Resource Management：Employee Involvement，Diversity，and International Issues [J]. Human Resource Management Review，1998，8（3）：193—214.

# 2 信息分享

## 2.1 前期：协助参与式管理

前期信息分享包括政策类信息和业务类信息，档案管理部门充分分享政策和业务类信息能够改善管理部门与员工之间信息不对称的现象，避免因信息不对称使得档案职业人员产生懈怠消极的心理。管理者与员工能否共享决策所需信息，是员工参与能否真正实现的基本前提。[①] 信息分享是员工参与制度中决策权力分享的先决条件，[②] 其目的是使员工产生对管理措施和组织目标的认同感，同时向员工提供必要的决策信息。[③] 信息分享有助于档案职业人员了解自身的工作性质和工作环境，进而更好地分析档案职业前景，提升其对工作的信心。档案管理部门可以通过口头传播或媒体传播的方式开展前期信息分享。

### 2.1.1 口头传播

口头传播是信息分享常见的一种方式，能够做到有针对性地向档案职业人员传播政策和业务信息，常用的方式包括信息交流会、对话会议和研讨会等。第一，信息交流会属于同级别、不同部门之间的横向交流，是指档案管理各部门之间就交流政策和业务类信息展开的会议，此种形式打破了部门隔阂、帮助档案职业人员了解不同部门的工作状况，使其更好地掌握档案管理工作的整体进程，从而对自身工作形成长远规划。第二，对话会议属于同部门、上下级之间的纵向交流，即以交流为目的、围绕某一主题进行的会议，档案管理部门可以借助对话会议的方式向档案职业人员传递信息，同时亦可

---

① 吴思嫣，张义明，王庆娟. 员工参与：信息分享的视角 [J]. 华东经济管理，2011，25 (02)：126－129.

② Lawler，Edward E. Participative Management in the UnitedStates：Three Classics Revisited [C] //Corndis J L，Gy－orgy S. Organisational Democracy：Taking Stock. NewYork：Oxford University Press，1989：91－97.

③ Davis TR V. Open Book Management—Its Promises and Pit—falls [J]. Organisational Dynamics，1997，Winter：7－19.

借助会议了解其思想动态，从而更好地引导档案职业人员的发展。第三，研讨会属于不同部门、不同级别人员之间的交流，是在档案管理部门作出重要决策时召开的会议形式，档案职业人员应借助研讨会充分了解档案管理部门新政策或新决定的相关信息，为自身工作提供指导，及时调整工作计划。

### 2.1.2　媒体传播

媒体传播可以分为文字传播、视听媒体传播和电子媒体传播。第一，文字传播即档案管理部门通过传阅文件、组织阅读学习、办黑板报或设计宣传橱窗等形式，运用文字向档案职业人员传递信息。档案职业人员通过这些文字了解档案管理部门希望其为之努力的方向，以便其在工作中坚持正确的导向。第二，视听媒体传播即在工作场所配备电视等设备，通过组织档案职业人员观看有关重要会议的方式，增强其对政策和业务类信息的认识和了解程度。这种方式增加了传播的吸引力，可与其他传播方式组合使用，以便达到更好的传播效果。第三，电子媒体传播即利用档案管理部门的网站、微博、微信等媒介，向档案职业人员推送有关政策或业务类信息。这种方式增强了档案职业人员获取信息的自主性，加强了档案职业人员之间的交流。

## 2.2　后期：进行反馈

后期的信息反馈即绩效类信息的反馈。Rasheed、Khan 和 Rasheed 等在研究个体的绩效反馈倾向时发现，不对员工的工作绩效进行科学、有效的考核反馈，可能会降低其工作满意度，进而会使员工怀疑自身的工作价值，甚至引发员工的各种消极行为。[①] 档案管理部门向档案职业人员进行的信息反馈可以分为负面反馈、中立反馈和正面反馈。员工通过与周围其他员工进行比较形成自身关于自身胜任状态的认知和判断，如果员工认为自身的知识储备、技能水平和工作能力等方面超出了当前工作所需，而其他员工恰好胜任其工作或不能完全胜任其工作，则认为自身处于过度胜任状态，且个体对自身当

---

① Anwar Rasheed, Saif－Ur－Rehman Khan, Mazen F. Rasheed, et al. The Impact of Feedback Orientation and the Effect of Satisfaction With Feedback on In－Role Job Performance [J]. Human Resource Development Quarterly, 2015, 26 (1): 31 - 51.

前状态的认知将影响对周围环境安全程度的判断。① 档案管理部门通过公平的绩效考核以及绩效反馈，调整档案职业人员的心理状态，从而提升其职业认同感。

### 2.2.1　负面反馈与中立反馈

档案管理部门在进行反馈的过程中，应选择恰当的方式，使档案职业人员了解自己工作失误的严重性，明确指出其需要改进的行为，并在部门内开展有建设性的反馈。回避负面反馈会给员工个人和组织整体带来严重后果。世界知名的电池和便携式照明设备生产商美国劲量（Energizer）公司人力资源部纳拉·格林菲尔德表示，开展负面反馈有助于翻开企业发展的崭新一页，而回避问题会使企业裹足不前。不仅领导者的信誉度大打折扣，而且员工可能以牙还牙，通过糟糕业绩来回应组织的不作为。② 在进行负面反馈或中立反馈时，企业应该注重战略性、以进步为导向以及传递帮助信息几个方面。③第一，战略性。战略性是指档案管理部门应有计划地对档案职业人员进行反馈，以提升其能力为目的组织语言，避免情绪化的情况。应坚持就事论事的原则，避免因过度打压造成档案职业人员失去信心。第二，以进步为导向。档案管理部门应明确进行反馈的目的是为提高档案职业人员的能力，应着眼于未来工作及绩效改进，而不是抓住过去的失误不放，采用积极引导式的语言进行沟通，以进步为导向的反馈能够达到激励的效果。第三，传递帮助信息。档案管理部门应在反馈的过程中为档案职业人员提出具体的改进建议，帮助其提升自身能力。通过有建设性的绩效反馈，档案职业人员能够感受到管理者的关心，有助于提升其对档案管理部门的信任度，进而提高工作积极性。

档案职业人员在接受负面反馈或中立反馈时，不应单向接受信息，应增强与管理者的交流，充分了解自身不足，并针对不足不断调整个人工作规划，明确下一阶段的工作目标。档案职业人员可以通过向同事学习、参加专业培

---

① 刘培琪，刘兵，李嫄. 授权型领导对知识型员工知识分享意愿的影响——基于社会信息加工的视角 [J]. 技术经济，2018，37（07）：81—87，98.

② 张昊民，王琰. 走出负面绩效反馈的误区 [J]. 企业管理，2017（06）：45—47.

③ 方振邦，孙一平. 绩效管理 [M]. 北京：科技出版社，2010：167.

训、阅读书籍等方式，不断提升自身的能力，在反馈交流过程中增强自身参与管理的信心。

### 2.2.2　正面反馈

档案管理部门应重视对档案职业人员的正面反馈，将正面反馈放到与负面反馈和中立反馈同等重要的位置。在进行反馈的过程中，档案管理部门应明确指出档案职业人员受称赞的行为，并用正面的肯定进行评价，评价中应包含此行为对档案部门或管理工作带来的效益。在档案职业人员的工作有明显进步时，管理者同样应给予正面的反馈。档案职业人员在接受正面反馈时，应明确自身的优势，并根据自身优势选择合适的参与管理的方式和参与类型，在参与管理的过程中不断增强职业信心，提升工作积极性。

## 3　知识发展和培训

档案管理部门应通过为档案职业人员提供个人知识与能力方面的培训，提升其参与管理与决策的能力。利用培训向档案职业人员不断传递档案学最新学术研究成果以及档案学相关的专业知识，帮助档案职业人员提升自身的专业素养，增加知识储备，改善知识结构单一的情况。通过知识发展与培训，档案职业人员自身能力得到提升，能够将其想法付诸实践，更好地实现职业期望与规划，从而提升其职业认同感。

### 3.1　培训分析

培训分析是档案管理部门做好培训的首要前提，档案管理部门需要通过访谈、问卷、观察或文献研究等方式，了解档案职业人员对于培训内容的期望，深入分析档案职业人员的培训需求，合理设计培训的类型与方式。培训只有满足档案职业人员的个人需求和工作需求，才能够真正激发其积极性。档案职业人员应根据在实际工作中遇到的问题和困难，向管理部门提出对于培训内容的期望，以期在培训中真正得到自身能力的提升。

### 3.2　培训设计

档案管理部门进行培训设计，即对培训内容进行整体的规划，明确培训的任务与目标，将在档案工作中遇到的问题和困难转化为学习环境中的任务。档案管理部门应对培训的主要任务进行层层分解，使培训任务由抽象趋向具体，成为一个个独立的子任务。从明确任务、任务分解到子任务解决模式，形成一个完整的培训课程设计结构图。

### 3.3　培训课程开发

档案管理部门进行培训课程开发，即将培训的需求向可操作性内容的转变。档案管理部门应根据培训任务以及接受培训人员的素质，选择合适的培训方法，如可以利用演示法进行知识方面的培训，即通过组织讲座或播放视听教材的方法，向档案职业人员传递知识。这种方法便于集中向档案职业人员介绍某方面的研究成果，具有较强的针对性。档案管理部门在开展培训的过程中，应该注重与参与培训的档案职业人员进行互动，增强学习效果。

### 3.4　培训实施

档案管理部门在实施培训时，应当选择恰当的培训时间，以不影响档案管理部门正常工作为前提，保障尽可能多的档案职业人员能够参与；注意开展培训的频率，使培训达到更好的效果。选择合适的培训场所，坚持培训过程不会被干扰的原则，合适的培训环境能够提升档案职业人员的学习效率。

### 3.5　培训效果转化

培训效果转化是指档案职业人员在培训结束之后，将培训内容真正转化为自身知识，实现知识和能力的发展。档案职业人员在参与培训之后，应将培训中提到的一般性原则及其应用范围以案例材料的形式保存下来，当在档案工作中遇到与学习环境类似的情况时，能够将所学知识应用到工作中，并能维持学习所得在档案工作中的应用，将培训的效果发挥到最大，真正实现知识、能力的发展。

# 4　报酬系统

## 4.1　物质层面

马斯洛从人的需要出发，将人的需要归结为五个层次，包括生理上的需要、安全上的需要、感情和归属上的需要、地位和受人尊重的需要以及自我实现的需要。[①] 依据其理论，物质层面主要指档案职业人员的工资报酬，只有建立完善的工资报酬体系，满足档案职业人员基本的物质需求，才能使其继续追求更高层次的需求。薪酬管理公平性和员工薪酬满意感是影响员工的工作态度与行为的重要因素。根据组织公平性理论，员工不仅非常重视决策结果的公平性，而且非常重视决策过程的公平性、交往公平性和信息公平性。员工的薪酬公平感和满意感对他们对企业的归属感有显著的正向影响。[②] 档案管理部门在建立满足档案职业人员需求的薪酬体系时，需要考虑个人价值、岗位价值和贡献价值三个重要因素。

### 4.1.1　个人价值

个人价值也称"固有价值"，即员工个人本身所具有的价值，不易随着服务对象、岗位的变化而发生太大的变化，它主要包括学历、专业、职称、工龄、人才来源地等方面。[③] 固有价值高的档案职业人员可能在短期内无法显现其优势，但从长远来看这些高素质人才将成为档案事业的中坚力量。充分考虑档案职业人员的固有价值是对档案职业人员自身价值的肯定，能够使得档案职业人员内心得到满足，从而提升其对档案职业的认同感。

### 4.1.2　岗位价值

岗位价值也称"使用价值"，即把具有一定量固有价值的员工安排在某一

---

[①]　A. H. Maslow. A Theory of Human Motivation [J]. Psychological Review. 1943：370－396.

[②]　伍晓奕，汪纯本. 饭店员工薪酬公平感和满意感对员工工作积极性的影响 [J]. 桂林旅游高等专科学校学报，2006（02）：226－230.

[③]　胡八一. 三三制薪酬设计方案与典型应用 [M]. 北京：北京大学出版社，2012：4.

特定的岗位上，而岗位的职责与特征是决定员工所能做出贡献大小的基础平台。① 档案管理部门应对不同的岗位进行价值评价，依据档案职业人员所在岗位能够创造的价值设计薪酬，并根据档案职业人员的能力将其安排至合适的岗位，确保个人价值与岗位价值相对平衡，避免造成人才浪费或能力缺失。以岗位价值为导向的薪酬体系能够促使档案职业人员积极工作，激发其不断晋升的意识。

### 4.1.3　贡献价值

贡献价值也称"市场价值"，即员工在某一特定岗位上为企业创造的价值，并且这个价值使企业产生值得购买的行为。② 档案管理部门应根据档案职业人员创造的绩效进行薪酬设计，同样学历背景、同样岗位的两位档案职业人员，若其工作状态不同，所得到的薪酬应有差别。以贡献价值为导向的薪酬体系，能够增强档案职业人员对薪酬的信心，从而提升其工作积极性。

### 4.2　精神层面

美国哈佛大学心理学家威廉·詹姆斯发现人的积极性和能力的发挥，在一般情况下可发挥到 20%～30%，在受到充分刺激的情况下可以发挥到80%～90%。③ 当今社会，人们的物质生活水平有了大幅度提升，单纯的物质激励已经无法满足人们的心理需求，因而人们开始注重追求精神层面的满足。精神需求是人类的基本需求，这也是人类区别于其他动物的主要标志之一。当精神激励有效时，因其是直接针对个体的精神需求而进行的具体激励，会直接使个体产生行为动力。④ 青年档案职业人员以及高学历档案职业人员自我实现的愿望尤为迫切。档案管理部门应该从满足档案职业人员精神需求的角度出发，注重精神层面的激励，形成良好的内部文化体系，从精神层面不断地影响档案职业人员的行为，使档案职业人员意识到自己的工作是有价值的。

---

① 胡八一. 三三制薪酬设计方案与典型应用 [M]. 北京：北京大学出版社，2012：5.
② 胡八一. 三三制薪酬设计方案与典型应用 [M]. 北京：北京大学出版社，2012：6.
③ 张德. 人力资源开发与管理 [M]. 北京：清华大学出版社，2007：388－398.
④ 李柏洲. 论企业中的精神激励 [J]. 学术交流，2002 (1)：120－123.

### 4.2.1 尊重是前提

尊重档案职业人员，深入了解其内心的需求，建立与档案管理部门之间的相互信任，是提升档案职业人员工作积极性的前提。档案管理部门应满足其被重视的心理，能够使档案职业人员感受到被承认与尊重，从而成为其积极工作的推动力，使其更加愿意在参与管理中展现自己。

### 4.2.2 信任激发潜能

信任是档案管理部门用人的基础。沃尔玛公司的领导人瑟德奎斯特将公司的运营情况公开地传达给公司员工，将每日股价写在办公室内的告示牌上，让员工充分了解公司的财务状况；推动"店中店计划"的实施，即沃尔玛每个连锁店的部门经理对该部门的亏盈状况完全负责，如同管理小商店一样管理其所在部门。赋予员工足够的信任，使得沃尔玛公司连续六年蝉联美国500强榜首。档案管理部门实施参与式管理是对档案职业人员信任的一种表现，能够推动员工的自我提升、自我实现。档案管理部门应充分信任档案职业人员，赋予其一定的管理决策权力，使其了解档案馆（室）的真实情况，从而使其在参与管理中作出正确决策，激发出档案职业人员的潜能。

### 4.2.3 赞赏推动发展

每一位档案职业人员都渴望受到赞赏，档案管理部门应坚持以人为本的思想，营造尊重人才、和谐温暖的文化氛围，增强档案职业人员的归属感。档案管理部门应对档案职业人员的贡献以及进步作出及时的正面鼓励，通过多种方式对其贡献作出肯定。通过给予荣誉或奖励的形式，增强档案职业人员的自豪感与荣誉感，激发其主人翁意识，使档案职业人员更加积极地参与到档案馆（室）的工作中。

## 5 权力分享

随着档案事业的不断发展，越来越多的高素质人才参与到档案工作中来，这些人有更多的自学意识，普遍追求自我管理、自我创造。赋予档案职业人员提出建议、工作参与或参与决策的权力，使其参与到管理决策中，符合档案职业人员个人价值实现的需求，将有效提高档案职业人员的工作积极性。

档案管理部门通过鼓励档案职业人员参与决策并给予其一定的工作自主性的行为，向档案职业人员传递信任、安全的信息，使得档案职业人员认为自己是受信任的，进而提升其心理安全感。档案职业人员心理安全感的提升能够使其更愿意为工作付出，提升其职业认同感。

### 5.1　权力分享原则

档案管理部门在赋予档案职业人员权力时，应遵循因人授权的原则，根据档案职业人员的能力、性格进行授权，从而使权力分享起到激励作用，推动档案管理部门人员更好地完成工作；遵循授权不授责的原则，授予档案职业人员一定权力但不要求其承担对等责任，使得档案职业人员能够积极尝试，在实践中得到锻炼；遵循非任何事物可授权的原则，档案管理部门在授予档案职业人员权力时，并不是所有事务的权力都可以授予，应根据档案职业人员的实际情况以及需要决策事务的性质，决定是否能够授权以及授予权力的大小。

### 5.2　权力分享措施

档案管理部门在赋予档案职业人员权力时，应该告知授权结果、进行资源整合、明确时间限制以及明确权力边界，确保档案职业人员在参与管理时工作可以正常运行。第一，告知授权结果。告知授权结果即档案管理部门在授予档案职业人员参与管理决策的权力时，明确告知档案职业人员应达到的预期目标。通过对有形资源以及无形资源的整合，在档案职业人员遇到困难时给予帮助。档案管理部门将授权的结果进行公示，增强档案职业人员的动力与信心。第二，明确时间限制。明确时间限制即档案管理部门应对档案职业人员参与管理工作的完成时间有明确的限定，制定时间考核表以及效率考核表，将档案职业人员完成参与管理决策工作的进度纳入考核，促进档案职业管理人员积极完成参与管理的工作。第三，明确权力边界。明确权力边界即档案管理部门在赋予档案职业人员一定权力时，应根据档案职业人员的性格和能力，明确赋予其权力的大小及边界，从而更好地激发档案职业人员的潜能，增强其对档案工作的信心，提升其对档案职业的认同感。

# 新时代浙江省档案机构改革的特点与方向①

## 任琼辉

（中国人民大学信息资源管理学院　北京　100872）

**摘　要：** 2018 年，浙江省实行机构改革，档案机构改革也是本次机构改革的内容之一。改革前，浙江省及其下属各地市实行档案局馆合一。改革后，档案行政职能划转党委办公厅（室），档案馆作为党委直属事业单位。本次浙江省档案机构改革具有如下特点：政事分离，权责明确；自上而下，步调一致；改革幅度较小，重在平稳。改革后，浙江省档案事业未来发展应该：明确机构属性和职能定位，坚持依法治档、为党管档；增强服务意识，履行文化事业单位职能；紧跟时代潮流，加快数字转型；加强人才培养，练就过硬本领。

**关键词：** 浙江省　机构改革　档案局　档案馆　管理体制

　　党的十九大召开标志着中国特色社会主义建设进入新时代。2018 年 2 月 28 日，党的十九届三中全会通过《中共中央关于深化党和国家机构改革的决定》（以下简称《决定》）。《决定》指出，深化党和国家机构改革，是新时代坚持和发展中国特色社会主义的必然要求。2018 年 10 月 4 日，党中央、国务院批准同意《浙江省机构改革方案》（以下简称《方案》）。10 月 15 日，省委十四届四次全会传达学习《方案》，研究了贯彻落实意见。10 月 23 日，浙江省委、省政府召开全省机构改革动员大会，标志着浙江省机构改革进入全

　　**作者简介：** 任琼辉（1989—），男，河南人，中国人民大学信息资源管理学院 2018 级档案学博士研究生，主要研究方向为档案学基础理论。

　　① 基金项目：本文为中国人民大学科学研究基金（中央高校基本科研业务费专项资金资助）项目 "大数据背景下我国档案事业发展研究"（19XNH125）阶段性成果。

面实施阶段。[①] 档案机构改革也是这次机构改革的重要内容之一。档案机构改革对档案事业发展具有重要的影响。本文通过对浙江省及 11 个市档案机构改革前后进行调查，分析浙江省档案机构改革的特点及未来发展的方向。

# 1　改革前浙江省档案机构设置情况

在 2018 年之前，浙江省档案机构基本按照 1993 年机构改革的要求，实现档案局馆合一的体制。在局馆合一前提下，部分地区还对职能相近机构整合优化。在本次机构改革前，浙江省档案机构设置情况[②③④⑤⑥⑦⑧⑨⑩⑪⑫⑬]，见表 1。

---

① 金春华. 我省全面实施机构改革共设省级党政机构 60 个，充分体现浙江特色 [N]. 钱江晚报，2018－10－24（A0002）.

② 浙江省档案局（馆）. 浙江省档案馆职能配置规定 [EB/OL].（2000－09－13）[2019－01－28]. http：//www. zjda. gov. cn/col/col1378501/index. html.

③ 杭州市档案局（市档案馆）. 党委机构简介 [EB/OL].［2019－1－24］. http：//www. hangzhou. gov. cn/col/col809615/index. html.

④ 宁波市档案局（馆）. 宁波市档案局（馆）机构概况 [EB/OL].（2008－02－26）[2019－1－24]. http：//zfxx. ningbo. gov. cn/art/2009/6/15/art _ 2984 _ 578. html.

⑤ 温州市档案馆. 局馆概况 [EB/OL].［2019－01－24］. http：//wzdaj. wenzhou. gov. cn/col/col1219354/index. html.

⑥ 湖州市档案局（馆）. 湖州市档案局馆简介 [EB/OL].［2019－01－24］. http：//daj. huzhou. gov. cn/list－3－1. html.

⑦ 政务和公益机构域名注册管理中心. 浙江省人民政府地方志办公室. 嘉兴市地方志办公室 [EB/OL].（2012－09－20）[2019－01－22] http：//www. zjdfz. cn/html/2012/zbfc _ 0920/111. html.

⑧ 政务和公益机构域名注册管理中心. 绍兴市档案局基本职能 [EB/OL].（2014－11－11）[2019－01－28]. http：//bszs. conac. cn/sitename? method＝show&id＝07900F2F33C56C42E053022819ACDDF4.

⑨ 陈艳艳. 金华行风热线. 局长读十九大报告（十）：金华市档案局局长陈艳艳 [EB/OL].（2017－11－24）[2019－01－28]. http：//www. sohu. com/a/206388868 _ 578890.

⑩ 衢州档案网. 衢州市档案局（馆）概况 [EB/OL].（2015－08－19）[2019－01－22]. http：//daj. qz. gov. cn/shtml/9931/500477/detail _ 1. shtml.

⑪ 舟山市档案馆. 档案馆概况 [EB/OL].（2017－06－27）[2019－1－24]. http：//zsda. zhoushan. gov. cn/art/2017/6/27/art _ 1317980 _ 7900024. html.

⑫ 台州市档案局（馆）. 局馆概况 [EB/OL].（2016－09－29）[2019－01－22]. http：//www. tzdaj. com. cn/art/2016/9/29/art _ 13901 _ 481601. html.

⑬ 丽水市档案馆. 档案馆职能 [EB/OL].（2004－12－29）[2019－01－24]. http：//daj. lishui. gov. cn/jgjs/jbxx/200412/t20041229 _ 132699. html.

## 1.1 从局馆关系来看

浙江省及 11 个市档案部门均为局馆合一体制，各地机构命名采用"档案局＋挂牌机构"模式。此外，嘉兴、衢州、舟山 3 市档案机构与职能相近机构进行了整合。2002 年 4 月 28 日，嘉兴市委、市政府办公室印发《嘉兴市档案局（馆）职能配置、内设机构和人员编制方案》，明确嘉兴市委党史研究室与嘉兴市地方志办公室同时并入嘉兴市档案局（嘉兴市档案馆），对外分别挂牌。[①] 2011 年 1 月 20 日，衢州市机构编制委员会《关于调整衢州市档案局（衢州市档案馆）、衢州市地方志办公室机构编制的通知》（衢市编〔2011〕10号）规定，将衢州市地方志办公室与衢州市档案局整合。衢州市档案局主管衢州市档案、地方志工作，档案局挂衢州市档案馆、衢州市地方志办公室牌子[②]；2013 年，舟山市史志办公室调整为与市档案局合署办公。舟山市档案局与市档案馆实行局馆合一体制。舟山市档案局（史志办公室）为由市委办公室管理的相当于正县（处）级事业单位，参照国家公务员法管理，主要负责舟山群岛新区（市）档案、党史、地方志工作。[③]

## 1.2 从隶属关系或管理机构来看

档案局馆作为党委直属事业单位的地方有浙江省和杭州、温州、湖州、金华、台州 5 市。档案局馆作为党委、人民政府直属的机构有宁波、嘉兴、绍兴、衢州、舟山、丽水 6 市，其中除直接隶属于党委的机构外，宁波、绍兴、衢州、舟山、丽水 5 市档案局馆均归口党委办公室管理。

---

① 浙江省人民政府地方志办公室. 嘉兴市地方志办公室 [EB/OL]. （2012－09－20）［2019－01－22］. http://www. zjdfz. cn/html/2012/zbfc_0920/111. html.

② 衢州市档案局（馆）. 衢州市档案局（馆）概况 [EB/OL]. （2015－08－19）［2019－01－24］. http://daj. qz. gov. cn/shtml/9931/500477/detail_1. shtml.

③ 市档案局（市史志办）. 舟山市档案局（史志办公室）主要职责内设机构和人员编制规定 [EB/OL]. （2013－10－17）［2019－01－28］. http://xxgk. zhoushan. gov. cn/art/2013/10/17/art_1277203_5708348. html.

## 1.3　从机构职能来看

档案局承担档案行政职能，档案馆及党史、史志、方志部门履行档案业务职能。具体来讲，各行政区档案局履行档案事业的行政管理职能，档案馆履行档案保管、利用等职能。嘉兴市档案局下属的委党史研究室、地方志办公室，衢州档案局挂牌的市地方志办公室，舟山档案局的市史志办公室分别履行修史或修志工作。改革前浙江省档案机构设置情况，见表1。

表1　　　　　　　　改革前浙江省档案机构设置情况一览表

| 序号 | 行政区域 | 机构名称 | 局馆关系 | 隶属（管理）机构 | 业务范围 |
|---|---|---|---|---|---|
| 1 | 浙江省 | 浙江省档案局（浙江省档案馆） | 局馆合一 | 省委办公厅 | 做好档案管理工作，促进社会文化事业发展。对全省档案工作实行统筹规划、宏观管理、收集、接收、整理、保管档案资料等 |
| 2 | 杭州市 | 杭州市档案局（杭州市档案馆） | 局馆合一 | 市委直属 | 保存借阅档案资料，促进社会经济文化发展。档案采编与储藏、档案借阅、档案资料网络系统建立与管理、档案资料数字化处理、档案学研究、相关资料编辑出版、相关知识培训与咨询服务 |
| 3 | 宁波市 | 宁波市档案局（宁波市档案馆） | 局馆合一 | 市委、市政府直属，由市委办公厅管理 | 履行全市档案事业行政管理和市级档案保管、利用职能 |
| 4 | 温州市 | 温州市档案局（温州市档案馆） | 局馆合一 | 市委办公室 | 档案事业行政管理，档案工作监督指导，市级档案保管、利用 |

| 序号 | 行政区域 | 机构名称 | 局馆关系 | 隶属（管理）机构 | 业务范围 |
|---|---|---|---|---|---|
| 5 | 湖州市 | 湖州市档案局（湖州市档案馆） | 局馆合一 | 市委直属 | 统筹规划全市档案工作，制定相关规章制度和业务规范。依法开展档案行政监督检查和指导，查处违法行为和案件，办理档案行政复议和行政应诉。负责接收、征集、整理、保管重要档案，确保档案资料的安全。做好档案的提供利用和档案史料的编研工作。管理档案工作人员队伍。承担市委、市政府交办的其他任务 |
| 6 | 嘉兴市 | 嘉兴市档案局（馆）、中共嘉兴市委党史研究室、嘉兴市地方志办公室 | 档案局（馆）、党史研究室、地方志办公室三合一 | 市委、市政府直属事业单位 | 集中统一收集管理党和政府的档案及有关资料，开展档案的利用，编辑出版档案史料，参与修史、修志工作 |
| 7 | 绍兴市 | 绍兴市档案局（绍兴市档案馆） | 局馆合一 | 市委、市政府直属，由市委办公室管理 | 履行全市档案事业行政管理和市级档案保管、利用两种职能 |
| 8 | 金华市 | 金华市档案局（金华市档案馆） | 局馆合一 | 市委直属 | 履行全市档案事业行政管理和市级档案保管、利用两种职能 |

| 序号 | 行政区域 | 机构名称 | 局馆关系 | 隶属（管理）机构 | 业务范围 |
|---|---|---|---|---|---|
| 9 | 衢州市 | 衢州市档案局（衢州市档案馆、衢州市地方志办公室） | 档案局挂衢州市档案馆、地方志办公室牌子 | 市委、市政府直属，归口衢州市委办管理 | 作为全市档案事业行政管理主管部门和档案保管利用基地，贯彻执行档案工作的法律、法规和方针政策，制定实施本行政区域内的档案事业发展计划和档案工作规章制度，监督指导本行政区域内机关、团体、企事业单位和组织的档案工作，组织指导本行政区域内的档案科研、保护、教育、宣传和培训工作，收集和接收管理范围内的具有保存价值的档案资料，科学整理和保管所保存的档案，开发档案信息资源，为社会提供服务 |
| 10 | 舟山市 | 舟山市档案局（舟山市史志办公室、舟山市档案馆） | 局馆合一。档案局挂舟山市史志办公室、档案馆牌子 | 市委、市政府直属文化事业机构，归口市委办公室管理 | 主要负责舟山新区（市）档案、党史、地方志工作 |
| 11 | 台州市 | 台州市档案局（台州市档案馆） | 局馆合一 | 市委直属，归口市委办公室管理 | 档案资料管理、监督、指导 |

| 序号 | 行政区域 | 机构名称 | 局馆关系 | 隶属（管理）机构 | 业务范围 |
|---|---|---|---|---|---|
| 12 | 丽水 | 丽水市档案局（档案馆） | 局馆合一 | 市委、市政府直属，归口市委办公室管理 | 为全市提供档案服务。收藏和管理机关及企事业单位档案资料，档案查询服务 |

注：档案机构业务范围主要通过浙江省事业单位登记管理局网站事业单位注册法人信息查询获得。

## 2  浙江省档案机构改革情况

从目前来看，浙江省各地均已公布机构改革方案，但在公开的信息中，杭州、温州、嘉兴、绍兴、丽水 5 市机构改革方案中均未涉及档案机构。笔者于 2019 年 1 月 20 日在浙江省事业单位登记管理平台事业单位法人信息查询杭州市档案机构注册情况，结果显示杭州市档案局（馆）已经被注销。2019 年 1 月 21 日，笔者通过浙江档案服务网"网上咨询"了解到，杭州、嘉兴、舟山、丽水都参与了改革，各地基本与浙江省档案机构改革方案相同，具体改革方案没有出台。

从已公开的改革方案来看，浙江省档案机构改革的总体情况是改革后档案局馆分开，档案行政职能与档案业务职能彻底分离。档案行政职能全部划转党委办公厅（室），且加挂档案局牌子。档案馆作为党委办公厅（室）直属事业单位。改革后档案局和档案馆之间不再具有隶属关系。档案行政职能全部划转党委办公厅（室）。改革后，档案馆回归文化事业单位，主要履行档案保管利用职能。在整合党史研究室、史志办、地方志的档案馆的改革中，履行党史、史志、地方志的编纂和研究职能。浙江省档案机构改革情况①②③④⑤⑥⑦，见表2。

表2　　　　　　　　　浙江省档案机构改革情况一览表

| 序号 | 行政区域 | 原档案局馆 | | 档案局（改革后） | | 档案馆（改革后） | |
|---|---|---|---|---|---|---|---|
| | | 是否改革 | 是否分离 | 行政职能 | 挂牌情况 | 隶属关系 | 业务范围 |
| 1 | 浙江省 | 是 | 是 | 划转省委办公厅 | 是 | 省委办公厅管理事业单位 | 省级重要档案的保管利用 |
| 2 | 杭州市 | 是 | 是 | 划转市委办公厅 | 是 | 市委直属事业单位 | |
| 3 | 宁波市 | 是 | 是 | 划转市委办公厅 | 是 | 市委直属事业单位 | |
| 4 | 温州市 | | | | | | |
| 5 | 湖州市 | 是 | 是 | 划转市委办公室 | 是 | 继续作为市委直属事业单位 | 承担市级重要档案资料的保管利用等职能 |
| 6 | 嘉兴市 | | | | | | |
| 7 | 绍兴市 | 是 | 是 | 划入市委办公室 | 是 | 作为市委直属事业单位 | |

---

① 省档案馆办公室. 省档案局、省档案馆机构改革动员大会召开 [J]. 浙江档案，2018（11）：5.

② 浙里宁波. 重磅！宁波市机构改革方案公布：设置市委机构17个，市政府机构37个 [EB/OL]. （2019-01-04）[2019-02-10]. http：//www. sohu. com/a/286604750_467484.

③ 湖州市档案局. 湖州市档案馆挂牌成立 [EB/OL]. （2019-01-02）[2019-01-08]. http：//daj. huzhou. gov. cn/show-24-21897-1. html.

④ 金华网. 重磅！图说金华市机构改革方案：设置市委机构14个，市政府机构32个 [EB/OL]. （2019-01-10）[2019-01-19]. http：//www. jinhua. gov. cn/11330700002592599F/tpxx/201901/t20190111_3647117_1. html.

⑤ 江潇. 衢州市档案馆召开机构改革动员大会 [EB/OL]. （2019-01-16）[2019-02-10]. http：//daj. qz. gov. cn/shtml/10338/507557/detail_1. shtml.

⑥ 舟山新区网. 舟山市机构改革方案—图了解改革详情 [EB/OL]. （2018-12-29）[2019-02-10]. http：//www. sohu. com/a/285467976_100190488.

⑦ 台州改革. 一图详解，台州机构改革这样改！ [EB/OL]. （2018-12-25）[2019-02-10]. https：//mp. weixin. qq. com/s/xf3y12RwodlQI9SYcqV-6w.

续表

| 序号 | 行政区域 | 原档案局馆 | | 档案局（改革后） | | 档案馆（改革后） | |
|---|---|---|---|---|---|---|---|
| | | 是否改革 | 是否分离 | 行政职能 | 挂牌情况 | 隶属关系 | 业务范围 |
| 8 | 金华市 | 是 | 是 | 划入市委办公室 | 是 | 继续作为市委直属事业单位 | |
| 9 | 衢州市 | 是 | 是 | 划入市委办公室 | 是 | 继续作为市委直属事业单位，对外挂衢州市党史研究室牌子 | |
| 10 | 舟山市 | 是 | 是 | 划入市委办公室 | 是 | 市委直属事业单位（舟山市史志办公室暂未明确） | |
| 11 | 台州市 | 是 | 是 | 划转市委办公室 | 是 | 继续作为市委直属事业单位 | |
| 12 | 丽水市 | | | | | | |

注：在机构改革方案中，未涉及档案机构改革的地区通过浙江档案服务网或电话进行咨询，表格空白表明暂未获得有效信息。业务范围通过浙江省事业单位登记管理局网站查询或改革方案整理表明。

## 3　浙江省档案机构改革的特点

如果说本次辽宁省档案机构改革所采取的是改革幅度大、整合优化多的改革之路①，那么浙江省则选择了一条相对温和的档案机构改革之路。

### 3.1　政事分离，权责明确

改革后，档案局馆不再有隶属关系，档案行政职能划转到党委，档案馆则单独履行档案文化事业机构职能。行政单位与事业单位分开，既贯彻了

---

① 任琼辉，徐拥军. 辽宁省档案机构改革的特点与方向 [J]. 兰台世界，2019（01）：25－29.

《中共中央关于深化党和国家机构改革的决定》政事分开的要求，又与《中华人民共和国档案法》中对档案行政管理部门及各级国家档案馆要求相一致。政事分开后，将有利于档案行政机构和事业机构各司其职，有利于档案事业的发展。

### 3.2　自上而下，步调一致

自浙江省机构改革方案出台后，各地市档案机构改革方案基本与省档案机构改革方案保持一致，即档案行政职能划转党委办公厅（室），档案馆成为党委直属事业单位，凸显了档案工作姓党、为党管档的重要性。分离后，行政职能全部划转党委，且保留档案局牌子。

### 3.3　改革幅度较小，重在平稳

与辽宁省档案机构改革中大规模整合档案馆与职能相近机构不同，浙江省此次未涉及大规模的机构整合[1]。嘉兴、舟山、衢州三市档案馆在本次改革之前已与史志、方志部门整合优化。在本次改革中，衢州市不再保留单独设置的市委党史研究室，有关职责交由市档案馆承担，对外保留市委党史研究室牌子。除此之外，暂时未见其他地市档案馆与职能相近机构优化整合。这有利用于保持档案事业平稳发展，有利于稳定档案部门人员队伍。

## 4　浙江省档案事业未来发展的方向

本次机构改革后，档案局、档案馆迎来机遇：局馆分立、权责明确，有助于两套班子各司其职；政事分开、管办分离，有助于提升档案馆公共文化服务能力。同时，也会面临挑战：档案行政监督管理可能被弱化；档案部门和数据管理部门可能陷入新的"信息孤岛"[2]，尤其是信息技术日新月异、社会需求日益多样，给档案部门提出了新的要求。此次改革后，档案机构应做

---

① 任琼辉，徐拥军. 辽宁省档案机构改革的特点与方向 [J]. 兰台世界，2019（01）：25－29.
② 徐拥军. 关于我国省级档案机构改革的思考 [J]. 求索，2019（02）：75－81.

好以下四个方面的工作。

### 4.1　明确机构属性和职能定位，坚持依法治档、为党管档

本次机构改革后，档案局、档案馆机构分离，档案行政机构与事业机构属性、职能各不相同。档案局作为党委办的挂牌机构，要充分履行法律赋予的行政管理职能，依法治档。档案馆作为文化事业机构，应积极拥抱新的服务理念、应用新的信息技术，为社会发展提供先进服务。依法治档、为党管档，要求档案行政机构和档案事业单位明确职能分工，既要履行各自职能，又要做好相互协作。

### 4.2　增强服务意识，履行文化事业单位职能

各级国家档案馆作为公益一类事业单位，是集中保存、管理档案的文化事业机构，同时其还承担着为社会大众提供服务的职能。档案馆不能因归党委管理，而弱化档案文化服务功能。档案馆积极履行社会服务职能，不仅有利于提高档案馆工作者的荣誉感、存在感，也有利于提高档案馆发挥文化事业机构的功能。改革后的档案馆，一方面应重塑自我形象，提高社会知名度，另一方面要重视档案资源的开发利用，积极探索为民服务，将档案馆打造成社会文化需求中不可或缺的部分。

### 4.3　紧跟时代潮流，加快数字转型

在本次机构改革中，浙江省各地政府部门已经全部成立了大数据发展管理局或类似机构，这将成为国家信息资源产生和保管的另一重镇。因此，档案部门必须紧跟时代发展潮流，抓住大数据事业发展的重要机遇，积极与各地大数据相关部门建立密切联系，与大数据部门协同发展。在数字转型过程中，档案局要积极运用行政力量，依法协调档案馆与其他相关部门的关系。档案馆应积极参与数字时代档案归档工作，拓展数字档案来源，促进档案事业发展转型，积极学习杭州市档案部门参与大数据机构跨部门的信息共享、

政务信息资源的归档移交和长期保存。① 正如浙江省委副秘书长、省档案局局长、省档案馆馆长刘芸所倡导的，档案部门要主动服务政府数字化转型；加强与大数据管理部门的联系沟通，建立归档的规范标准，在服务"最多跑一次"改革的基础上，向服务政府数字化转型拓展。②

### 4.4　加强人才培养，练就过硬本领

人才兴则事业兴。档案事业的发展最终还是依靠档案人才来落实。③ 档案事业的发展应以档案人才的培养为前提。时代的发展使社会各个方面对档案人员的业务能力、政治素养等提出了新的要求。档案事业的发展需要档案人才练就过硬的本领，积极满足党政机关、社会组织和个人的多样化需要。对档案馆人员来说，更应该转换档案保管者的角色，努力挖掘馆藏档案资源，开发输出多样化的档案产品，发挥档案馆的文化价值。

## 5　结语

浙江省档案机构改革除完成局馆分离的改革任务外，没有像辽宁省机构改革那样大刀阔斧地进行机构优化整合，因而有利于档案机构快速通过适应期，有利于档案事业的发展。在国家发展大数据战略的新的时代背景下，浙江省也将以本次机构改革为转折点，为档案事业的发展迎来新的机遇。

---

① 徐拥军，王露露. 档案部门参与大数据战略的必备条件和关键问题——以浙江省为例 [J]. 浙江档案，2018（11）：11－14.

② 丽水市档案局. 坚持改革创新　加强统筹协调　在机构改革中加强档案工作——省委副秘书长、省档案局局长刘芸赴丽水调研机构改革档案工作 [EB/OL]. （2018－11－19）[2019－1－23]. http：//daj. lishui. gov. cn/tpxw _ 2679/201811/t20181119 _ 3477192.html.

③ 徐拥军. 关于我国省级档案机构改革的思考 [J]. 求索，2019（02）：75－81.

# 社群档案研究进展与趋势

## 李孟秋

（中国人民大学信息资源管理学院　北京　100086）

**摘　要：** 20世纪六七十年代以来，社群档案逐渐走入档案界的研究视阈，现有研究成果主要聚焦社群档案的概念、价值与建设。社群档案的概念较为宽松，并没有固定表述；社群档案的价值按照其作用主体可分为社群价值与社会价值；社群档案的建设主体可分为社群成员、正式档案机构、社会力量与其他公共文化部门，不同主体围绕社群档案主要目的而进行的互动决定了社群建档活动的模式。目前的研究对社群档案的基本概念形成了一定的共性认知，肯定社群档案对于构建社群与社会的重要作用，并提出了社群档案的多主体建设模式。未来，社群档案有待向社群档案与档案理论和实践的相互构建、社群档案反思与冷思考、传统档案工作的变革以及网络空间下的社群档案工作扩张等方向转移。

**关键词：** 社群档案　建构主义　网络空间

## 1　引言

20世纪六七十年代以来，社群档案作为特定社会产物逐渐为社会所认可、重视，并逐渐走入档案界的研究视阈，在1986年的一份报告中，美国档案工作者协会（SAA）宣布美国档案部门定下"编制一份更加平衡且更具有

**作者简介：** 李孟秋（1994—），男，中国人民大学信息资源管理学院2019级博士研究生，主要研究方向为档案学基础理论、档案管理。

代表性的社会记录"的目标①，这也间接宣告社群档案在欧美档案学界"登堂入室"，走入主流群体的研究视野。在数十年的学术研究中，人们对于社群档案的认知取得长足进步，对社群档案内涵、价值及其所代表社会意义的认识逐渐深化。本文尝试总结社群档案研究的主要进展，并对社群档案的研究趋势进行预测。

## 2　文献检索与统计结果

### 2.1　文献检索方法

本文采取历史主义的纵向研究方法，对社群档案进行文献研究和案例研究。为确保研究的客观、准确，笔者对中外文献分别进行检索，检索步骤如下：一是在数据库中输入检索词进行检索，得到初步检索结果；二是对检索结果的标题进行阅读，筛选出与研究内容相关的文献；三是对第二步中文献进行二次筛选，阅读相关文献的摘要，筛选出与研究内容相关的文献；四是对剩下的文献进行终筛，通过阅读全文得到最终结果。

笔者以"社群档案"与"社区档案"为主题词在中国知网、万方数据库、维普数据库和中国人民大学学位论文库中进行检索，以"community archives"与"community records"为主题词，在 Springer、Web of Science、ProQuest Digital Dissertations & Theses（PQDT）、EBSCO－ASP 四个外文数据库中进行检索，并对相关文献进行二次溯源，检索日期为 2019 年 4 月 15 日，最终共得到 95 篇文献，作为本文的研究对象。另外，为获取尽可能多的实践经验，笔者通过文献追溯与新闻搜集获取了共计 73 个社群档案项目的资料。

### 2.2　文献统计结果

#### 2.2.1　文献特征分析

如图 1 所示，通过分析国内外相关文献，可以发现：国内外均有学者对

---

① Society of American. Planning for the Archival Profession：a report of the SAA task force on goals and priorities [R]. Chicago, 1986：10.

社群档案这一课题展开研究，目前国内外相关总文献量达 95 篇，为今后的研究提供了较好基础。通过分析可知，近五年，国内外相关研究均呈快速增长态势，这说明近几年来学术界关于社群档案的研究正处于高峰期，且国内外的研究呈互相促进趋势。相较于国内，国外研究开始较早，从有限的文献中可以发现国外关于社群档案的研究自 1997 年开始，但实际上早在 20 世纪 80 年代国外便已开始对社群档案进行探索。自 2009 年以来，国外关于社群档案的研究热度稳定增长，直到近五年迎来研究高峰。国内研究整体开始较晚，自 2012 年起开始有人接触相关课题，从 2014 年起我国关于社群档案的研究真正起步，研究数量逐年增多，呈快速上升趋势，尤其是在 2017 年，文献量高达 17 篇，大大促进了国内研究与国外研究的接轨。

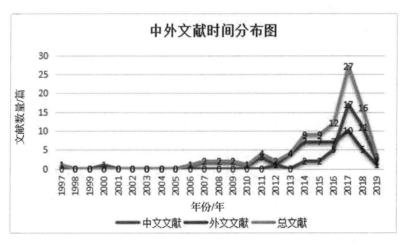

图 1　中外文献时间分布图

### 2.2.2　文献主题分析

如图 2 所示，通过分析中文文献关键词分布图，我们可以发现当前中文文献的研究焦点主要聚焦于"社群""社会记忆""档案建设""档案工作""档案管理模式""边缘群体""档案资源建设""集体记忆"等主题。其中，"档案研究"与"理论与实践"关系密切，表明社群档案的研究兼具理论性与实践性；"档案资源建设""资源构建""资源体系""档案建设"等词义相近，表明社群档案的研究仍然以档案资源自身为研究重点。通过对国外文献进行分析，我们发现其主题主要集中在"社群""社群历史""社群记忆""参与"

"后保管""权力""社群档案馆"等方面。

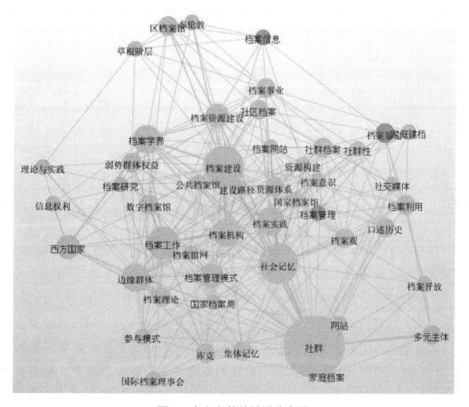

图 2　中文文献关键词分布图

## 3　社群档案的研究进展

相较传统档案理论与实践，社群档案产生较晚，发展时间有限，因而纵观社群档案理论与实践的研究成果，我们可以发现当前社群档案的研究进展主要是说明了"是什么""为什么""怎么办"三个问题，即如何定义社群档案，社群档案的价值表现以及如何建设社群档案。

### 3.1　概念：获取关键要素

关于社群档案，一个非常重要的前提是如何定义社群档案；而作为社群档案的构成前提，如何定义社群是更为基础和首要的问题。无论是社群还是社群档案，都很难以确切、固定的方式进行定义，因而阐释社群与社群档案的概念，关键在于把握两者沿革过程中的关键要素。

### 3.1.1 社群

从语言学的角度入手，"社群"（community）一词最早可追溯至拉丁语"communitas"，专指共同持有的东西，[①] 这一概念强调共同拥有，以人—物关系加以固化。作为社群的直接产生基础，社会学对社群的定义更为复杂，并未就社群的定义达成一致。乔治·希拉里（Geroge Hillery）曾总结出关于社群的 49 种定义，这也显示出社群的复杂性。在社会学视角下，社群可以是一种组织方式，也可以是一种行为活动，最重要的观点在于，社群间由某种共性因素维持。

基于社会学的研究成果，在档案学的研究视域下，学者们对社群的理解又发生了新的变化。可以发现，随着网络社群的发展壮大，基于地理位置而定义社群的传统方式已经无法适应当代社群的发展需求，且随着时代发展，学者们对于社群的认知逐渐改变。本文倾向通过分析构成社群的关键要素分析确定社群概念：社群是区别于主流的社会架构，是少数派或弱势群体的联合方式；社群的形成基础是社群内成员的身份共性，这一身份共性能够清晰表述，并具有明确界限；社群的作用基础是社群成员的身份认同，社群成员通过彼此对社群身份的认同形成紧密连接，并以此为基础密切互动，使静态社群实现动态发展。

### 3.1.2 社群档案

围绕社群档案的基本概念，学术界进行了长达数十年的讨论，总体而言，形成了两种泾渭分明的定义方式，一种定义方式基于传统档案学的视角严格限制社群档案的来源与属性，即社群档案由社群治理、社群档案的属性应符合传统档案特征等[②]，这种定义方式将社群档案视为档案的属概念，默认社群档案符合一般档案的基本属性，但通过对社群档案的研究分析，笔者认为

---

① 于海娟. 社群档案及其研究价值［D］. 北京：中国人民大学，2016：11.
② 于海娟. 社群档案及其研究价值［D］. 北京：中国人民大学，2016：16.

社群档案是融汇社会学与档案学理念成果的社会产物，因而"社群档案"并不能被简单理解为档案的下位类概念。另一种定义方式是指在传统档案定义中，包含固定预设，即肯定正式机构的绝对权威、排斥边缘群体，这意味着在一定程度上，社群档案的存在与发展是对传统档案学的挑战与质疑，因而社群档案的定义应以我为主。

基于以上认知，更多学者选择通过宽松的方式定义社群档案，这也是近年来学术界所达成的共识。弗林在 2007 年曾将社群档案定义为"记录和探索社群遗产的基层活动，其中社群参与、控制和所有权至关重要"①，这种定义方式将社群档案归纳为社群主导的社会活动，将社群参与视为定义社群档案的关键因素；紧接着在 2009 年，在之前研究的基础上，弗林与玛丽·史蒂文斯（Mary Stevens）等人提出，"社群档案主要是由特定社群成员收集的材料的集合，社群成员对其使用行使一定程度的控制"②，这种定义方式强调社群的参与和控制，目前也最为学术界所接受。

随着社群档案的发展，这种定义方式难以完全包含既有社群档案实践，如澳大利亚土著社群档案项目"trust and technology building archival systems for indigenous and memory"承认政府机关形成的相关材料也可以被视为社群档案③，这是社群档案发展的重大变化，意味着社群档案的建设重点由社群成员的控制转向档案价值的实现，安·吉利兰（Anne Gilliland）将社群中心框架的核心原则定义为：社群利益、需求和福祉④，突出强调社群档案的核心追求是实现社群理解与包容，避免沦为主流机构的附庸。在此基础上，米歇尔·卡斯威尔（Michelle Caswell）将社群档案定义为代表改变社群成员在

---

① Andrew Flinn. Community Histories, Community Archives: Some Opportunities and Challenges1 [J]. Journal of theSociety of Archivists, 2007, 28 (2): 153.

② Andrew Flinn, Mary Stevens, Elizabeth Shepherd. Whose memories, whose archives? Inde - pendent community archives, autonomy and themainstream [J]. Archival Science, 2009 (9): 73.

③ 谭雪，孙海敏. 国外社群档案概念的兴起背景、研究进展与评析 [J]. 浙江档案，2015 (11): 16.

④ Anne Gilliland. Conceptualizing 21st — century archives [M]. Chicago: Society of American Archivists, 2014: 20－21.

世界中存在、互动和迁移的方式①。同社群类似，社群档案的概念具有多样性、流动性，并且缺乏固定性②，因而在讨论社群档案定义时也应舍弃追求固定的定义方式，而是对社群档案的必要条件进行描述，英国社群档案与遗产小组（CAHG）曾商定了社群档案及其活动的工作说明，参照此说明并结合上述研究成果，社群档案概念的关键要素可以概括为：收藏内容相关，即无论档案的来源如何，档案内容以社群为导向，真实反映社群及其成员的发展轨迹；建设目的正当，即社群档案建设以社会认可为目标，实现社群成员利益诉求；社群内部认同，即社群内部成员应了解并认同社群建档行为，确保社群档案运营的正当性。

## 3.2 价值：从社群到社会

社群档案的价值表现，一直是相关领域的重要研究内容，随着社群档案的发展变化，其价值由内向外传递，在立足社群自身价值的基础上，逐渐向外扩张，以社会化路径发展。

### 3.2.1 社群价值

社群档案的原始建设目的是留存社群的重要记录，这也构成了社群档案的第一价值。社群档案在社群内部围绕社群的过去、现在与未来，为社群的发展注入能量，帮助社群成员明确"我是谁"的哲学问题，格兰特·赫尔利（Grant Hurley）认为，社群档案"通过提供与该社群相关的家庭、活动、个人和企业的证据和信息，为用户提供在不断变化的社会中的位置感。社群与其档案之间的信任关系是社群身份和历史的基础"③，也正如克里斯蒂·蒂琳·纳迪拉·吉尔达里（Kristi Tillene Nadira Girdharry）所说，社群档案"使一个特定的群体通过对共同过去的记忆来认识自己，共同的过去，通过时间

---

① Michelle Caswell, Alda Allina Migoni, Noah Geraci. "To Be Able to Imagine Otherwise": community archives and the importance of representation [J]. Archives and Records, 2017, 38 (1): 17.

② Anne Gilliland, Andrew Flinn. Community Archives: what are we really talking about? [C]. CIRN Prato Community Informatics Conference, 2013: 2.

③ Grant Hurley. Community Archives, Community Clouds: Enabling Digital Preservation for Small Archives [J]. Archivaria, 2016 (81): 138.

维持到现在，使一个社群具有连续性、凝聚力和连贯性"①。在身份多元化的现代社会之中，社群档案通过面向过去的溯源性活动消除社群成员的身份困惑，确定基于社群的身份认同，增强凝聚力与向心力。

社群成员内部的身份认同是社群档案的阶段性成果，对社群档案的建设者而言，实现社会认同，让社群档案进入公共叙事的研究视野，是有待实现的更高层目标，而这一目标的实现，带有难以避免的斗争性与冲突性。知名档案学者、社会学家凡尔纳·哈里斯（Verne Harris）认为"档案领域的人是支持或反对压迫制度的记忆活动家"②，这也正揭示了在社群档案建设过程中为了反抗传统主流档案叙事方式对边缘群体的忽视所付出的努力，社群档案的政治性一直是社群档案发展过程中的显著特征。马里卡·西法尔（Marika Cifor）等人认为："社群档案工作者将这些档案概念化为挑战不公正、歧视和压迫的一种手段，以创造和维持更强大的社群，为所有人创造更公正的环境。"③ 最后，档案是一种连接过去、未来的重要工具，在社群档案的建设实践中，"记忆被动员起来参与当下，并致力于对未来的理解"④，社群档案当前所做的，也为未来做好铺垫。印度农村人民档案馆的创始人帕拉古米·塞纳特（Palagummi Sainath）正是希望记录印度小农和商人、劳工和贫困移民、家庭佣工和其他贫困群体的困境引起社会关注，从而在未来消除极端贫富差距，改善印度农民的生活水平。⑤

### 3.2.2　社会价值

社群档案的社会价值，首先表现在社群作为社会有机组成部分所表现出

① Kristi Tillene Nadira Girdharry. Composing Digital Community Spaces: Design and Literacy Practices in/of the Archive [D]. Boston, Northeastern University: 2016: 22.

② Verne Harris. Jacques Derrida Meets Nelson Mandela: Archival Ethics at the Endgame [J]. Archival Science, 2011 (11): 121.

③ Marika Cifor, Michelle Caswell, Alda Allina Migoni. "What We Do Crosses over to Activism" The Politics and Practice of Community Archives [J]. Archives and Public History, 2018, 40 (2): 92.

④ Sarah Baker. Do－it－yourself institutions of popular music heritage: the preservation of music's material past in community archives, museums and halls of fame [J]. Archives and Records, 2015, 37 (2): 184.

⑤ People's Archive of Rural India. The Story of PARI [EB/OL]. (2019－01－04) [2019－01－04] https: //ruralindiaonline. org/payes/about/

的构建和补充价值。第一，社群档案作为稀缺历史资料，是珍贵的社会遗产，能够促进公众史学的研究。小斯佩罗斯·沃里尼斯（Speros Vryonis JR）从文化视角对自身研究进行审视，将希腊移民档案作为一种珍贵的历史档案，从而促进希腊移民的历史研究。① 第二，社群是一个社会的重要组成部分，失去了社群档案的记录，社会记忆也是不完整的。因此，社群档案也是社会记忆的有机组成部分。英国乡村爱好者戴夫·巴恩斯（Dave Barnes）在 20 世纪 80 年代创立了"British Archive of Country Music"，其使命是"为后代保护乡村音乐遗产"②，2013 年入选"世界记忆遗产名录"的侨批档案保存了侨乡与世界各地的政治、经济和文化交流信息，是一个国家重要的记忆遗产③。以上所述社群建档行为将社群档案作为社会整体资源的重要组成部分，为留存社会文明火种做出巨大贡献，使社会整体记忆更加多样、丰富。

社群档案的社会价值更体现在社群独立于社会运行体系之外，以自身价值取向与行动影响社会，甚至改变社会。第一，英国社群档案发展小组（CADG）曾将社群档案目标总结为"社群成员共同致力于发现自己的社群以及社群发展"④。这一目标不但指向社群内部成员的身份认同，更指向社会大众，希望通过自身宣传与推广将社群推入社会发展轨迹之中，并使社会大众以开放的态度接纳社群，将社群作为社会的有机部分。美国 GLBT 历史协会（GLBT Historical Society）是在威利·沃克（Willie Walker）领导下创立的社群档案项目，协会收藏大量珍贵档案并提供便利的访问服务⑤，为社会大众了解社群、接纳社群提供了便利。第二，通过对历史的纠正与补充、对档案

---

① Speros Vryonis JR. Cultural Context Of Preserving Community Archives［J］The Greek Orthodox Theological Review，2000，45（1—4）：372—373.

② Sarah Baker，Jez Collins. Popular music heritage，community archives and the challenge of sustainability［J］International Journal of Cultural Studies，2017，20（5）：480.

③ 华夏经纬网. 世界记忆遗产——侨批档案［EB/OL］.（2013—06—19）［2019—01—07］. http：//www. huaxia. com/zt/zhwh/16—014/4874255. html

④ Community Archives Development Group. The Impact of Community Archives［R/OL］.（2007—06）.［2019—01—07］http：//www. aughty. org/pdf/impact_comm_archives1. pdf

⑤ Diana K. Wakimoto，Christine Bruce，Helen Partridge. Archivist as activist：lessons from three queer community archives in California［J］. Archival Science，2013，（13）：302.

权利的解放促进社会公正与和解。① 上海师范大学所建立的慰安妇历史博物馆②，揭露了日军战时罪行，博物馆档案资料是通过诉讼寻求道歉与赔偿的重要证据。第三，社群档案对社会整体管理水平的提升起到愈发重要的作用，如揭示政府在施政决策过程中对部分社群存在的歧视与不公正，通过公开档案、诉讼等途径维护自身权益，纠正政府的决策失误，其中最显著的案例是在澳大利亚国家档案馆"强制收养历史项目"中，通过档案资料的客观记录，社会各界对强制收养政策与背景有了进一步了解，从而推动澳大利亚政府对项目受害者公开致歉③，这与特里·库克（Terry Cook）"档案的价值已经从服务于国家和学术精英延至更广泛的社会文化诉求，包括公共政策的责任性"④ 的判断相一致。

总体而言，社群档案的社会价值，是在社群成员与外部环境交互时，社群成员的自身行为与价值取向对整体社会产生冲击与颠覆的结果。社群档案的社会价值，以一种从内向外的散射状形态向外辐射。

## 3.3　建构：主体互动

社群档案的建设结构多样，且没有被普遍认可的形式可以借鉴套用。事实上，就社群档案如何建设的问题，学者们各抒己见，且其观点由不同案例提供支持，其中主要研究内容聚焦于社群档案的建设主体与社群档案管理模式。面对繁杂的研究成果，笔者倾向以建构主义的视角，即"知识是个体在与周围环境相互作用的过程中，逐步建构起来对于外部世界的知识，从而使自身认知结构得到发展"⑤ 来看待社群档案建设的多样表现。

① 谭雪. 常德日本细菌战档案公开——社群范式下档案如何推动社会公正与和解进程［J］. 档案学研究，2016（3）：57.

② Zhiying Lian，Gillian Oliver. Sustainability of independent community archives in China：a case study［J］. Archival Science，2018（18）：314.

③ 谭必勇、陈珍. 社群档案视域下公共档案资源体系的多元化建设路径——以澳大利亚国家档案馆"强制收养历史项目"为例［J］. 档案学研究，2017（06）：119.

④ Terry Cook. The Archive（s）Is a Foreign Country：Historians，Archivists，and the Changing Archival Landscape［J］. The Canadian Historical Review，2009，90（3）：532.

⑤ 张文兰、杨开城. 建构主义思想的辩证唯物主义解析暨意义建构的心理机制的探讨［J］. 电化教育研究，2004（2）：18.

### 3.3.1 建设主体

分析社群档案建设，首要问题是明确社群档案建设的主体力量及其举措。通过对社群档案的诸多案例进行分析可以发现，其建设主体力量不同，建设目标也不尽相同。经过分析总结，可以发现实际上存在四种不同的建设主体，这四种主体在建设社群档案的过程中存在各自优势、劣势。

首先，以社群成员为主体，这是社群建设的基础力量，也通常是社群档案的发起人和收集者，莎拉·贝克（Sarah Baker）将社群成员独立参与的社群档案建设模式称为 DIY（do－it－yourself）模式①。戴安娜·瓦基莫托（Diana K. Wakimoto）等人认为："社群档案的一个历史共性是其创始人在引领档案发展方面的重要性。虽然最终需要许多志愿者和专业人员来维持档案，但是没有创始人的远见和努力，社群档案永远不会成为现实。"② 然而，社群成员在档案管理专业知识方面的缺乏，可能会影响最终社群档案建设的成效，对关键活动分子的重大个人牺牲依赖，也在长期稳定、继承和可持续性等方面形成潜在弱点③。

其次，以正式档案机构为主体，包括政府档案机构与高校档案馆等，其凭借专业知识与资金技术支持成为社群档案建设的重要支持力量，乔安娜·纽曼（Joanna Newman）认为："鉴于一些社群档案面临的挑战，外部支持可能是确保保存良好社群记录的最关键因素之一。同样，地方政府（档案机构）可能是向社群档案提供支持的最合适的结构。"④ 近年来，正式档案机构引导的社群建档行为，如加拿大国家图书档案馆文献遗产社群项目⑤等为社群档案的扩张起到良好的示范作用。

---

① Sarah Baker. Do－it－yourself institutions of popular music heritage：the preservation of music's material past in community archives, museums and halls of fame [J]. Archives And records，2015，37 (2)：171.

② Diana K. Wakimoto, Christine Bruce, Helen Partridge. Archivist as activist：lessons from three queer community archives in California [J]. Archival Science，2013 (13)：306.

③ Anne Gilliland, Andrew Flinn. Community Archives：what are we really talking about? [D]. CIRN Prato Community Informatics Conference，2013：12.

④ Joanna Newman. Sustaining Community Archives [J]. Aplis，2012，25 (1)：44.

⑤ 钱明辉，贾文婷. 国际社群档案包容性实践模式研究与启示 [J]. 档案学通讯，2018 (4)：41.

再次，以社会力量为主体，包括学术群体、志愿者和企业等。社会力量既不是社群的组成部分，也不是正式档案机构的附属部门，而是出于自身的研究兴趣、对社群的关怀同情与社会责任等参与社群档案建设的力量分支。关于社会力量参与社群档案建设的理论成果较少，但近年来相关实践如雨后春笋般发展，如中国人民大学信息资源管理学院建设的学者主导的社群性数字文化记忆保存项目"北京记忆：北京文化资源大型数字平台项目"①、由腾讯公司牵头主导建设的社群文化记忆项目"腾讯·铜关侗族大歌生态博物馆"②、旨在保存记录和分享南亚裔美国人的档案、创造包容社会的南亚裔美国人数字档案馆项目（SAADA）③ 等，这也充分说明，社会力量能够以其特有的资源优势成为社群档案建设的补充力量。

最后，以博物馆、图书馆等公共文化部门为主体。维克多·格雷（Victor Gray）在研究后提出，"博物馆管理员和图书管理员，他们中的许多人和档案管理员一样，都参与或接触到社群档案小组的活动"④，这一主体活动植根于20世纪地方历史工作室盛行与公众史学的盛行，大量社群遗产项目、社群图书馆、地方历史小组、社群遗产中心、口述历史项目、社群记忆项目⑤等社群活动多线并进，跳脱传统档案管理业务中档案馆室独立运营的刻板印象，促进不同文化部门的合作。

### 3.3.2　管理模式

近年来，有相当数量的研究成果与管理模式的构建有关。其中，最为经典的模式是档案学家沙逊提出的曼德拉模式，即"社群档案的所有权由社群所有，允许档案机构对其保管行为提供支持，促进社群与传统档案机构的和

---

① 加小双. 论档案资源结构的历史性变化 [D]. 北京：中国人民大学，2017：61—62.

② 黎平县人民政府关于腾讯·铜关侗族大歌生态博物馆建设的专题会议纪要 [EB/OL]. (2013—06—19) [2019—01—08]. http：//www. dongxiangwang. cn/index. php/cms/item—view—id—6944. shtml

③ 盛凤娇. 欧美国家特色社群档案馆建设 [J]. 北京档案，2017 (5)：40.

④ Victor Gray. "Who's that Knocking on Our Door?"：Archives, Outreach and Community [J]. Journal of the Society of Archivists，2008，29 (1)：5.

⑤ 谭雪，孙海敏. 国外社群档案概念的兴起背景、研究进展与评析 [J]. 浙江档案，2015 (11)：14.

谐相处"①。这一模式实际上实现了社群与档案机构的共同管理。陈可彦在此基础上提出"社群档案管理工作的主体由单一主体转变为双主体"②，一个典型案例是"一个"同性恋档案馆与南加州大学达成合作协议，南加州大学图书馆全面接管其档案馆藏，为其提供资金和技术支持，这一判断是对未来社群档案发展趋势的预测，但立足当下，还有一定数量的社群档案以单主体或多主体模式管理。事实上，笔者也根据目前社群与主流档案机构的关系提出社群独立管理模式、主流档案机构管理模式与合作型管理模式三种管理模式③，这是对黄霄羽等人提出的"社群成员主导，档案工作者辅导，共同参与社群档案管理"④ 的参与式管理模式的拓展与深化。与之类似的还有陈珍提出的公益模式、政府模式与合作—互补模式⑤；钱明辉等人立足社群档案的包容性特征，提出社群档案管理的社群参与模式、多元群体模式、角色转换模式与曼德拉模式⑥。

　　社群档案管理模式因其分类方式不同，而具有不同的输出结果，但构成社群档案管理模式的核心要素，乃是如上文所总结的建设主体间的相互关系，无论是单一主体管理社群档案的独立对话模式，还是多元主体参与管理的互动模式，都是社群所选择最适合其发展的结果。卡斯威尔认为："社群档案中的'社群'概念使关于用户、材料捐赠者、志愿者和工作人员之间明显区别的共同假设复杂化。"⑦ 因此，基于多元主体的管理模式要充分考虑到利益相关方的核心诉求与彼此间的异同之处，不同主体间的互动应持"入乡随俗"的态度彼此适应。泽玛莉·坎蒂隆（Zelmarie Cantillon）以社群与主流机构间的关系为例，提出"两者间可以互相学习：基于社群的档案可以模仿专业档

---

①　杨伊纯. 西方社群档案建设中的社群主体行为诠释 [J]. 档案与建设，2016 (12)：21.

②　陈可彦. 国外社群档案管理模式研究 [D]. 北京：中国人民大学，2018：39.

③　陈可彦. 国外社群档案管理模式研究 [D]. 北京：中国人民大学，2018：26.

④　黄霄羽，陈可彦. 论社群档案工作参与模式 [J]. 档案学通讯，2017 (5)：90.

⑤　陈珍. 社群档案资源体系多元化建设 [D]. 济南：山东大学，2017：18.

⑥　钱明辉，贾文婷. 国际社群档案包容性实践模式研究与启示 [J]. 档案学通讯，2018 (4)：41.

⑦　Michelle Caswell, Joyce Gabiola, Jimmy Zavala. Imagining transformative spaces: the personal—political sites of community archives [J]. Archival Science, 2018 (18)：78.

案管理员的做法，主流机构可以采用基层倡议的一些方法"①。在社群档案管理模式构建的过程中，最关键的问题是，如何在保障社群自主性的同时增强社群能力。弗林等人认为，在社群参与的社群档案项目中，"他们（社群）希望在任何关系中保持自己的自主权和独立性，并以自己的方式参与伙伴关系和项目工作"②，因而即便为了可持续发展的目标作出一些牺牲，社群成员仍然希望保有一定的自主性和独立性。在参与式的建设模式中，正式机构不但与社群力量协同管理，还起到帮助社群提升档案管理能力的作用。史蒂文斯等人认为："专业人员不仅可以向社群档案馆提供保护和保存方面的专业知识，还可以在展览的管理和传播方面提供专业知识，并提供档案技能培训，以及关于保存、数字化、文档、版权和利用收藏来增加收入等问题的建议。"③

　　综上所述，社群档案的建设是建构的，无论是建设主体的选择，还是建设模式的设计，都强调社群档案与背景环境的契合与互动。社群档案与社会环境存在强联系的发展逻辑，因而社会环境的变化会导致整个社群档案的建设随之调整。

# 4　社群档案的研究趋势

## 4.1　当前研究特征

　　通过分析上述文献可以发现，当前学术界对于社群档案的概念、价值、建设等问题已经形成了相对成熟的观点，并形成了一定共识，主要体现在对社群档案概念形成了基本认知，较为充分地肯定了社群档案价值，并讨论了

　　①　Zelmarie Cantillon, Sarah Baker, Bob Buttigieg. Queering the Community Music Archive [J]. Australian Feminist Studies, 2017 (32): 46.

　　②　Andrew Flinn, Mary Stevens, Elizabeth Shepherd. Whose memories, whose archives? Inde — pendent community archives, autonomy and themainstream [J]. Archival Science, 2009 (9): 80.

　　③　Mary Stevens, Andrew Flinn, Elizabeth Shepherd. New frameworks for community engagement in the archive sector: from handing over to handing on [J]. International Journal of Heritage Studies, 2013 (16): 66.

社群档案建设的不同主体及其优缺点。在目前的成果下，社群档案研究主要呈现出以下特征：

### 4.1.1 聚焦社群档案本体认知

自社群档案研究走入主流学术界的研究视阈，研究者们就对社群档案的概念、价值、管理模式等内容进行了较为充分的探讨与认识，并达成了一定共识。可以发现，当前研究者们的研究重心主要聚焦于对社群档案的本体认知上，通过认识社群档案自身以促进社群档案的发展演化，这是由社群档案研究时间较短与社群档案自身的多样性共同影响的。通过对比可以发现，社群档案的理念与传统档案理论和实践在部分层面存在显著差异，目前在这一领域研究者们涉猎不多，这也意味着未来社群档案的研究将逐渐走出本体认知，转向与档案理论和实践的相互构建。

### 4.1.2 正向认同社群档案价值

通过综合分析社群档案的研究成果可以发现，虽然社群档案在发展之初备受争议，但随着研究发展，学界基本认可社群档案在社会少数群体、边缘群体与弱势群体争取平等权利的过程中所发挥的功效，并在进一步的研究中发现社群档案对于传承社会记忆所产生的难以替代的作用，这一研究共识基本从正向与积极的角度认可社群档案价值。然而，我们应该意识到，社群档案发挥价值的前提，是承认社群与社会大众存在一定差异的事实，如果为实现社群成员的身份认同与权力诉求而夸大这种差异，无疑会使社群陷入更加孤立的困境。这一问题在未来值得进一步探讨，从而实现社群发展与社会进步的包容。

### 4.1.3 基于保管视角认识技术发展

技术变革对档案学理论与档案实践的发展起着重要的推动作用，一些既有的认识不再适应信息化、数字化的管理环境，这一变革同样给社群档案带来冲击。研究者更多以档案保管的视角认识技术发展，在实体保管与档案可持续发展的挑战前，多数社群档案馆选择放弃实体保管空间，以数字化和内容管理的策略处理档案资源。然而，技术的发展并不仅以保管的形式对社群档案施加影响，社群建档工具的便利获取，网络空间下社群档案工作的变革等都是未来需要社群档案研究者思考的问题。截至目前，学术界相关的研究成果数量较少，难成体系，这也说明如何认识技术发展对社群档案的影响将是未来社群档案研究的潜在方向。

## 4.2　未来研究方向

当前，学术界对于社群档案的概念、价值、建设等问题已经形成了较为成熟的观点，这也为社群档案的研究打下良好基础。基于当前社群档案的研究进展，结合其研究特征，未来社群档案的研究重心可以向以下几个方向转移：

### 4.2.1　扩展：社群档案对档案理论和实践的影响

目前，学界普遍认为，社群档案的建设对传统认知的档案理论和实践产生了一定影响，但并未进行专门性研究，因而相关成果较少，且分散于各自研究成果之中，缺乏系统性。社群档案在档案概念、档案叙事体系、档案民主、档案业务开展与档案工作者角色等方面对传统档案理论与实践产生深刻影响，因而在对社群档案形成系统认知的基础上，对社群档案与传统档案理论和实践进行对比研究，分析两者间产生差异的原因、差异的具体表现，并在此基础上对两者未来的发展趋向作出预测，是具有价值与必要的学术探索。

### 4.2.2　转向：社群档案冷思考与变革

首先，在对社群档案的正当性研究络绎不绝之际，我们有必要对社群档案展开一些冷思考，反思社群档案研究的目的导向，思考当前学界所竭力推动的社群档案运动是否符合社群成员的利益诉求，是否能够推动社群成员融入主流社会。与此同时，我们还要思考如何避免社群档案运动过度化的倾向，防止其成为"政治正确"的附庸，一旦社群档案成为部分狂热分子口号式的号召，那么社群成员可能会因此陷入愈发边缘化的危机。其次，社群运动的开展对传统档案工作起到了深刻的变革作用，在社群档案背景下，档案工作者对自身角色和定位的认知、档案道德与正义的维护、档案的短期取向与长期取向等问题都无法简单照搬既往经验，需要结合实际重新调整。

### 4.2.3　技术驱动：网络空间下的工作扩张

信息通信技术的发展对社群档案起到了显著的推动作用，如"Comma""Community Sites""UK Villages""Community Heritage Stones"等软件包的

开发使社群档案能够自己建立网站，数字化网络，上载和存储他们的图像，或通过网络、光盘分享他们的档案[①]，技术发展为社群档案带来的最显著影响是工作空间的极度扩张。网络空间下的社群档案工作，能够"采用数字信息平台和系统来反映社群衍生的认识论、本体论和社会正义目标"[②]。未来，围绕网络空间下虚拟社群发展、储存空间扩大、管理平台化趋势、档案载体与形式拓展、社群广泛参与和记忆平权等议题，学界对于技术驱动的认知将进一步深化。

---

① Andrew Flinn. Community Histories，Community Archives：Some Opportunities and Challenges1 [J]. Journal of the Society of Archivists，2007，28（2）：159.

② Danielle Allard，Shawna Ferris. Antiviolence and Marginalized Communities：Knowledge Creation，Community Mobilization，and Social Justice through a Participatory Archiving Approach [J]. Library Trends，2015，64（2）：361.

【档案信息化】

# 个人社交网络信息保管模式的探析与启示[①]

## 周文泓

（四川大学公共管理学院　成都　610064）

**摘　要：**个人社交网络信息保管的研究旨在探析数字转型中信息管理的多元模式，推进信息管理理论与方法的优化。本文以案例研究法对以记忆机构、社交网络平台、第三方社会机构以及个人形成者主导的个人社交网络信息保管模式予以梳理，剖析其有赖多主体参与和协同、面临信息的社交网络化的挑战、多元的利用需求推进保管的转型的特点。由此，本文提出为推进个人社交网络信息保管，应建立协作机制与框架、强化制度体系建设、开发与应用自动化工具群。

**关键词：**社交网络　归档　网络信息　信息保管

## 1　引言

社交网络以各类功能与形态的平台广泛应用于社会活动中，由此极大拓展了人类世界的记录主体、形式、数量和价值，尤其是个人主体对社交网络的应用也在触发政治、经济、社会、文化、技术等领域的革新，这在很大程度上源于个人行为在记录行为上前所未有的映射，从而将社会活动更大程度地从现实世界投射至虚拟世界，成为大数据三大来源中的重要内容。例如，我国微信的月活用户已达到 10 亿个，用户的行为数据已成为腾讯公司提升竞

---

**作者简介：**周文泓（1990—），男，管理学博士，四川大学公共管理学院教师，助理研究员，主要研究方向为网络空间的档案化管理。

①　**基金项目：**本文为国家社会科学基金项目"基于多元数字技术的网络空间参与式归档研究"（18CTQ037）的研究成果。

争力的信息资源，亦是社会发展的有效记录，更是影响个人利益的重要信息资产。因此，由个人在社交网络上所形成信息如何被可信保管也成为实践与研究的重要议题，从而能够在协同多方利益相关者的前提下实现对信息资源的开发与保护。

这些都指向个人社交网络信息的可信与有效管理，即哪些信息要被纳入管理、怎么管理、由谁管理，由此成为数字转型中信息科学、档案学、社会学、传播学等领域探索的重点议题。政府机构、社会组织以及个人都在开展个人社交网络信息管理的实践。社交网络，如"Facebook"、微信等开发并提供了一定的信息归档下载模块，美国联邦政府也开始把公民的这些信息视作资产而发布相应的政策；第三方社会机构，如"DocNow""Archive Social"开发的平台与工具等呈现了不同主体对社交媒体信息归档管理的关注。然而，对个人社交网络信息有序有效的管理还未同社交网络的应用这般广泛，当前的政府、工具和实践都实在有限。研究层面，主要围绕个人社交网络信息管理的必要性、可行性、工具、隐私保护、模式等方面进行[1][2][3]，其在一定程度上呈现了个人社交网络信息管理的特点、问题和策略[4]，但实践现状有待进一步厘清与分析并提供更有针对性的策略。

当前，各类利益相关者都对个人社交网络信息的保管行动有所参与，不同主体间既有协作，也形成了不同主体主导的模式。因此，本文将对不同类型的模式予以介绍并分析当前不同模式的优势与不足，以此为社交媒体信息保存提出相应的注意事项与策略。

① 王新才，徐欣欣. 国外个人数字存档的实践经验及其启示［J］. 信息资源管理学报，2016 (4)：109－115.

② 万凯莉，张照余. 个人信息视角下社交媒体公开信息保存的可行性研究［J］. 档案学研究，2014 (4)：17－21.

③ 陈明红，孙顺，漆贤军. 移动社交媒体位置信息分享持续意愿研究——隐私保护视角［J］. 图书馆论坛，2017.

④ 周耀林，赵跃基于个人云存储服务的数字存档策略研究［J］. 图书馆建设，2014 (6)：21－24，30.

# 2　各类社交网络信息保管模式的概览与评析

## 2.1　记忆机构主导模式

以图书馆、档案馆、博物馆等为代表的记忆机构将保管记录性遗产作为职责，社交媒体信息日渐成为网站归档的重要对象，用以留存社会组织、机构、群体与个人开展社会活动的证据与记忆，在这过程中个人在社交网络上所形成的记录为记忆机构捕获与保管的重要对象。

记忆机构主导模式的典型代表是美国国会图书馆的推特档案项目，在其收集对象中信息形成者便以个人为主，其目的主要是为未来的研究提供丰富的社会材料。2010年4月，美国国会图书馆和推特公司签订了一项协议以获得推特公司建立起的从2006年到2010年4月的推文档案，2010年后该项目持续进行。国会图书馆的目标是建立起安全与可续的流程来接收和保存直到当前的日常与持续的推文流；建立起迄今为止的所有的档案组织框架；保证这些档案的对外开放与利用。截至2013年，国会图书馆接收了1700亿条文本性的推文，甚至后来达到每日4亿条的规模。然而，2017年，国会图书馆宣告在保存十二年的推文档案之后只会选择性收录之后的推文，尚未能确定所有档案对外开放利用的日期，暂时还在探讨那些在平台上已被删除的推文如何处理。①

这类模式有助于在当下个人以及网络服务提供商未有充分保管信息的意识与能力的情况下从社会整体的角度留存有价值的内容，作为专业的信息管理机构，采用记忆机构主导的模式有着两大方面的优势：第一，为社交网络信息保管提供强大的专业保障。记忆机构在信息捕获、保存、整合和开发利用等方面有着长久实践，形成了一系列保障信息具真实性、完整性、可靠性

---

①　NPR. Library of Congress' Twitter archive is a huge ＃ FAIL［EB/OL］．（2017－11－15）［2018－10－25］．https：//www. politico. com/story/2015/07/library－of－congress－twitter－archive－119698. html.

与安全性的理论与方法，其能够为设计社交网络信息保管方案奠定基础，且在工具、系统与平台开发上可提供专业的意见与经验。同时，记忆机构还能为保管社交网络信息提供专业的人才与空间。第二，记忆机构从整体视角保管个人的社交网络信息，这将有助于从开发利用层面将分散的个人社交网络信息整合为更加整体和集中的信息资源，尤其是在大数据和数字人文的趋向下，海量的整体性资源将拓展信息资源利用的多元性和价值。比如，国会图书馆接收的这些信息呈现了全球网民对社会各个领域的有效记录，这为未来的挖掘和研究提供了丰富的资料。

记忆机构主导模式也面临复杂的保管挑战，呈现出一定的不足，这也是国会图书馆推特项目进行调整的重要原因。第一，记忆机构的资源难以达成对社交网络信息的完整保管。随着用户对社交网络深入的应用并拓展至各类活动，社交网络信息以几何级的速度进行增长，且其中包含价值较少的信息甚至垃圾信息，记忆机构的财力与人力资源难以同步增长。信息的倍速增长就是国会图书馆尝试从全部接收到选择性接收信息资源的原因，这也就意味着不是所有的个人用户或者个人用户的全部信息都能得到保管。第二，社交网络信息的跨媒介性对整体性保管提出挑战。社交网络信息已从以往的以文本为主发展为图片、视频、音频、链接、文本等的跨媒介呈现，且信息反映的内容极为多元，又涵盖海量级的用户，如何整合并实现这些信息的利用面临管理与技术的双重挑战。第三，如何平衡社会整体与个人的权益也是当前这类模式未能明确解决的问题。这些资源的保管旨在利用，而个人形成者对这些信息的所有权、管理权、隐私和被遗忘权等都会同整体性的保管发生冲突。例如，个人用户对信息留存的主张如何在项目实施中得到动态保障是当前未能被充分说明的，国会图书馆提到项目的一大难点就是识别出那些得到保管却在平台上被用户所删除的信息以及如何处置这类信息。

## 2.2　社交网络平台主导模式

社交媒体是信息的形成、管理与存储平台，基于用户体验与法律法规的要求，社交媒体也在逐步开发保管功能模块，较有代表性的有脸书（Facebook）和微信。脸书为用户提供存档功能，用户只要通过账户设置的方式就可启用，其可将提供支持下载的资料下载至用户指定的地方。下载的资料包括用户的资料、在平台上参与的活动、发布的各种形式的信息等。脸书随着平台建设改变着可存储的信息类别，所以用户在不同时期归档的信息不尽相同，存在着所需归档的信息已经从脸书服务器上被删除的情况。大部分的信息，如用户的聊天记录即便用户不进行归档，脸书也会保存，用户在登录账户时就可获得，脸书也提供这些信息的下载功能①。我国的微信也提供了多元的信息保管功能：信息收藏功能；聊天记录的迁移功能；平台会为用户共享的内容提供存储，但存储具体方案根据平台具体情况调整；未读取的聊天记录可暂时保存，但存储时间有限，如图片、文档是两天时间，临时的小视频为 14 天且最多保存 20 个。②

由社交网络平台帮助个人进行信息保管既是法律法规的要求，也是市场所需。社交网络平台作为信息的形成、管理与存储空间，本身就在进行信息的保管活动，只是有无落实到个人层面、个人的自主权如何，以及保管功能是否完善。社交网络平台为个人提供信息保管有着较大的先天优势：一方面，社交网络平台作为信息的原生空间，能为信息保管提供无缝连接的流程支持，这就避免了信息在不同主体以及空间中迁移可能产生的风险；另一方面，平台有较为充分的资源投入以解决管理和技术上的挑战。为了实现发展，平台往往会提供一定的存储空间来保证用户在平台上的所有数据的完整性与连续性，这在微博、微信等平台的协议中都能获悉。鉴于平台对自身的技术配置更为熟悉，平台有着更大的优势能够针对信息的技术特点开发相应的信息保管模块，只是目前更多是从平台自身出发来升级技术功能，还欠缺对个人用户自主保管的全面支持。

社交网络平台的信息保管对个人用户亦存在部分不足：第一，尚需进一步提供完整且专业的信息保管功能。目前，平台主要提供信息的下载功能，而信息的维护、整合和利用等功能都未成熟实现，且在信息保管上与专业的

---

① Facebook. Help [EB/OL]. (2018－03－15) [2018－10－25]. https：//www. facebook. com/help/131112897028467.

② 腾讯. 腾讯微信软件许可及服务协议 [EB/OL]. [2018－10－25]. http：//weixin. qq. com/agreement？ lang＝zh＿CN.

信息保管存在一定差距。以脸书为例，当前可归档的信息基本上涵盖用户在脸书形成的所有记录类型，但能够提供下载的往往只是信息的一部分而不是完整的数字构件。例如，照片的下载仅获得图片，其他的文字描述和评论信息则不能获取。第二，社交网络平台提供的仅仅是针对自身的保管功能，对个人而言往往使用的是多个社交网络平台，如何能够实现对这些信息集成性的保管还有待探索。

## 2.3　第三方社会机构主导模式

归档的专业性与复杂性催动文件、档案管理外包式服务将社交媒体纳入范畴，第三方社会机构也得到部分拥有技术和专业能力的机构或个人的支持，因而开发与发布了可供免费使用的工具、平台、系统或提供了仓储库，其代表为"DocNow"网站和互联网档案馆。"DocNow"是马里兰大学、加利福尼亚大学里弗赛德分校、华盛顿大学圣路易斯分校的合作项目，由安德鲁·W. 梅隆基金会资助。它认为公众正在使用社交媒体记录下重要事件，这些内容有着来自公众、学者、学生、档案管理员的需求，因而这个项目正在开发、发布与优化收集和保管社交媒体信息的方法，以供信息的形成者使用。[①] 目前，项目尚在开发可供用户收集与保存社交媒体信息的 APP，其也同时发布了一些用于收集、整合、追踪内容变化的工具，更开发了一款针对推特的相对综合的归档应用。互联网档案馆也协助社会组织、机构、群体与个人归档保存所需网络信息满足个性化需求，开发了颇为广泛应用的工具"Archive－it"帮助个人与机构归档社交媒体信息。[②]

第三方商业或社会机构的参与帮助记忆机构或个人解决了目前缺乏相应能力或资源的困难，为捕获、存储、保管、整合、开发、利用等一系列流程

---

① DocNow. About DocNow［EB/OL］.（2018－01－03）［2018－02－25］. http：//www. docnow. io/.

② Kalev Leetaru. How Much Of The Internet Does The Wayback Machine Really Archive？［EB/OL］.（2015－11－16）［2018－10－25］. http：//www. forbes. com/sites/kalevleetaru/2015/11/16/how－much－of－the－internet－does－the－wayback－machine－really－archive/#2715e4857a0b4edc16de88d4.

提供各类服务，包括保管方案与空间。这类模式主要是通过第三社会机构提供专业、技术、基础设施等方面的辅助来帮助记忆机构或个人设计与实现信息保管方案，其能够协同不同的社会力量共同完成社交网络信息保管的任务，实现资源的优化配置，从而有效应对社交网络信息保管提出的一系列社会、文化、技术挑战。同时，也能通过第三方社会机构进一步推进信息保管文化的传播，吸纳更多机构与个人参与到社交网络信息保管活动中来。

这类模式亦存在一定不足：一方面，对无偿提供支持的社会机构而言，能够实现的信息保管服务较为局限，提供的信息保管服务并不完整，这是因为这类机构能够获得的资金有限，技术开发进度较慢或基础设施较为简单；另一方面，在目前个人类用户的市场需求还有限的情况下，商业公司的服务对象主要是机构用户，适合于个人使用的服务并不多。

## 2.4　形成者主导模式

个人形成者对其所形成的社交媒体信息有管理与利用权，个人在很大程度上也有从信息管理方面维护好网络空间的责任，但与机构类用户有相对系统的信息保管制定框架要求与指导不同，社群与个人在很大程度上将社交网络信息视作工作、生活、情感互动等方面的记录，这既是其活动的证据，又是群体或个人在虚拟环境中的记忆材料。当前，由社群或个人自主归档其社交媒体信息已有一定的实践经验，但还不够广泛与系统。一方面，部分群体或个人意识到所形成的社交媒体信息的价值，自主开发工具、平台或系统展开归档。例如，美国沃顿商学院名誉退休金融教授杰克·古藤长期关注通过网络渠道数字资产留存问题，他采用将包括社交媒体信息在内的一系列数字内容下载或复制至计算机并刻录光盘的方式进行保存①。另一方面，借助现有工具、平台或系统归档管理社交媒体信息，这类实践目前要更多一些。这意味着主导的主体包括形成者和提供服务的机构。

①　Knowledge @ Wharton. Rest in Peace: Planning for Your Demise, Digitally [EB/OL]. (2014－03－26) [2018－10－25]. http: //knowledge. wharton. upenn. edu/article/rest－peace－planning－demise－digitally/.

　　由个人形成者自主保管社交网络信息于信息与文化领域而言有重要的意义，这意味着个人更加意识到信息保管的必要性与价值，其参与到人类社会的信息资产留存与信息遗产传承活动中，有助于在社会形成更加积极与广泛的信息文化。同时，由个人进行社交网络信息归档也有两大方面的优势：第一，个人的信息权与利益得到进一步保障与实现。个人作为信息的形成者有相关的知识产权、所有权和管理权，通过自主保管信息可以更好地确保要留存与处置哪些信息、如何保管、如何利用；同时，也可以降低或避免第三方集中管理可能存在的隐私泄露或知识产权受侵犯等风险，且个人更了解自身所形成的内容，在信息的鉴定与处置方面则更能满足个人的需求，从而更能保障个人权益。第二，从整体角度来看，这一做法有效分解了社交网络信息保管的难度。在基础设施、技术和管理模式都还未能完善管理所有社交网络信息的情况下，由个人来保管各自形成的信息能够与相关机构共同分担保管这些信息所需要的人力与物力资源。

　　个人形成者的社交网络信息保管的局限在当前显著表现为个人缺乏足够的意识与能力。从意识层面来说，许多个人并未关注到所形成的社交网络信息管理的必要性与个人社交网络信息不当管理带来的风险。通过对脸书的用户进行网络调查的 500 多份有效数据的分析发现，用户通过脸书与朋友、家人等交流和分享生活，尽管确实记录了用户的生活，但用户并不是为了记录而记录，其也未意识到这些记录的价值。[1] 从能力层面来说，个人的信息保管技能还未在全社会的层面予以普及式的教育和培训，即使有信息保管的意识，但其对如何保管与保管方面的相关要求还需进一步提升，从而保证信息保管的结果能够与个人的需求相一致。[2]

---

　　[1]　Donghee Sinn, Sue Yeon Syn. Personal documentation on a social network site: Facebook, a collection of moments from your life? [J]. Archival Science, 2014, 14: 95—124.

　　[2]　Jessica Bushey. Digital Photographs in Social Media Platforms: Preliminary Findings [EB/OL]. [2018—10—25] http://www. jessicabushey. com/c-v/.

# 3　个人社交网络信息保管的特点

现有实践从多方面呈现了当前个人社交网络信息保管的特点。

## 3.1　有赖多主体参与和协同

个人社交网络信息的形成与保管均涉及多元的利益相关者，因而在实践中可以发现每类模式都由多类主体参与，由此形成对个人社交网络信息的协同保管。这主要表现在两个层面：第一，个人社交网络信息保管涉及多类主体的权利与义务，多主体参与是维护权益和履行义务的体现。个人有权利亦有必要直接对信息进行保管，记忆机构有保存社会信息资产的职责，社交媒体平台是信息形成、传播与暂时性保管的服务提供商。第二，个人社交网络信息保管需要其具备一定的专业管理与技术能力，尤其是在目前个人的信息保管意识与能力有所欠缺的前提下，往往需要其他利益相关者的参与来分解信息保管任务。

从多类实践模式中都能发现不同主体的参与和协同，但协同机制的建立面临诸多挑战。一方面，如何平衡各方权利、义务尚需优化。例如，公众的社交媒体信息所有权和处置权在记忆机构归档社会类信息时如何保障，国会图书馆在制订推特档案提供利用方案时还对如何处理公众在推特平台已删除的信息有困惑。另一方面，如何提升个人的信息保管意识并发挥个人的群体智慧还需长足的探索。这既在于社会的信息遗产需要来自不同领域的公众参与，完成信息的留存、维护、开发等工作，也在于社交媒体信息的个人形成者在数量上占据绝对优势，如个人不能有效参与留存与处置好这些信息，那么对个人而言，隐私、被遗忘权等都面临风险，这些都需要个人被有效纳入协同机制中。

## 3.2　面临信息的社交网络化的挑战

社交媒体信息的"社交网络化"从其内容到形式都对我们提出复杂挑战。第一，个人的社交网络信息内容涵盖个人社会活动的方方面面，在这其中形成了大量重复性内容或是价值有限的记录，无论是机构还是个人从中识别和处置这些信息都较具难度。第二，从形式上看，当前个人倾向通过图片、音频、视频等非文本格式形成社交网络信息，这些信息的存储、管理、整合和利用都面临意识的提高与技术上的升级。以国会图书馆的推特项目为例，在2017 年要调整进度与策略的一大原因就在于此前推特开放的只是文本接口，图像、视频或链接都不能得到归档，从完整性上来说，这些是不可缺失的组成。然而，一旦想将全部信息资源纳入保管，无论是存储空间还是管理技术，都需要相应提升。第三，个人社交网络信息往往伴有多层级的传播和互动，这些传播和互动的路径和具体内容是否留存、哪些留存以及如何留存既加重了管理任务，也对技术上如何实现提出挑战。

### 3.3　多元的利用需求推进保管的转型

个人社交网络信息的保管不仅在于留存，提供可持续的利用也是关键，这触发了保管内容、保管主体、保管方式与保管空间等方面的创新。第一，保管的要求需满足个人社交网络信息的开放性，即完整的保管在很大程度上是要保证所保存信息在线开放的属性。依据信息真实性与完整性的要求，这样的在线开放需要"原始"呈现它形成与传播时的形式与内容。例如，白宫在制定奥巴马的社交媒体归档项目方案时，为确保这些信息的可持续且以原有的形式存取，在原有账户"@POTUS"由第 45 任总统启用的情况下，将信息迁移到新创立账户"@POTUS44"，作为奥巴马所使用账户的信息存储档案馆，由美国档案与文件署进行账户维护，并提供对外利用信息①。第二，保管的工作内容需要进一步拓展，除保障信息的安全、真实、可用之外，还要实现满足用户多元需求的利用，即保管不仅是对所捕获信息进行存储，更是需要开发和借助技术将社交网络信息予以挖掘、分析与整合，从而使其能作为整体可关联的信息资源被利用。第三，个人与社会保管需构建协同网络。

---

① The White house. New Lenses on the First Social Media Presidency ［EB/OL］. （2017－01－05）［2018－10－25］ https：//obamawhitehouse. archives. gov/blog/2017/01/05/new－lenses－first－social－media－presidency.

个人社交网络信息的社会价值和个人管理社交网络信息的局限都在促使记忆机构和第三方社会机构深入参与其中，且个人社交网络信息又有隐私性和个性化的特征。因此，个人与社会保管需探索出有效的共建共享网络，从而既能鼓励个人展开社交网络信息保管活动并共享可用的信息资源，也要求机构设计更加可行的方案在保障个人权益与合法需求的前提下实现信息的整合和共享。

## 4　启示：个人社交网络信息的保管策略

个人社交网络信息保管实践已取得一定成果，其经验、不足与特点从如下方面为更加有效地保管信息提供了策略。

### 4.1　建立协作机制与框架

从已有实践来看，个人社交网络信息的保管无论是从利益保障还是任务复杂度层面都显示出各利益相关者参与的必要性，以及要发挥好个人与社会的智慧与能力的重要性。协作机制与框架的建立意味着，一方面，各利益相关者的权利与义务可以得到明晰；另一方面，各参与主体的能力可以在协作框架中与相应的任务匹配。依照目前的参与者来看：第一，个人形成者的参与将是趋势，既可以是自主进行保管的具体行动从而对海量的社交网络信息保管实现社会性的众包，也可以是从平台用户和信息所有人的立场提出信息保管的相关主张。第二，记忆机构作为保存和提供利用信息资源的专业主体，能够为有效捕获与留存真实的社交媒体信息提供指导与协助，在社会范围提供信息保管的宣传、教育、培训、指导、规范等服务。第三，社交网络平台服务提供商为信息的形成、传播、存储与暂时性保管提供平台，并在保障平台合法发展的前提下满足信息迁移、跨平台聚合、下载等方面的开放功能。同时，网络服务提供商应当在平台构建或改进中从元数据方案、数据存储时限、应急预案等方面优化信息保管的功能与政策。第四，第三方社会机构提供有偿或无偿服务，既可以借助以互联网档案馆为代表的非官方记忆机构实现个人部分社交网络信息的暂存，又可以通过这些机构所共享的方案或工具帮助个人、社群乃至记忆机构开展社交网络信息保管活动。

### 4.2　强化制度体系建设

为保障个人社交网络信息得到个人与社会的充分关注和投入，旨在提升保管意识与平衡各方权益的制度体系的构建需关注以下方面：

#### 4.2.1　旨在推进信息文化与素养的倡议个人自主与有效保管网络信息战略

随着网络应用对社会活动愈加深刻的影响，网络空间的有序构建与运行需要每一个人的关注与贡献，记录与传播各类社会活动的社交网络信息的保管是其中不可忽视的部分，亦需要国家与相关行业制定明确的战略，以引导信息的自助与有效保管。

#### 4.2.2　政策法规

为使信息保管功能开发与相关标准有充分的依据，要充实和完善信息保管相关的政策法规。这类政策法规主要是明确个人社交网络信息保管的目标、原则与要求、相关主体、各自的权利与义务等。同时，隐私、知识产权、被遗忘权等应当在相应政策法规中被明晰。

#### 4.2.3　指南标准

既可以由多主体共同制定共通的指南标准，如网络归档与存储标准、元数据方案等；也可以由不同主体制定相应的标准指南，如记忆机构应当明确个人社交网络信息的捕获、接收与利用规范。社交网络平台应当在协议中充实信息保管的相关部分，如信息保管的政策与技术配备、平台与用户各自的责任等。

### 4.3　开发与应用自动化工具群

基于不同主体的需求并借助信息技术实现个人社交网络信息自动化保管是较为理想的状态。尽管目前未能实现，但在保管活动中尽量减轻各主体的工作负担是必然要求，这既提高了信息保管效率，也能够引导各主体尤其是缺乏足够技能的个人更多地开展相关活动，从而能够从管理流程、具体行动、基础设施等方面提供帮助。例如，云服务可向用户提供依据需求可配置的硬件、软件、基础设施、平台等，尤其是对于个人愿意自主管理社交网络信息却缺失平台与专业工具的情况，集约化、便利化与相对低成本的云服务能根据个人需求解决相应问题。①

对个人社交网络信息的管理的工具要确保以下两点：第一，为工具开发与优化提供充足的功能需求分析和设计方案，在具体流程、功能模块、元数据方案、保管空间、保管权属、保管要求、利用权限、迁移方法等方面都要有细致的说明。第二，以工具群的视角开发和应用工具。个人社交网络信息保管涉及多个环节与功能模块，亦有技术方面的挑战，因而可将信息保管工具的开发理解为小工具的集成，在现有能力框架下开发与发布工具，并逐步完善工具体系。

## 5　结语

总而言之，个人社交网络信息保管实践已初有成果，通过不同主体的参与和协作形成了各具特色的模式，也呈现了社交网络作为新类型的数字环境对信息管理带来的契机与挑战，以期更多的研究与实践探索，从而为个人与社会构建出更加契合需求的行动方法与模式。

---

① 薛四新. 云计算环境下电子文件管理的实现机理［M］. 上海：世界图书出版公司，2013：45.

【档案文化】

# 关于档案文化评价问题的思考

## 段先娥　赵　跃

（四川省电力设计咨询有限公司　成都　610041；
四川大学公共管理学院　成都　610065）

**摘　要**：本文基于评价的视角对档案文化问题进行了思考：重新阐释了档案文化的内涵，将档案文化评价的对象划分为个人、组织、国家三个层次，从价值观念体系和规则能力体系两个层面来阐释档案文化的内容结构，并分别给出初步的个人、组织和国家档案文化评价标准。

**关键词**：档案文化　评价对象　评价内容　评价标准

## 1　引言

20 世纪 80 年代至今，档案界围绕档案文化的内涵、特征、类型、结构、功能等进行了广泛探索[1][2]。通过对档案文化的多角度透视以及档案文化层次与内容的解构与重构，档案界对档案文化的认识不断深化[3][4]。尽管如此，当前档案界从"主观"出发，对档案文化的认识仍比较"宏观"与"抽象"，难以揭示不同国家、不同组织或个体档案文化的发展程度。另外，也有学者提

---

**作者简介**：段先娥，四川省电力设计咨询有限公司信息中心助理馆员，档案学硕士，主要研究方向为电子文件管理等。赵跃，四川大学公共管理学院秘书档案系助理研究员，档案学博士，主要研究方向为档案学原理与运用、个人数字存档、非遗信息资源建设等。

[1]　徐海静. 我国近二十年来档案文化研究成果综述 [J]. 档案学通讯，2011 (6)：19－22.
[2]　任汉中，解颖. 档案文化学 [M]. 武汉：长江出版社，2017.
[3]　任汉中. 人本位－君本位－官本位－以人为本——中国档案文化的回顾与展望 [J]. 档案学研究，2006 (2)：8－12.
[4]　谢诗艺. 本体与空间：中国档案文化阐释 [J]. 档案学通讯，2017 (6)：63－65.

到要建设优秀的档案文化①②，但没人给出到底什么样的档案文化才是优秀的。因此，要突破当前档案文化研究的瓶颈，有必要拓展研究视角，通过档案文化的评价来寻找理论的突破口。

　　档案文化评价是对档案文化发展程度作出判断的活动，它既是对现有档案文化发展状况的客观判断，也是发现数字时代档案文化新现象、新特点、新趋势的重要手段。具体而言，档案文化评价就是按照一定的目标、标准，对不同层级结构的档案文化以及影响档案文化的各种要素进行分析与判断的过程。本文希望从评价视角出发重新阐释档案文化的内涵，并对档案文化评价的对象、内容与标准进行剖析，以求教于同行。

## 2　以评价为导向的档案文化释义

　　文化是人类社会的特有现象，人创造文化，文化也塑造人。可见，"人"才是档案文化建构的主体，社会主体的档案文化认知才是档案文化现象产生与发展的核心动力。当前，在对档案文化的认识中，国内学者大多认为档案文化是关于档案与档案工作的价值观念，以及在其影响下的有关档案的行为方式和物化成果③④⑤⑥。有学者进一步将其阐释为："人类在实践中层累生成的，一种以档案的原始记录属性为基原的稳定的生活方式。这种生活方式围绕其文化内核通过各种符号体现，这些符号可以划分为思想层、行为层和器物层。"⑦ 由此可见，档案文化是一种无形的力量，蕴藏于社会对待档案的思想与行动之中，它虽看不见、摸不着，但无时无刻不在引导、支配着人们的思想和行为。

----

①　赵海英. 重塑"档案馆文化"为经济建设服务 [J]. 档案与建设，1989（3）：4－5.

②　任伟. 档案文化探微 [J]. 档案时空，1996（4）：9－11.

③　任汉中. 中国档案文化概论 [M]. 北京：中国档案出版社. 2000：2.

④　黄志勇. 加强档案文化建设的思路与对策 [J]. 浙江档案，2004（2）：21－21.

⑤　张芳霖，王辉. 档案文化的发展趋势：知性·自觉·主动 [J]. 档案学通讯，2010（2）：21－24.

⑥　薛匡勇. 什么是档案文化？——"档案文化建设"探讨之一 [J]. 浙江档案，2011（6）：27－30.

⑦　谢诗艺. 本体与空间：中国档案文化阐释 [J]. 档案学通讯，2017（6）：63－65.

　　基于上述观点，笔者认为档案文化就是在参与社会活动中，促使人们产生文件与档案管理行为的共同价值观念体系，以及完成该行为的规则能力体系。在文件与档案管理过程当中，文件与档案所体现出来的信息、证据等价值属性既是人们记录、保存、管理行为的重要目标，也是促成人们实施这种行为过程中共同价值观念体系形成的重要因素。与此同时，人们要最终完成这个行为过程，还需要规则能力体系的支持。因此，这种共同的价值观念体系以及规则能力体系就构成档案文化的核心内容。

　　由此，档案文化的属性可以从以下两个方面来阐释：

　　档案文化是无形性与有形性的统一。档案文化内核中包含的各种价值因素、心理因素是作为一种精神氛围存在于特定人群之中的，因而它具有无形性。然而，任何无形的事物都是寓于有形事物之中的，无形的价值心理因素通过各种有形的载体，如人的行为方式，组织和国家的各种规章制度、政策、过程等体现出来。

　　档案文化是抽象性与具体性的统一。档案文化不像标准、规章制度、规范那样明确具体，它只给人们提供一种指导思想、价值判断、行为规则，它并非告诉人们每个问题用什么具体方式方法去处理，它只会告诉人们应根据什么样的思想和标准去处理。因此，档案文化是抽象的，但它又由各种具体的行为方式、习惯、规则、能力等浓缩、凝结、升华而成，决定着人们的行为方向，为人们提供行为动力①。

　　总之，这两大属性为档案文化评价内容的确立奠定了基础。档案文化评价需要将视线转移到"人"的层面，并通过国家、组织关于文件与档案管理的各种规章制度、政策、过程，以及人的行为方式、习惯、能力等要素进行定性与定量的评价。

---

　　①　冯子直. 关于 21 世纪我国档案事业发展战略问题的思考 [J]. 档案与建设，1997（1）：9－12.

## 3　档案文化评价对象的层次

档案文化评价要求评价者根据评价标准对评价对象的各个方面进行量化和非量化测量，其中评价对象的确立是这个测量过程实现的前提。档案文化的形成，是人类在应对数量、类型不断增加的文件与档案的保存、维护与利用等挑战过程中逐渐形成的价值观念体系和规则能力体系。作为应对挑战的人，或者是人的个体，或者是人的群体，甚至是人的类体。在研究当中，有学者提倡建立大档案观，认为国家有责任保管好对国家有重大价值的档案，机关有责任保管好对机关有用的档案，个人可以拥有自己的档案①；也有学者明确将档案文化从主体的角度划分为个体、群体和社会②。

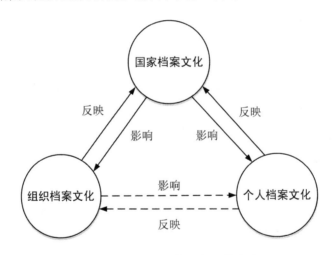

图 1　档案文化主体层次及其关系

因此，从评价的对象层次可将档案文化划分为个人档案文化、组织（群体）档案文化、国家档案文化③，如图 1 所示。国家档案文化会对组织和个人档案文化的形成产生重要影响，而组织档案文化和个人档案文化也是国家档

① 方立霄. 档案文化产业建设构想 [J]. 档案学通讯，2003 (5)：4—7.
② 潘连根. 论档案文化观 [J]. 四川档案，2001 (5)：4—6.
③ 赵跃，周耀林. 国外信息文化研究综述 [J]. 中国图书馆学报，2015，41 (2)：109—126.

案文化的组成部分，从侧面体现出国家档案文化的发展水平。当然，对同一个组织而言，组织档案文化也会对其成员的个人档案文化的形成产生影响，而组织成员个人的档案文化也会在一定程度上反映出组织档案文化的发展程度。

随着档案工作社会化进程的加快，大到国家，小到家庭、个人都在不断形成文件与档案，尤其是在数字时代，记录方式和记录载体发生前所未有的变化，档案数量呈现海量增长之势。然而，真正受国家支配和控制的档案资源仅仅占到整个社会档案资源的一小部分，大量档案资源控制在其他社会组织、社会团体和个人手中。因此，国家档案文化的培育主要由掌管全国档案事业的国家档案局和中国档案学会等档案领域的全国性社会组织共同来引导；组织档案文化，则通过综合档案馆、专门档案馆、企事业单位档案馆（室）和其他组织与社会团体来体现；个人档案文化在档案工作者、档案学者、档案学生和其他普通公众之间也有不同的表现。

## 4　档案文化评价的内容结构

文化学领域对文化结构的划分通常有两种角度，一种是直接按照文化形态来划分，包括二分法（物质文化、精神文化）、三分法（物质文化、精神文化、行为文化）、四分法（物质文化、精神文化、行为文化、制度文化）；另一种是从文化哲学的分层理论来划分，将文化分为器物层、制度层和观念层，或者表层、中层和深层。档案界沿袭了文化学对文化结构的划分方法。有学者指出档案文化是由相互作用的诸多要素组成的一种文化系统，包括物质文化、行为文化、制度文化、精神文化[①]；也有学者将档案文化分为器物层、制度层和观念层[②]。

任汉中教授从表层、中层和深层来细分档案文化的结构。他认为档案文化的表层结构是由人们能直接感受到的档案文化现象构成的，主要包含人们

---

① 黄志勇. 加强档案文化建设的思路与对策 [J]. 浙江档案，2004 (2)：21－21.
② 马定保. 档案与文化试析 [J]. 档案，1990 (4)：27－30.

有关档案的各项活动，以及由此而形成的档案机构设置、档案行为方式和档案活动的物化成果；中层结构内容更多地表现在精神层面上，是对档案活动的抽象的表现，主要包含档案管理和利用的理论、经验、技术、规范及人们相互间的档案关系；深层结构是人们难以察觉和最富有相对独立性的部分，同时也是档案文化中最能发挥决定性作用的部分，主要包含人们的档案观念、传统、心理、思维方式等①。

以上几种对档案文化结构的划分，尽管视角略有差异，但其内容有相同之处，即从物质、精神、制度和行为方面来描述档案文化的结构。然而，从评价的视角来看，这种划分方式以及对结构中各要素的归纳过于抽象，难以进行测量。以评价为导向来审视档案文化的内容结构，需要对档案文化的抽象内容结构进行具体化，因而笔者认为可以从价值观念体系（态度、动机、认知等）和规则能力体系（规则、规范、习惯、知识、能力、素养等）两个层面来划分档案文化的内容结构。

具体而言，国家档案文化评价的内容结构可包括社会档案意识、社会档案认知、国家档案管理理念、档案学科与档案事业的核心贡献力、国家档案事业的战略规划、国家档案事业管理体制机制、国家档案工作的政策法规、国家文件与档案管理标准规范、档案职业的社会担当、国家档案资源管控能力、国家档案事业领导与治理能力、档案职业理想与追求、档案职业道德等；组织档案文化评价的内容结构可包括组织对档案与档案工作的态度、组织对档案与档案工作的认知、组织档案管理的传统、组织档案工作的政策规划、组织档案工作的制度规范、组织档案管理的能力等；个人档案文化评价的内容结构可包括个人对档案和管理档案的态度、个人管理档案的习惯、个人管理档案的能力等。

## 5　档案文化评价的基本标准

文化有优劣之分，档案文化同样如此。有学者曾指出先进的档案文化应

---

① 任汉中，张璟瑜. 从朦胧到清晰：档案文化结构的剖析 [J]. 浙江档案，2011（4）：8−11.

体现档案部门的精神实质，是档案工作者优秀品质的积淀①，那么如何评价档案文化的优劣，就需要确立一定的评价标准。尽管档案文化培育与建设是一个动态的、复杂的过程，但一定时期内我国档案文化层次结构会相对稳定，这就为档案文化评价标准的确立提供了可能性。与此同时，正是基于档案文化的层级结构，所以需要分别确立评价国家、组织和个人档案文化的标准。

　　评价一个国家档案文化优劣的标准，就是要看国家档案事业的社会化发展程度以及国家档案事业在政治、经济、文化等建设中发挥作用的大小，具体来说包括：认知，整个社会对档案以及档案工作的认知；意识，整个社会对保存信息、证据、历史、记忆的认识和态度；理念，国家档案工作与档案事业发展的目标与理念；贡献，档案学科与档案事业的核心贡献力的高低；规划，国家档案事业是否具备战略规划和统筹全局的能力；体制，国家档案事业管理体制机制是否能够适应内外部环境的变化；治理，国家档案工作的政策法规、国家文件与档案管理标准规范是否完善并不断更新；责任，档案职业是否具备一定的社会担当；配置，国家是否具备对档案资源的控制与配置能力；道德，档案职业是否具备理想、追求和职业道德。

　　评价组织档案文化优劣的标准就是看组织档案文化与组织所从事的事业发展是否相适应，是否能够完整、有效、长久保存组织的信息、证据、历史、记忆，是否能够助力组织业务工作的正常运行、健康发展，具体包括：态度，组织领导层对档案及档案工作的态度；认知，组织对档案和档案工作的认识及其强弱；准则，组织文件与档案工作的管理规章制度的科学性与完善程度；环境，组织文件与档案管理的软硬件设备设施是否达到相关标准和要求；人员，组织文件与档案管理人员的业务水平和能力的高低；运行，组织文件与档案管理工作是否正常运作；水平，组织文件与档案管理整体水平的高低。

　　评价个人档案文化水平的标准就是看个人能否主动记录并长期安全保存个人及家庭的各类档案材料，促进个人与家庭证据的保留和记忆的留存，具体包括：认知，是否具备对文件与各类档案材料的正确认知；意识，是否具有记录、保存其个人或家庭证据、历史、记忆的意识和习惯；素养，是否具

---

① 黄志勇. 加强档案文化建设的思路与对策 [J]. 浙江档案，2004（2）：21—21.

备长期与安全保存各类档案材料的知识与技能。

## 6　结语

当前，档案与档案工作的社会贡献力愈发凸显，家庭建档、社区建档、非遗建档、非遗传承人建档、方言建档、古村落建档、贫困人口建档、留守儿童建档等"社会建档"现象的出现，正是档案文化向全社会扩散的体现。随着社会的发展，档案文化也呈现很多新的特征，不仅更加开放多元，而且社会性更加明显，国家、组织和个人层面的档案文化具有不同的形式和特征，尤其是在数字时代背景下，档案文化正随着文件形成方式的改变而变化。面对内外部环境的新变化，如果仍通过学者的主观归纳来认识档案文化，具有一定的难度。因此，本文从评价的角度重新认识档案文化，初步探讨了档案文化评价的对象、内容和标准，希望能引发学界对数字时代档案文化评价问题的重视，从更加客观的层面来分析、判定新时期的档案文化现象和特征。

# 档案文化品牌塑造研究①

## ——以福建侨批档案为例

## 杨　岚　王小云

（福建师范大学社会历史学院　福州　350108）

**摘　要：** 2013 年 6 月 19 日，侨批档案申报"世界记忆遗产"成功，引起国内民众和华人华侨对侨批档案的广泛关注和强烈反响。本文试分析我国档案文化品牌面临的现实困境，并以福建侨批档案文化品牌为案例，从文化品牌的认知与定位、规划与建设、整合与传播三方面提出塑造档案文化品牌的有效策略。

**关键词：** 档案文化　档案品牌　侨批档案　福建档案

从本质上讲，品牌是一系列功能性与情感性的价值元素②，文化品牌是集聚功能作用与情感价值于一身、优于同类文化事物及其产品的无形资产③。习近平总书记高度重视品牌建设，强调要"推动中国制造向中国创造转变、中国速度向中国质量转变、中国产品向中国品牌转变"④。档案文化品牌则是区别于其他文化品牌、保持档案自身特性的文化品牌。档案文化品牌塑造也

*作者简介：* 杨岚，女，1993 年生，江苏省盐城市人，福建师范大学社会历史学院 2016 级档案学硕士研究生，主要研究方向为档案文化、档案价值与企业档案管理；王小云，女，1981 年生，湖北省宜昌市人，福建师范大学社会历史学院档案学副教授，硕士生导师，主要研究方向为档案学基础理论、档案资产、档案信息资源开发。

① 基金项目：本文系 2018 年国家社会科学基金年度项目"文化自信背景下国家档案精品走出去策略研究"（18BTQ099）阶段性研究成果。

② 刘丽娟. 品牌的视觉语言 视觉营销与视觉元素 [M]. 杭州：浙江大学出版社，2016：25.

③ 刘剑红，宁镇，韩勇. 关于打造广西特色文化品牌的思考 [J]. 广西经济，2012（12）：24－27.

④ 刘平均. 加快推动中国品牌走向世界 [J]. 中国品牌，2017（08）：14－15.

是基于档案文化事业层面的品牌建设。拥有档案文化品牌的数量和质量，不仅显现出档案文化品牌的发展态势，而且衡量着国家和地区间档案文化事业的繁荣程度。

侨批，简称"批"，在福建方言、潮州话和梅县客家话中"信"为"批"，所以海外华侨与家乡亲人的书信往来即为侨批。不过，有别于其他书信形式，侨批也是一种汇款凭证，即信件、汇款合一的特殊邮传载体。在某种意义上，侨批是一种特殊档案，内涵丰富、形式独特，现阶段其主要分布在广东、福建两省，具有真实性、完整性、稀有性和不可替代性等特点。相比于广东侨批档案，福建侨批档案虽然数量上不占优势，但其保存时间跨度长，独具闽南特色，是"侨批档案"的主要组成部分。① 因此，笔者试图以福建侨批档案为案例，探究我国档案文化品牌塑造的研究方法和实现路径，进而增强档案人的自豪感和凝聚力，扩大我国档案文化品牌的影响力和辐射力。

# 1　文献梳理：档案文化品牌研究历程

## 1.1　国内研究现状

### 1.1.1　区域性与行业性研究成果丰硕

特木尔和张猛（2006）认为："打造科左中旗孝庄文皇后档案文化品牌，提高了科左中旗的知名度，发挥了档案文化对促进历史文化交流、推动旅游和经济社会发展等方面的积极作用。"② 巫芳清（2008）指出："长汀县档案局馆成立档案资料征集领导小组，并建立特藏库，积极开展革命历史和客家文化档案资料征集工作，为打造具有长汀地方特色的红色与客家文化档案工作品牌打下坚实的基础。"③ 朱耀龙（2012）提出："把实施档案文化品牌战略作为档案开发利用的切入点，唱响以周恩来精神为代表的亲民文化品牌、

---

① 素萍. "侨批档案"入选《世界记忆遗产名录》[J]. 泉州师范学院学报，2014，32（03）：68.

② 特木尔，张猛. 科左中旗局打造档案文化品牌 [N]. 中国档案报，2006－01－12（002）.

③ 巫芳清. 长汀县积极打造档案文化品牌 [N]. 中国档案报，2008－03－13（002）.

以《西游记》为背景的创新文化品牌和以运河文化为基础的开放文化品牌，打造好淮安文化品牌。"① 钱静（2012）认为："以金华市'三婺文化'征集编创工程为载体，按照重点推进、分步实施、力求精品和发挥作用的原则，实行三步走规划，打造具有区域人文底蕴的档案文化品牌。"② 方煜东（2012）直接探究基层档案馆档案文化品牌建设的途径，并提出"纳入政府公共文化体系建设、充分利用馆藏资源和社会力量、积极发挥档案文化联系联络功能、全面展示档案文化的集聚力，有效促进档案文化宣传教育功能"③的建议。周勇（2015）提出："高校档案文化品牌的构建策略，如树立品牌意识、重视档案资源体系建设、加强档案资源深层次开发、构建宣传和推广平台以及转变服务理念、改进服务方式，将档案产品打造成文化精品，使档案产品成为高校的特色文化品牌。"④ 王玉蓉和何芳菲（2015）分析医院档案文化品牌建设问题后，提出"创新工作机制、充分利用室藏资源、不断提档升级、开放医院档案文化产品、创新服务方式和促进档案文化宣传"⑤ 的改进举措。田建军（2015）同样基于医院档案管理和档案文化存在的诸多问题，针对性地提出"通过创新档案管理工作机制、树立档案管理行业标杆、建立高素质人才队伍、加强档案服务创新和加强档案文化宣传等措施打造好医院档案文化品牌"⑥。孔晶（2016）提出："从深入研究地方特色档案文化，注重结合时代特点、大力提升档案文化品牌的社会化程度、加强交流合作，建立开放融合的档案观三方面打造更多更好的地方档案文化品牌。"⑦

综上所述，就方位属性而言，我国档案文化品牌研究现状的一大特色——区域性和行业性突出。具体到区域层面，有强调打造地方档案文化品牌的，如淮安档案文化品牌、科左中旗孝庄文皇后档案文化品牌，也有着重

① 朱耀龙. 自觉自信 乘势而为 打造淮安档案文化品牌 [J]. 档案与建设，2012（01）：16.

② 钱静. 打造具有地方特色的档案品牌文化 [J]. 浙江档案，2012（07）：18—19.

③ 方煜东. 基层档案馆档案文化品牌建设探析 [J]. 山西档案，2012（05）：40—43.

④ 周勇. 高校档案文化品牌战略研究 [J]. 城建档案，2015（06）：71—73.

⑤ 王玉蓉，何芳菲. 新形势下医院档案文化品牌建设探讨 [J]. 湖北档案，2015（05）：28—30.

⑥ 田建军. 新形势下医院档案文化品牌建设分析 [J]. 办公室业务，2015（21）：51—52.

⑦ 孔晶. 打造地方档案文化品牌的途径探索 [J]. 兰台世界，2016（S2）：19—21.

塑造地方特色档案文化品牌的，如具有长汀地方特色的红色与客家文化档案工作品牌、金华市"三婺文化"档案文化品牌；具体到行业层面，现阶段主要存在于档案馆、高校和医院，各行业工作者，如坊煜东、周勇、王玉蓉、何芳菲和田建军先后围绕此论述过。

### 1.1.2 特色内涵与特定时期研究众多

冯喆（2005）认为："《中国档案报·档案大观》践行着创'档案休闲文化'特色品牌的目标，旨在让档案走向社会，更好地弘扬中国档案文化。"① 胡旺林（2011）提出："要不失时机地抓住机遇，努力让明清档案历史文化走向大众，走向世界，在建设优秀传统文化传承体系中实现明清档案的文化价值，打造明清档案的文化品牌。"② 涂勤华（2011）建议："打造红色档案文化品牌，要突出管理抓好档案文化保护、突出特色抓好档案资源建设、突出能力抓好基地建设、突出民生抓好档案文化惠民工程和突出重点抓好档案文化精品工程。"③ 湖州市档案局（2012）认为："展现区域文化，积极创建档案文化品牌，并以建设和美乡风馆档案文化品牌为载体，激发档案工作潜在活力。"④ 吕红（2012）认为："报刊专栏《城纪》的成功操作带来启示：精准的选题立意、强势的作者群、新颖的推送方式、可读可亲。"⑤ 戴奇伟（2013）提出："要从创新档案征集手段入手，采取跟踪收、上门收、重点收等方法，征集具有地方特色的珍贵档案进馆，丰富馆藏资源，打造'城市记忆'这个独特的档案文化品牌。"⑥ 汪晟（2015）在文化品牌战略价值基础上，探讨出"充分挖掘文化品牌内涵、建立档案文化品牌制度和凝聚社会文化力量三种富春山居特色档案文化品牌构建的有效途径"⑦。王勤（2017）认

---

① 冯喆. 创"档案休闲文化"特色品牌——试论《档案大观》报面临的挑战、优势、问题及对策 [J]. 档案学研究，2005（04）：27－31

② 胡旺林. 奋力打造明清档案文化品牌 [N]. 中国档案报，2011－10－28（001）.

③ 涂勤华. 打造红色档案文化品牌 [N]. 中国档案报，2011－11－17（001）.

④ 湖州市档案局. 明方向 建阵地 出精品 创品牌——湖州市大力推进档案文化建设纪实 [J]. 浙江档案，2012（04）：24－26.

⑤ 吕红. 社会记忆视角下的档案文化建设——从《城纪》看档案文化品牌打造 [J]. 中国档案，2012（12）：30－31.

⑥ 戴奇伟. 加强档案文化建设 打造档案文化品牌 [J]. 湖北档案，2013（06）：14－15.

⑦ 汪晟. "富春山居"特色档案文化品牌构建研究 [J]. 大众文艺，2015（03）：268.

可"丹阳市档案局致力于盘活谱牒档案资源，全力打造谱牒档案文化品牌"[①]
的倡导。卢芷晴（2018）提出基于口述史料的档案文化品牌的建设思路：规
范行业标准、提高科学技术和丰富口述史料形式[②]。上海浦东新区档案局
（2018）举办主题为"浦东之路·精彩故事"的2018年浦东新区"国际档案
日"系列宣传活动，其成为宣传档案工作、传播档案文化和推广档案服务的
特色品牌项目。福建各级档案部门及省级各专业档案馆（2019）以"档
案——我们共同的记忆"为主题开展国际档案日宣传周活动，宣传活动各具
特色、形式多样，营造出浓厚氛围，打造国际档案日宣传品牌。

综合内容属性和时间维度，我国档案文化品牌现状呈现出另一特色——
特定内涵与特定时期众多。在内涵方面，档案文化品牌多样，如档案休闲文
化品牌、红色档案文化品牌、和美乡风档案文化品牌、专栏《城纪》档案文
化品牌、城市记忆档案文化品牌、谱牒档案文化品牌以及口述史料档案文化
品牌等；在时期方面，近代时期有明清档案文化品牌，现当代时期有"国际
档案日"宣传档案文化品牌。

### 1.1.3　档案文化品牌与档案文化建设协同进行

丽水市档案局（2011）提倡："实现创品牌，充分发挥档案资源的文化优
势，加强档案资源建设的力度，多元探索开发利用档案文化资源的途径，重
视档案文化资源的储备，夯实档案文化建设基础。"[③] 郑金月（2012）认为：
"推进档案文化建设，要在转变观念的基础上，创新档案文化品牌，努力创建
特色鲜明、影响力大的优质品牌。"[④] 郎健华（2012）提出："围绕中心、服
务大局，充分利用馆藏资源优势，积极参与文化建设，初步打造了一批档案
文化品牌。"[⑤] 泸州市档案局（2016）"坚持文化创新，发挥档案优势，突出

[①] 王勤. 盘活谱牒档案 打造姓氏文化——丹阳市档案局创建谱牒档案文化品牌纪实 [J]. 档案
与建设, 2017（07）: 69-71.

[②] 卢芷晴. 基于口述史料的档案文化品牌建设问题探究 [J]. 兰台内外, 2018（01）: 29-30.

[③] 丽水市档案局. 创档案品牌 出文化精品 [J]. 浙江档案, 2011（10）: 6-7.

[④] 郑金月. 特色 开放 创新——论档案文化建设的策略 [J]. 浙江档案, 2012（01）: 35-38.

[⑤] 郎健华. 彰显特色 打造品牌——杭州市档案文化建设的实践和思考 [J]. 浙江档案, 2012
（01）: 43-46.

档案特色，积极探索与实践档案文化建设，努力打造档案文化品牌"①。

可见，档案文化品牌与档案文化建设两者联系紧密，表现在塑造档案文化品牌可以促进档案文化建设，推进档案文化建设要创新档案文化品牌，在一定程度上，两者可以互为归属和条件。

## 1.2 国外研究现状

C Torelli，S Cheng（2011）指出："基于文化心理研究视角提出品牌可以被视为文化产品，它们是有形的，也是公众对文化中意义和想法的共同表达；在实践层面指出偶然接触文化象征品牌可以自发地唤起其伴随的文化含义并引发适合于文化的行为决策。"② Norman Peng，Annie Huiling Chen（2012）提出，"奢侈品牌是通过营销努力和国家形象塑造的文化现象，通过台湾Burberry 案例，得出消费者对文化品牌的看法：由国家形象和市场营销努力组成的文化品牌在未承认消费者谈判奢侈品牌含义能力的情况下是不完整的。"③ Alladi Venkatesh，Seema Khanwalkar 等（2013）认为："采用民族独有的方法处理文化品牌问题，探讨民族音乐和文化品牌之间关系，并表明民族消费主义框架适合审查文化品牌问题。"④ Chen T Y，Yeh T L，Chu C H（2014）认为："文化品牌的生产者或者营销者可以通过在品牌相关的展览中宣传文化故事来改善消费者品牌关系，无疑数字档案是一种比较不错的方式。"⑤ Beatriz Plaza，Pilar González－Casimiro 等（2015）在认可文学将建筑独特性视为品牌竞争力的潜在推动因素时，也认为形象的传播同样重要，文化品牌借鉴其他文化产业（如电影、音乐和艺术）的经济概念，以开发理解

① 泸州市档案局. 坚持创新突出特色 打造档案文化品牌［J］. 四川档案，2016（05）：11－12.

② C Torelli，S Cheng. Cultural Meanings of Brands and Consumption：A Window into the Cultural Psychology of Globalization［J］. Social & Personality Psychology Compass，2011，5（5）：251－262.

③ Norman Peng，Annie Huiling Chen. Consumer perspectives of cultural branding：The case of Burberry in Taiwan［J］. Journal of Brand Management，2012，19（4）：318－330.

④ Alladi Venkatesh，Seema Khanwalkar，Lynda Lawrence，Steven Chen. Ethnoconsumerism and cultural branding：designing "Nano" car［J］. Qualitative Market Research，2013，16（1）：108－119.

⑤ Chen T Y，Yeh T L，Chu C H. Storytelling and brand identity in cultural digital archives industry［J］. International Journal of Information & Management Sciences，2014，25（2）：157－179.

文化品牌如何构建的框架：如何在媒体中重现奇异的建筑图像以加强品牌建设①。

国外关于档案文化品牌的直接研究比较少，其主要进行文化品牌研究，多是零散在其他学科或研究视角中，并没有将档案文化品牌作为一个整体进行理论系统分析，而是间接探讨档案、品牌、文化以及文化品牌之间的关系。

## 2　实然困境：档案文化品牌现实状况

塑造档案文化品牌是树立和增强档案文化自信的突破口，也是繁荣档案文化事业的有力抓手。运用文献法和定性分析法，在综合主体多样性、内容丰富性和影响力程度三方面整体考量的基础上，又基于尊重客观现实的需要，笔者选取了 21 个具有代表性的档案文化品牌为研究案例，对档案文化品牌相关重要信息进行整理，试图分析我国档案文化品牌发展现状，为塑造档案文化品牌提供重要的实践基础，详见表 1。

表 1　　　　　　　　　　21 个档案文化品牌简要情况一览表

| 序号 | 品牌名称 | 建设主体 | 所在区位 | 档案文化品牌具体内容 |
|------|----------|----------|----------|----------------------|
| 1 | 谱牒档案文化品牌 | 丹阳市档案局 | 江苏省丹阳市 | 牵头成立丹阳市姓氏文化研究会，承办第二届苏南地区谱牒文化研究高层论坛；2013 年确立首个姓氏文化研究系列课题"丹阳姓氏寻踪"；2014 年发布《丹阳姓氏寻踪》第一至三辑，正式建立"丹阳家谱馆"；2016 年正式出版《镇江朱氏研究文集》② |

---

①　Beatriz Plaza, Pilar González—Casimiro, Paz Moral—Zuazo, Courtney Waldron. Culture—led city brands as economic engines：theory and empirics［J］. The Annals of Regional Science，2015，54（1）：179－196.

②　王勤. 盘活谱牒档案打造姓氏文化——丹阳市档案局创建谱牒档案文化品牌纪实［J］. 档案与建设，2017（7）：69－71.

续表

| 序号 | 品牌名称 | 建设主体 | 所在区位 | 档案文化品牌具体内容 |
|---|---|---|---|---|
| 2 | 《成都商报》"档案时空"专版 | 四川省档案馆、成都商报社 | 四川省成都市 | 寻找亲历者、邀请专家解读，还原四川历史记忆；<br>出版《打开：跟着档案去履行》、《档案时空》（第一、第二、第三辑） |
| 3 | 红色档案文化品牌 | 浙江省嘉兴市档案馆 | 浙江省嘉兴市 | 编辑出版《中共一大历史细节读本》《中国共产党嘉兴历史第二卷（1949—1978）》《南湖魂》《红色印迹》 |
| | | 上海市档案馆 | 上海市 | 2012年"红星照耀中国——外国记者眼中的中国共产党"档案展、2016年"信仰的力量——中国共产党的家国情怀"档案展和2018年"中国共产党人的家风"档案展；<br>编辑出版《信仰的力量——中国共产党的初心》 |
| 4 | 记忆保山档案文化品牌 | 保山市委办公室、市人民政府办公室 | 云南省保山市 | 出版《记忆保山》季刊；<br>出版发行《血捍滇缅路》和《血染松山》；<br>专题汇编制作《滇缅印抗战照片集》 |
| 5 | 抗战档案文化品牌 | 江苏省淮安市金湖县档案馆 | 江苏省淮安市 | 2012年编纂出版《抗战——金湖革命历史档案汇编》；<br>2013—2015年，在报刊和电视媒体呈现金湖抗战档案；<br>2015—2016年，精选代表人物和事件，编辑出版《抗战在金湖》 |

| 序号 | 品牌名称 | 建设主体 | 所在区位 | 档案文化品牌具体内容 |
|---|---|---|---|---|
| 6 | "走进档案馆"专版 | 句容市档案馆、句容市新闻报道中心《句容快报》 | 江苏省句容市 | 挖掘整理《句容古城墙的兴衰》《句容大圣塔拆建始末》《民国句容飞机场》《老容城印记》《张氏宗祠与义台街的由来》《国民党"导演"的一场迁校于句容的闹剧》《句容解放纪念专版》《句容抗战胜利专版》《洪天诚关于"和平、民主、团结"的亲笔信》《张雍冲：风骨凛然的短暂一生》 |
| 7 | 明清档案文化品牌 | 中央第一历史档案馆 | 北京市 | 已经出版明清档案出版物340本；<br>做好文化保护工作，推进数字化建设，开展档案编研，实现对外交流 |
| 8 | 云南民族档案文化品牌 | 云南省档案局 | 云南省 | 以少数民族档案和茶文化档案为代表，建立少数民族档案资源特藏库与专门数据库 |
| 9 | 浙江记忆文化品牌 | 浙江省档案局 | 浙江省 | 编制发布浙江记忆目录；<br>实施品牌战略、提升文化内涵；<br>编制"浙江记忆"系列名录 |
| 10 | 镇江特色档案文化品牌 | 镇江市档案局 | 江苏省镇江市 | 举办江河交汇处、镇江新高度"档案与民生主题特展"、"信仰的力量——中国共产党人的家国情怀"、"中国共产党在镇江图片史料展"和镇江知青"上山下乡"图片展4个主题展览 |
| 11 | 《档案穿越》大型历史文化专版（2012—2014） | 江苏省档案局、扬子晚报社 | 江苏省南京市 | 用新闻讲述档案故事，用档案印证历史；<br>连续出版《档案穿越》（2012）、《档案穿越》（2013）、《档案穿越》（2014）；<br>"档案穿越"成为南京大学首个档案教学科研案例 |

续表

| 序号 | 品牌名称 | 建设主体 | 所在区位 | 档案文化品牌具体内容 |
|---|---|---|---|---|
| 12 | 北京档案文化品牌 | 北京市档案局、中国档案学会和北京档案学会 | 北京市 | 推出"档案见证北京"档案文化系列讲座；举行档案馆日活动 |
| 13 | 龙泉司法档案文化品牌 | 龙泉市档案局 | 浙江省龙泉市 | 编辑整理出版《龙泉司法档案选编》，与浙江大学联合举办龙泉民国档案专题展览，编辑整理《龙泉晚清民国司法案件故事》 |
| 14 | 侨乡档案文化品牌 | 青田县档案局 | 浙江省丽水市 | 出版《青田华侨档案汇编（民国）》第一辑、第二辑 |
| 15 | 读档时光沙龙活动 | 成都市档案局馆 | 四川省成都市 | 以"一期一主题"的方式持续开展，每季度举办一次；充分挖掘档案资源，提供档案产品 |
| 16 | 侨批档案文化品牌 | 福建省档案馆、广东省档案馆 | 福建省、广东省 | 入选《世界记忆名录》，赴新加坡、泰国曼谷等地举行侨批展览；福建推广"百年跨国两地书——福建侨批档案展"；2014年，晋江市档案局（馆）编辑出版《晋江侨批集成与研究》；2015年，广东省档案馆出版《侨批故事》；2016年，陈荆淮编辑出版《海邦剩馥：侨批档案研究》 |
| 17 | 毛氏文化品牌 | 浙江省江山市档案馆 | 浙江省江山市 | 发现和收藏《清漾毛氏族谱》，入选《中国档案文献遗产名录》；成立毛氏族谱研究会，发掘文献价值 |
| 18 | 乡村记忆文化品牌 | 莆田市档案局 | 福建省莆田市 | 发行《后郭村志》《后黄村志》《东青村志》《溪尾村志》 |

续表

| 序号 | 品牌名称 | 建设主体 | 所在区位 | 档案文化品牌具体内容 |
|---|---|---|---|---|
| 19 | 富春山居特色档案文化品牌 | 富阳市委、富阳市档案局 | 浙江省杭州市富阳区 | 成立黄公望国画院，收集和整合《富春山居图》和黄公望的文史资料；<br>报刊发表文稿、卫视播放专题纪录片 |
| 20 | 《明清秘档》文化栏目 | 中国第一历史档案馆、中国档案报社 | 北京市 | 解读一史馆馆藏明清珍档，讲述历史人物故事，解释历史事件真相 |
| 21 | 《档案大观》报 | 国家档案局 | 北京市 | 践行"档案休闲文化"特色品牌目标，版面多样，真实可信 |

　　在品牌种类方面，档案文化品牌注重多样性与简洁性并重，主要有内容类、报刊栏目类、地域类、活动类，如抗战档案文化品牌、《成都商报》"档案时空"专版、镇江特色档案文化品牌、读档时光沙龙活动、浙江记忆文化品牌等。在建设主体方面，以档案局、档案馆为建设主体，共有14家，占比为66.76%；以其他机构或单位为建设主体，有1家，占比为4.76%；档案局、档案馆联合其他机构、单位共同建设，共有6家，占比为28.57%，可见现阶段多以档案局、档案馆为主要建设者，而其他机构或单位则为辅助参与者。在内容形式方面，树立档案文化品牌的具体工作内容有编辑出版书籍，如谱牒档案文化品牌相应出版《镇江朱氏研究文集》，红色档案文化品牌则编辑出版《中共一大历史细节读本》《红色印迹》等书；举办展览，如镇江特色档案文化品牌推出"档案与民生""信仰的力量——中国共产党人的家国情怀"等主题展览；开展讲座，如北京档案文化品牌推出"档案见证北京"档案文化系列讲座等。在地域分布方面，档案文化品牌并没有实现全国覆盖，多集中在北京市、江苏省、浙江省、云南省和四川省等地，数量参差不齐、形式各异。在建设成效方面，很多档案文化品牌只是在建设起源地范围拥有部分影响力，得到当地社会公众的认可，但仅仅局限于较小的范围内，并没有形成示范效应，没有走向全国乃至世界，而赢得广泛、良好口碑的档案文化品牌较少。以浙江记忆文化品牌为例，浙江省档案局实施品牌战略、提升

文化内涵，并编制了"浙江记忆"系列名录，在浙江省省内引起了广泛关注，但其影响力仅集中在浙江省，品牌辐射范围相对较小。另外，档案文化品牌重复建设现象也显露端倪，特色不够鲜明，缺少唯一性和不可替代性。

# 3 应然向度：侨批档案文化品牌塑造策略

优秀文化品牌的塑造需要两个必要条件：一是这个文化产品具有优秀的品质和真正的实力，能为受众所认可和接受；二是这个文化产品具有良好的传播渠道和市场运作支持。① 侨批档案内涵丰富、形式新颖，蕴涵华侨对家乡亲眷和祖国的深厚情感，能够唤起人们绵长的家庭以及家族回忆，体现华侨对家庭和族群的责任，传播中华优秀传统文化。笔者拟以福建侨批档案为例，探究如何将其塑造成档案文化品牌。

## 3.1 侨批档案文化品牌的认知与定位

### 3.1.1 侨批档案文化品牌的认知：兼具经济、历史和学术价值，体现草根文化

国际汉学家饶宗颐曾经称赞侨批为"侨史敦煌""海邦剩馥"，堪比徽州文书，自身价值极高。

在表面上，侨批档案是书信和汇款凭证合一的纸质档案。一方面，在清朝至 20 世纪 70 年代末期，书信是华人华侨联系家乡亲眷的重要通讯方式，不仅承载和传达思念家乡及亲眷的深厚情感，而且凸显和深化中国优秀传统文化的孝悌观念，成为传递、维系和增进跨国两地文化交流的桥梁和纽带；另一方面，侨批档案的汇款凭证功能不仅实现了改善华侨眷属的日常生活状况的作用，而且汇款凭证也体现出侨批档案运送实现从水客、侨批局等民间渠道向政府金融邮政机构的转变，见证了我国早期金融邮政机构发展的演变历程。此外，侨批档案也反映了我国与华侨侨胞居住地之间的汇兑比例及变化情况，隐约透露出以货币符号、货币发行机构为主要信息的华侨侨胞居住

---

① 姚霏. 说吧，云南：人文学者访谈录［M］. 昆明：云南人民出版社，2012：70.

地货币政策情况，蕴涵丰富的经济价值和珍贵的历史价值，是国内外学者进行学术研究的重要宝藏。

在本质上，侨批档案是一种"原生态"草根文献，是对我国社会底层特殊群体——侨民生活状态和个人情感以及侨民所处社会环境的重要记录，也是一种跨国界、跨文化的集体记忆。福建省侨联副主席谢小建认为，侨批档案是华侨文化的重要组成部分，其以家书的形式凝聚了海外华侨华人与国内眷属共同的集体记忆。[①] 早在清朝末年，东南沿海地区很多底层民众迫于维持生计而不得不漂洋过海外出赚钱养家，基于情感沟通和生活消费的需要，侨批档案自然而然成为华侨华人爱国爱乡和辛勤劳动的重要见证。因此，侨批档案一改往常档案为帝王将相记录历史、为政府机关保留文书的传统，其起源于民间，以自身独特魅力赢得政府和社会的广泛关注，并被加以保护、收藏和传承，表现出对个体命运的殷切关注，宣扬并称颂人民吃苦耐劳和艰苦奋斗的精神。基于侨批档案的上述特性，侨批档案文化品牌是以侨批档案为建构主体、旨在发挥侨批档案价值和扩大侨批档案文化影响力的大众文化品牌。

### 3.1.2　侨批档案文化品牌的定位：普及个体、社群及国家层面

文化品牌定位是指确定文化产品的内在品质、价值理念、外在特征、服务等个性特色，让消费者获得需求、情感、审美的满足，达到吸引消费者的目的。[②]

以宣扬草根奋斗精神为核心，以唤醒跨国两地华侨记忆为特色，以经济历史价值发挥、宣传教育功能实现和学术研究开展为依托，以传承中华优秀传统文化和加强国际交流为目标，综合形成对侨批档案文化品牌的全面定位，并借助福建地缘优势，加快侨批档案文化品牌融入"21世纪海上丝绸之路"建设进程的步伐。笔者从个体层面、社群层面和国家层面对侨批档案文化品牌定位进行功能性解读，详情如图1所示。

---

① 中国新闻网. 福建侨批档案展再现"百年跨国两地书"［EB/OL］. （2014－12－23）［2019－01－24］. http://www.chinanews.com/hr/2014/12－23/6904778.shtml.

② 刘宝莅，张华. 文化自觉与文化自信［M］. 济南：山东人民出版社，2012：245.

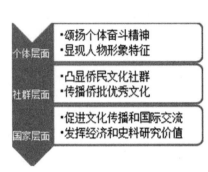

图 1　基于三种层面的侨批档案文化品牌定位示意图

在个体层面，侨批档案文化品牌专注于对大时代背景下小人物奋斗精神的颂扬，表现闽南人爱拼才会赢的性格特征和文化品质，使得承载于纸质档案中的个体形象更加立体和饱满。泉州市档案局挖掘丰富的侨批资源，并编撰出版《泉州侨批档案》《泉州侨批故事》《回望闽南侨批》等书，在报刊上开设"侨批故事"专栏，向广大市民讲述华侨华人奋斗背后的故事。

在社群层面，侨批档案的形成过程是一个具有侨批文化特色的完整社群行为，凝结并浓缩了我国侨民文化情感生活的点点滴滴，所以侨批档案文化品牌的定位也将专注凸显侨民文化社群，致力传播侨批优秀文化。侨批档案文化品牌作为侨批文化的重要表现形式，能唤醒老一辈华侨华人的深刻记忆，增进海外华裔新生代对先辈艰苦奋斗历程的理解，也可强化华侨华人、华裔新生代对历史源流和国家情怀的认同。

在国家层面，侨批档案文化品牌不仅是传播优秀传统文化的便捷工具，而且也成为国际间文化交流的有力砝码，这是品牌定位的主要基点；侨批档案丰富的文化史料价值和罕见的经济研究价值也使得侨批档案文化品牌日益成为档案馆进行文化建设、学界业界进行学术交流的关注点。福建省档案馆在获得省财政厅的大力支持后，致力于推出侨批档案固定展、编撰出版侨批档案史料。2017 年 10 月，福建省档案馆被中国侨联确定为中国华侨国际交流文化基地。此外，侨批档案申遗成功后，已有日本、加拿大、新加坡和泰国等国家的知名专家加入到侨批档案研究队伍中来。

### 3.2　侨批档案文化品牌的规划与建设

#### 3.2.1　侨批档案文化品牌的规划：从地方品牌走向世界

侨批档案文化品牌不仅是华侨华人的，也是中华民族的，更是世界民族的。这意味着对侨批档案文化品牌的规划需要有高瞻远瞩的意识。因此，文化品牌规划起点要高，要有国际化视野①，将侨批档案文化品牌推向世界，努力让其成为我国档案"走出去"的成功案例和文化品牌塑造的"档案类样本"。

立足于福建侨批档案自身特色和存在现状，侨批档案文化品牌以省级优秀档案文化品牌为初级目标，并逐步实现国家级优秀档案文化品牌中级目标、世界级优秀档案文化品牌终极目标的发展转变，在实践中寻求档案文化品牌稳步建设与长远发展的实现路径，探究发挥福建侨批档案文化品牌影响力的长效机制，以强有力的竞争优势和自觉的文化构建捍卫国家文化安全。

侨批档案是福建的重要品牌，也是世界记忆遗产。② 2016 年 3 月，福建省档案馆召开侨批文化品牌建设座谈会，集结相关侨批研究专家和学者商讨福建省侨批文化品牌建设事宜。2017 年 7 月，福建省档案局马俊凡副局长以侨批档案文化品牌为主题在"中国与世界记忆项目"论坛上对福建侨批档案保护开放作了简要的情况介绍，并陈述对应的发展规划和广阔前景。侨批档案申遗成功作为塑造侨批档案文化品牌的重要抓手，将推进福建侨批档案实现省级、国家级、世界级档案文化品牌的三级进阶式发展规划，展现福建侨批档案的文化价值，促进多维开发，深化价值认同。

#### 3.2.2　侨批档案文化品牌的建设：集中力量加强成熟期建设

在品牌学学科视野下，按照品牌发展的阶段理论，将品牌发展分成四个明显阶段：新品牌导入期、品牌快速成长期、品牌成熟期和品牌衰退期。③在新品牌导入期，基于侨批档案"银信合一"特征，侨批档案文化品牌在内涵上与其他同类文化品牌有很大差异，凸显了侨批档案文化品牌的独特性。

---

① 王岳川. 后东方主义与中国文化复兴：全球经济危机下中国文化发展与战略研究 [M]. 哈尔滨：黑龙江人民出版社，2009：275.

② 丁志隆. 打造侨批品牌 服务海丝建设 [N]. 中国档案报，2016-01-18 (003).

③ 周云. 品牌学：知识体系与管理实务 [M]. 北京：机械工业出版社，2014：112.

在品牌快速成长期，钻研品牌基础，引入情感元素，彰显侨批档案文化品牌中的爱国爱乡情怀；利用互联网平台、资源、技术和环境等有利条件对侨批档案文化品牌进行创新性开发，借鉴台湾文创产业发展经验，打造更具侨批文化特色的档案类产品，由内而外地建设侨批档案文化品牌，与其他文化品牌一道形成品牌新格局。

侨批档案申遗成功预示着侨批档案文化品牌日趋成熟。经过六年的发展，福建侨批档案文化品牌现已处于品牌成熟期，更需要各级政府及相关部门集中全部力量加强成熟期建设。第一，继续保持稳定的发展态势，延长文化品牌成熟期，引进文化品牌宣传策略，实行文化品牌管理方法，提升福建侨批档案文化品牌形象。近些年来，"人民网""新华网""中国档案报""福建日报"等媒体对泉州市档案馆侨批档案工作进行宣传报道。此外，泉州市档案馆创新文化品牌开发理念、延展品牌开发形式，拍摄全国首部侨批专题微电影《回家路》，厦门广电集团重点推出侨批历史文献纪录片《南洋家书》，展现真实侨批故事，广受好评，其获得 2017 年第三批优秀国产纪录片称号。第二，增加对侨批档案的文化阐释，挖掘侨批档案文化元素，创建侨批档案文化品牌标志（logo），扩大科技投入比重，丰富侨批档案文化产品形态，落实文化品牌培育机制，营造全社会建设文化品牌的氛围，树立起侨批档案文化品牌地标，使其成为引领华人华侨、华裔新生代的精神标志。为做大做强侨批档案文化品牌，泉州市档案局与福建省档案局（馆）联合开展"民间侨批探访"专项行动，联合相关单位继续开发馆藏珍贵侨批档案，编辑出版"侨批档案"特色文化产品。① 泉州档案馆首设闽南侨批展览馆并免费向公众开放，联合福建省档案局、南安市档案局在"南安第一侨村——观山村"休闲旅游走廊设立一条"世界记忆遗产——侨批档案展示长廊"，展示珍贵侨批档案图片。

为了推迟品牌衰退期的到来，更需要增加高质量的侨批档案文化供给，促进福建侨批档案文化品牌发展，增加品牌美誉度和知名度。在进入品牌衰退期时，深化侨批档案文化品牌独特性，积淀其文化底蕴，保留其历史深厚

---

① 闽南网. 泉州加大侨批征集力度 做强"侨批档案"品牌 [EB/OL]. (2018—03—17) [2018—03—17]. http：//www. mnw. cn/quanzhou/news/1959080. html

性；立足侨批档案自身，挖掘侨批档案中的名人故事，加强文化品牌研究队伍建设，推动福建侨批档案文化品牌更进一步走向社会、走进大众。

### 3.3 侨批档案文化品牌的整合与传播

#### 3.3.1 侨批档案文化品牌的整合：主体整合与资源整合并进

习近平总书记提出，推进"一带一路"建设不会重复地缘博弈的老套路，而将开启合作共赢的新模式。① 合作共赢已经成为推进事物高质量发展的重要方式，而对侨批档案文化品牌进行理性整合是实现合作共赢的基本条件，以规模效应提高文化品牌优势，降低现实运作成本。现阶段，侨批档案文化品牌整合主要分为品牌主体整合和品牌资源整合两个方面。

在品牌主体方面，福建侨批档案目前多分布在福建省档案馆、泉州市档案馆，以及厦门、漳州、福州、莆田等侨乡档案馆，还有部分存在民间收藏家手中。侨批档案文化品牌保持主体独立性，统筹整理并挖掘开发具有极高价值的侨批档案，并将其整合形成一个以侨批档案为特色的侨批文化圈，共同组建侨批档案专题数据库，实现圈内资源的有效共享。例如，泉州市档案局（馆）根据泉州实际，积极进行侨批档案的数字化工作，建立起完整、规范、可共享的侨批专题数据库。

在品牌资源方面，探访侨批信局遗址，采访侨批档案相关者、知情者，广泛收集和征集民间侨批档案，鼓励民间收藏家捐赠侨批档案，并在省政府、档案馆及相关部门的支持下对民间收藏家给予适当、合理的物质和荣誉奖励；对保存比较完整的侨批档案进行保护性开发，挖掘其中的档案故事；对破损比较严重的侨批档案进行抢救性保护，延长其实际效用期限。从 2008 年开始，泉州市档案馆对侨批档案实施"一体化"保护，开展全方位、多渠道的抢救保护工程。全面整合侨批档案文化品牌传播媒介，如报纸、专题书籍和期刊等印刷媒介、广播媒介、电视媒介和以微信公众号、微博、APP（移动客户端）和档案局馆网站为承载体的网络媒介。以微信公众号为例，"福建档

---

① 中国共产党新闻网. "一带一路"开启合作共赢新时代 [EB/OL]. (2018－08－30) [2018－08－30]. http：//theory. people. com. cn/n1/2018/0830/c40531－30260166. html.

案""泉州档案""漳州档案""厦门档案"等纷纷建立，成为展现侨批档案文化品牌的重要窗口。

### 3.3.2　侨批档案文化品牌的传播：传统形式与现代形式并举

侨批档案文化品牌传播可以从传统形式和现代形式入手。举行侨批档案学术研讨会和讲座、编纂编研出版学术研究和史志记录书籍、举办侨批档案文化主题展览是比较传统的形式。到目前为止，大型学术研讨会主要有两次，分别是于 2012 年 12 月福建省档案局（馆）在福州召开的"中国侨批·世界记忆"国际学术研讨会和于 2013 年 4 月国家档案局、福建广东两省人民政府在北京联合召开的"中国侨批·世界记忆工程国际研讨会"。讲座自侨批档案申遗成功以来呈现出从大到小不计其数的发展态势。在书籍方面，福建省档案馆出版了《福建侨批档案目录》（2012）、《福建侨批档案文献汇编（第一辑）》（2017）和《民国时期福建华侨档案目录汇编》（2018）；泉州市档案馆也出版了《回望闽南侨批》（2009）、《泉州侨批档案》（2015）和《泉州侨批故事》（2016）；厦门市思明区侨联出版了《厦门侨批》（2018）。

除了官方还有民间个人出版著作，如泉州籍侨批研究专家王朱唇和张美寅合作的《闽南侨批史话》（2006），漳州籍侨批收藏爱好者苏通海编辑的《中国海丝文化·漳州篇：漳州侨批史话》（2016）。此外，举行侨批档案文化主题展览也是发挥侨批档案文化品牌效用的重要传统形式。2012 年 9 月，福建省泉州市档案局牵头的"家书抵万金——新加坡侨批文化展"在新加坡国家图书馆正式启幕；2014 年 9 月，"百年跨国两地书——福建侨批档案展"（以下简称"百年侨批档案展"）在马来西亚首都吉隆坡、新山等地陆续展出，同年 12 月该展览在福州市三坊七巷历史文化中心展出；2015 年 5 月，"百年侨批档案展"在华侨大学陈嘉庚纪念堂展出，同年 10 月，福建省档案馆奔赴美国纽约和华盛顿马里兰州立大学开展"百年侨批档案展"，并将部分展品赠送给当地华人，此外展览也出现在第八届世界福建同乡恳亲大会上；2016 年 9 月，"中国·福建周文化艺术展"分别在日本长崎县和美国纽约开展，借此机会福建省档案局精心挑选优质侨批档案参展，同年 12 月奔赴印尼首都雅加达展出；2017 年 5 月，"百年跨国两地书"暨"侨批中的家风"福建侨批巡回展在泉州南安雪峰华侨农场、洛江双阳华侨农场和泉州师范学院展出，同年 10 月末至 11 月初，"福建侨批档案展"赴漳州巡展，具体展出在漳州南靖县档案馆、漳州市中山公园和闽南师范大学等地；2018 年 6 月，"世界记忆遗产——福建侨批档案展"在金门县朱子祠进行为期三天的展出。

优秀传统文化传承要历久弥新、与现代生活畅通对接，必须创新创造出更具特色的现代化表达，才能吸引更多受众群体。创新创造现代化表达，需要思考并寻求更好的表达形式，这也意味着侨批档案文化品牌的现代表达形式尤为重要。品质消费时代下高标准、高要求的文化消费品质，使得对侨批档案进行活态开发成为创造侨批档案文化品牌现代表达形式的重要途径和手段。福建省档案馆采取了一系列措施对侨批档案进行活态开发，如举办现代新型常设展览、创新开发文化宣传产品和挖掘展现侨批档案故事等。值得一提的是，"百年侨批档案展"不仅实现从临时展到固定陈列展的转变，而且还打破时空限制实现馆内实体展厅和网上展厅的有效结合。实体展厅按照 13 个小主题板块展现侨批的产生历程和历史影响，充分挖掘侨批档案中具有价值和意义的故事，以图片展示、文字叙述和动漫展播形式活化凝固的侨批档案资源，激活衰微的侨批文化，实现文化与科教的融合。此外，展览还设有观众参与答题互动的环节，将固化于纸质的档案信息通过虚拟现实技术和人机交互方式进行活化，上演一场场文化盛宴。此外，侨批档案文化还通过城市地标建筑、广告牌等渠道形式进行宣传。2015 年 10 月，漳州龙海市"漳州海丝"侨批信用文化展示厅正式落成。2017 年 8 月，位于厦门市中山路 2 号的华侨银行改造完成，其内部设有侨批微型博物馆；同期建设的侨批文化广场也已完工，其成为厦门举办侨批文化相关展览的重要场所。

# 4  结语

侨批档案具有文化品牌的内在潜质，而侨批档案文化品牌也已经得到政府部门和相关领导的一致认可。塑造侨批档案文化品牌不仅具有坚实的资源基础，而且也拥有强有力的建设平台支撑，这均能提升侨批档案在海上丝绸之路建设中的影响力，增强我国与其他国家之间的联系，使得侨批档案文化品牌逐渐成为国家新名片，力争成为世界档案文化品牌。

【数字档案馆学】

# 关于建立数字档案馆学的构想

## 库俊平　　管先海

（河南省濮阳市规划建筑设计研究院　濮阳　457000；

濮阳市档案局　濮阳　457000）

**摘　要：** 数字档案馆学是研究数字档案资源和数字档案馆及其相关技术的一门科学。建立数字档案馆学符合科学的基本条件，有助于我们解决数字档案馆的学科属性问题，有助于我们正确认识数字档案馆与传统档案馆的关系，有助于我们正确理解数字档案馆与信息学和计算机科学的关系，有利于我们提高数字档案馆理论研究水平。数字档案馆学的研究内容可以概括为 12 个方面：数字档案馆的概念、功能、特征、类型等问题的研究和数字档案馆的信息资源建设、建设模式、元数据、资源共享、资源存贮与剔除、信息服务、用户、安全、评价、建设难题、认识误区等问题的研究。

**关键词：** 数字档案馆学　数字档案馆　问题研究

进入 21 世纪以来，关于数字档案馆的研究在档案学界及其相关领域已经得到广泛而深入的开展，并且取得了丰硕成果。据笔者在中国期刊网上检索，在 2000 年至 2018 年近 20 年中篇名包含有"数字档案馆"字眼的研究文章多达 2422 篇。"数字档案馆研究已无可争辩地成为档案学中发展最快的领域"[①]，出现了诸如《人才·技术·标准·制度——数字档案馆的构建与运作》

---

**作者简介：** 库俊平（1982—），女，河南省南乐县人，河南省濮阳市规划建筑设计研究院馆员，主要研究方向为档案学基础理论与档案工作实践；管先海（1968—），男，河南省南乐县人，河南省濮阳市档案局副局长、副研究馆员，主要研究方向为档案学基础理论与档案工作实践。

① 管先海. 关于档案学理论研究的理性思考 [J]. 档案管理，2005（2）：35—38.

（《北京档案》2002 年第 2 期）、《数字档案馆检索工具》（《档案管理》2003 年第
6 期）、《数字档案馆评价体系的构建及其意义》（《档案时空》2003 年第 4 期）、
《数字档案馆的组织形式、系统模式和运作方式》（《浙江档案》2004 年第 6
期）、《数字档案馆评价体系初探》（《浙江档案》2005 年第 9 期）、《数字档案馆
档案信息服务平台的构建》（《档案管理》2006 年第 6 期）、《数字档案馆信息服
务模式研究》（《档案学通讯》2007 年第 5 期）、《数字档案馆的顶层设计探究》
（《档案学研究》2008 年第 5 期）、《数字档案馆知识组织层次体系探讨》（《档
案学通讯》2009 年第 5 期）、《数字档案馆建设对档案信息服务的影响及对
策》（《档案学研究》2010 年第 4 期）、《论数字档案馆的档案公共服务能力》
（《档案》2011 年第 6 期）、《数字档案馆安全保障体系顶层框架构建》（《浙江
档案》2012 年第 11 期）、《数字档案馆采集功能结构模型与实施研究》（《浙
江档案》2013 年第 12 期）、《我国数字档案馆标准规范体系研究》（《档案学
通讯》2014 年第 5 期）、《云数字档案馆风险评估研究框架》（《档案学研究》
2016 年第 5 期）、《数字档案馆中视频档案检索框架构建及实现》（《档案学研
究》2017 年第 6 期）、《基于实体档案馆信息化的数字档案馆建设实践探究
——对温哥华市档案馆数字保存项目的实地调研》（《档案学研究》2018 年第
5 期）等一大批有关数字档案馆及其相关技术研究的经典文章。但是，在众
多的研究成果中，令人遗憾的是对数字档案馆的基础理论研究的文章却非常
少，特别是将数字档案馆作为一门独立学科来研究和阐述的更是没有。笔者
在中国期刊网和其他相关数据库中进行检索，没有检索到一条篇名中包含有
"数字档案馆学"的相关记录。因此，本文仅就建立数字档案馆学的必要性、
数字档案馆学的概念以及数字档案馆学的研究内容问题谈点粗浅的个人认识
和构想，以期能引起档案界同仁的讨论，不当甚至谬误之处，敬祈斧正。

# 1　关于建立数字档案馆学的必要性

## 1.1　建立数字档案馆学符合科学的基本条件

科学，以概念、范畴、定理、定律组成的知识体系把握客体本质及规律

的过程和结果。具体来说，可以从以下几个方面来理解：其一，科学是关于客体规律性的知识体系；其二，科学用理论和逻辑的形式把握客体，让人们正确认识主客体间的关系；其三，科学追求对客体的正确反映，以便指导人们成功地从事各种实践活动；其四，科学具有系统论证的特点。总之，科学具有认识上的、指导实践上的、美学上的各种社会功能，它用客观真理性的知识武装人们，使人们在客观规律面前获得自由；它可以物化为生产力，推动生产力的发展。从上面对科学的认识，我们不难看出目前被广泛研究的数字档案馆具有科学的基本要素，有自己的概念、自己的研究范畴、自己的研究规律和方法，它不仅具有科学的基本属性，同时还具有科学的基本功能，能够指导人类对档案信息资源尤其是数字档案资源加以建设和利用，推动社会的进步。因此，建立数字档案馆学并不违背科学的基本原则。

## 1.2　建立数字档案馆学有助于解决数字档案馆的学科属性问题

长期以来，人们对于数字档案馆的学科属性问题总是存在一定的分歧，它该属于哪门学科？我们对过去关于数字档案馆的文献资料分类加以考查，就能证明这个问题的确是存在的。由于数字档案馆已不属于单一的某一学科领域，它所涉及的学科领域之广，对社会影响之大，早已超出传统档案馆的范畴，它是多学科、多种技术综合运用的产物。因此，人们在对它的科学归宿认定上就只能凭借自己原有的知识体系来对它的学科属性进行理解，学档案学的人认为它应当归属于档案学或者档案馆学，从事信息工作的人则认为它属于信息学，而从事计算机科学工作的人则更认为它应当属于计算机科学等。因此，如果建立数字档案馆学，这些问题就不会存在，它全部归属于数字档案馆学，数字档案馆学与档案学或者档案馆学、信息学、计算机科学等学科是一种并列关系。

## 1.3　建立数字档案馆学有助于我们正确认识数字档案馆与传统档案馆的关系

数字档案馆与传统档案馆的关系，从字面理解，数字档案馆无非就是数字化的传统档案馆，其实数字档案馆与传统档案馆无论是在理论上还是在实际工作中都有着本质的区别。从理论上讲，作为档案事业主体的"档案馆"（即传统档案馆）所包含的内容有"档案馆实体、档案馆人和档案馆事业"三方面，而数字档案馆的实现，这三个方面的内容又都不得不接受被"虚拟"的可能。从实践上说，传统档案馆的主要矛盾是"藏"与"用"的矛盾，而数字档案馆实现后，这一矛盾便不可能成为主要矛盾。众所周知，在数字档案馆条件下，"藏"是一个很容易解决的问题，无论是对数字资源的收集整理还是长期存贮，都是非常容易实现的事情；对于过去档案资源在利用上的困难，在数字档案馆实现的情况下，对档案资源的查找、检索、复制、传输都是非常便利的。因此，建立数字档案馆学有助于我们正确认识数字档案馆与传统档案馆之间的区别与联系。

## 1.4　建立数字档案馆学有助于我们正确理解数字档案馆与信息学和计算机科学的关系

信息学是研究信息的产生、传递、利用规律和现代化信息技术与手段使信息流通过程、信息系统保持最佳效能状态的一门科学。信息学研究的对象是信息，研究的主要内容是信息的产生、内涵、表征、传播、流通等自身特性和规律，以及有效加工、传播和利用信息的技术与手段。数字档案馆的研究内容主要是实现数字档案资源的有序、快速流动，即其以档案信息数据库建设、档案信息网络化建设、档案信息数据加工及使用规则以及相关的法律法规为主要研究内容，所涉及的信息内容包括档案馆所收藏的全部数字信息档案资源及可能被数字化的一切档案信息资源。因此，建立数字档案馆学有助于我们正确理解数字档案馆与信息学的关系。数字档案馆所运用的技术虽然与计算机科学有着密切的联系，但计算机科学却不能取代对数字档案馆的研究。计算机科学是通过对信息处理过程的研究，进一步对软件、特殊应用（人工智能）、计算机数学以及计算机体系结构等方面进行探索和理论性研究的一门科学。它更多的已成为一种工具，成为各个学科研究与运用的工具。计算机科学的快速发展也加快了其他学科的研究步伐，这是有目共睹的，但计算机科学却不能真正取代某种学科（当然也包括数字档案馆学在内）的研究。因此，建立数字档案馆学有助于我们正确理解数字档案馆与计算机科学的关系。

### 1.5　建立数字档案馆学有利于提高数字档案馆理论研究水平

长期以来，人们习惯于将数字档案馆作为一种技术运用来加以研究，很少从基础理论上对数字档案馆加以研究，因而对数字档案馆的基础理论研究始终落后于数字档案馆的发展。"实践—理论—实践"，这是科学发展的一般规律，数字档案馆经过十多年的实践，有必要通过总结，形成一定的理论体系，再指导数字档案馆的建设。因此，建立数字档案馆学有助于数字档案馆基础理论体系的形成，从而推动数字档案馆基础理论的研究。

综上所述，笔者认为，建立数字档案馆学是非常必要的，也是合适的。

## 2　关于数字档案馆学的概念

什么是数字档案馆学呢？对这一问题的回答，不同的人会有不同的答案。笔者认为，数字档案馆学是研究数字档案资源和数字档案馆及其相关技术的一门科学。笔者表述的这一概念可以从下述两个方面理解。

### 2.1　数字档案馆学是研究数字档案资源及其相关技术的一门科学

具体来说，数字档案馆学的研究内容包括四个方面：一是研究数字档案资源的建设及其相关技术问题；二是研究数字档案资源的组织及其相关技术问题；三是研究数字档案资源的存贮及其相关技术问题；四是研究数字档案资源的利用及其相关技术问题，而这四个问题又可以归结为一个问题，即数字档案资源的有序流动及其相关技术问题。

### 2.2　数字档案馆学是研究数字档案馆及其相关技术的一门科学

具体来说，数字档案馆学的研究内容大致包括四个方面：一是研究数字档案馆的概念、性质、功能等基本问题；二是研究数字档案馆的技术、标准与评估问题；三是研究数字档案馆的模式及其相关技术问题；四是研究与数字档案馆有关的资源建设、人才队伍建设等问题。

## 3　数字档案馆学的研究内容

数字档案馆学的研究对象为数字档案资源和数字档案馆，但凡与数字档案资源和数字档案馆有关的内容都应成为数字档案馆学研究的对象，但由于数字档案资源和数字档案馆的建设所涉及的内容、技术极其广泛，特别是一些带有工具性的技术有自己的专门学科研究，如计算机技术、网络技术、数字化技术、多媒体技术等，都不应成为数字档案馆学研究的主要内容，而将其列为相关学科的研究范畴更合适些。因此，笔者认为数字档案馆学的研究内容可以概括为以下 12 个方面：

### 3.1　关于数字档案馆的概念、功能、特征、类型等问题的研究

具体来说，一是数字档案馆的概念问题研究。数字档案馆建立在现代信息技术普遍应用基础上，利用数字化手段，以综合档案信息资源为处理核心，对数字档案信息资源进行收集、管理，通过高速通信网络设施相连接和提供利用，实现档案信息资源共享的超大规模、分布式数字信息系统。[①] 二是数字档案馆的功能问题研究。笔者曾撰文[②]将数字档案馆的功能归纳为档案信息聚集功能、档案信息有序化功能、档案信息检索功能、档案信息传播中介功能和档案信息贮存功能五大功能。三是数字档案馆的特征问题研究。对于这一问题，笔者认为可以从以下几个方面理解：数字档案馆不同于连接了互联网的档案馆，它可以解决现行网络环境下档案信息服务中存在的种种弊端，极大优化档案信息化服务功能，实现上网档案馆所无法达到的目标要求；数字档案馆不等于档案馆的数字化，它是超大规模档案信息资源在多媒体状态下重组与再创造的创新工程；数字档案馆不同于一般的网络搜索工具，其不同之处在于档案信息服务的深度和专业化，大大提高了检索结果的针对性和

---

① 李国庆. 深圳数字档案馆建设的理论架构及阶段性成果［J］. 中国档案，2003（3）：11－14.
② 管先海. 数字档案馆的建设难题［J］. 北京档案，2004（8）：27－29.

专业程度；数字档案馆不同于常规档案馆，它具有收藏数字化、传递网络化、存储海量化、服务快捷化等常规档案馆望尘莫及的独特优势。四是数字档案馆的类型问题研究。数字档案馆的出现仅短短几年时间，根据目前国内外的有关情况以及发展趋势，我们大致可以将数字档案馆分为以下几种：按照层次级别分，有国家级、省级、市级、县级数字档案馆；按照管理内容分，有综合数字档案馆、专业行业数字档案馆和专门、专题数字档案馆；按照管理部门的性质分，数字档案馆可以分为国家机关、企事业单位、团体甚至个人数字档案馆。以上各类数字档案馆可以相互组合，形成特定的数字档案馆。

### 3.2　关于数字档案馆的信息资源建设问题的研究

数字档案馆信息资源建设是数字档案馆的核心内容，如何对人类社会的文明成果进行收集整理、建成网络化的数字档案信息资源库群，这是数字档案馆能否实现的关键。"如果忽视了对档案信息资源的建设，就好像城市里修建了高速公路，上面却空荡荡不见汽车跑一样，其导致的结果就是耗费了大量人力物力财力修建的基础设施白白地闲置。"① "与传统档案馆相比，数字档案馆实际上是一个馆藏资源数字化、空间虚拟化、信息资源共享化、传输网络化的档案信息处理中心，因而其信息资源建设与传统档案馆的馆藏建设也存在着较大的区别。"② 具体来说，笔者认为，数字档案馆信息资源建设研究主要包括以下几个方面的内容：一是对馆藏传统档案的数字化处理及其相关技术问题的研究。二是对馆藏电子档案资源的组织建设及其相关技术问题研究。电子档案是以数字形式存储在光、电、磁等介质上并通过计算机或远程通讯系统进行阅读的档案，具体又可分为普通电子档案和网络电子档案两大类。普通电子档案即我们通常所说的归档保存备查的以光盘、磁盘形式存储的电子文件，对于该部分档案应以收集原始电子文件为重点，充实馆藏；网络电子档案即我们通常所说的计算机网络上的电子文件，对于该部分档案可根据需要，有选择地下载到本馆工作站上。三是对网络档案资源的组织建

---

①　陈姝. 数字档案馆的信息资源建设 [J]. 北京档案，2002 (5)：24—25.
②　谭必勇. 论数字档案馆的信息资源建设 [J]. 档案时空，2003 (8)：18—19.

设及其相关技术问题研究。数字档案馆信息资源建设的一个重要任务就是要注意把网上档案信息作为重要资源，对其进行选择、加工，组织成方便用户或者利用者利用的本馆网络型档案信息资源，具体来说，就是使用档案信息指引库技术，将网上的档案信息资源进行集中、分类、整理，然后再以主题树的形式指引用户或者利用者查找，把用户或者利用者指引到特定的地址获取所需的档案信息。①

### 3.3　关于数字档案馆的建设模式问题的研究

谢凌奕和丁媚撰文②指出建立一个完全意义上的数字档案馆的基本条件有网络的成熟发展；各种必要标准的制定；计算机系统与网络的配合；工业化数字加工的可能性；利益共享的市场机制的建立；国家科研体系利用的可能性；相关的法律支持。邱晓威撰文③指出建立数字档案馆的技术条件主要有主管部门的组织协调与规划；制度、标准等规范化体系的建立；计算机网络和通信基础设施的建设；综合信息数据库的建设与充实；智能性知识库的管理技术应用；适合于开放网络环境的档案信息安全保密管理手段；各类相关人才的培养使用。

### 3.4　关于数字档案馆元数据问题的研究④

具体来说，元数据问题研究主要包括以下几个方面的研究内容：一是数字档案馆元数据的基本内涵。数字档案馆元数据是用来描述数字档案信息的基本特征及其相互关系并确保这些数字档案信息能够被机器理解的一整套编码体系。二是数字档案馆元数据的体系结构。数字档案馆元数据由外部系统和内部系统组成，数字档案馆元数据的外部系统是指数字档案馆外部的元数据环境，即各种独立于具体系统的、被广泛承认的、通用的元数据标准的总和，其结构可以分为元数据的标志、元数据的构成方式、元数据的语法、元

①　陈忠海. 档案馆应该保存什么样的社会记忆 [J]. 档案管理，2005（2）：50－53.
②　谢凌奕，丁媚. 数字档案馆模式构建分析 [J]. 北京档案，2002（3）：18－20.
③　邱晓威. 数字档案馆及其建设模式 [J]. 中国档案，2001（10）：38－41.
④　管先海. 刍议数字档案馆元数据 [J]. 湖北档案，2004（8）：20－22.

数据的规范控制四个部分；数字档案馆元数据的内部系统是指数字档案馆系统本身的元数据处理方法和体系结构，即数字档案馆元数据管理系统，其结构包括六个部分：基准元数据系统、元数据字典、数据属性集、数字档案信息源特征集、转换模块和维护模块。三是数字档案馆元数据的主要功能。笔者认为其可以归纳为四个方面，即描述功能、整合功能、规范功能和代理功能。四是数字档案馆元数据的设计原则。笔者认为，数字档案馆元数据应遵循标准性、兼容性、可扩展性三大基本设计原则。五是数字档案馆元数据的编制方法。编制数字档案馆元数据的具体方法，可以按照以下两个步骤①进行：第一步，选择恰当的数字档案馆元数据格式。具体来说，一要选择数字档案馆元数据格式标记语言，二要确定数字档案馆元数据记录与其所描述的档案信息对象的关联方式，三要选定具体的数字档案馆元数据记录封装格式。第二步，选用恰当的数字档案馆元数据编制方法。具体来说，我们在编制数字档案馆元数据时可以采用以下几种方法：一是运用专门编制模块，即在编制数字档案馆元数据时运用一些专门的编制模块，或者将这些专门的编制模块嵌入到数字档案馆元数据管理系统中；二是数字档案馆在进行信息处理时由信息管理系统自动生成元数据，即数字档案馆在对档案信息进行加工处理时可以运用一些具体的软件自动产生简单的元数据，还可以通过基于自动赋值的方法向数字档案馆元数据写入一定的数据；三是可以与其他元数据实现资源共享，即数字档案馆可以与数字图书馆、数字博物馆等信息组织部门联合编制元数据，从而使数字档案馆元数据与其他元数据实现异编制、共分享的良好局面。

### 3.5　关于数字档案馆资源共享问题的研究

数字档案馆建设的目的在于实现人类档案资源的共享，但由于受经济利益与不同国体的政治利益所影响，实现共享的目标是很困难的，因而数字档案馆学必须加强对共享问题的研究，建立一种基本的共享框架，达成共享条件，最终以某种协议形式实现档案资源共享。笔者认为，建立档案馆网络资

---

① 何小菁. 数字档案馆元数据编制探讨［J］. 图书情报知识，2003（5）：56-57.

源共享联盟是实现数字档案馆资源共享的最佳选择。那么什么是档案馆网络资源共享联盟呢？笔者认为，所谓档案馆网络资源共享联盟，是指在网络环境下由若干档案馆组织起来的、以网络为依托、以实现资源共享与利益互惠为目的的档案馆联合体，在该联合体内，各成员馆之间根据共同认可的协议与合同，按照统一的技术标准与工作程序，通过一定的信息传递结构，执行联合编目、联合建库、联机检索、档案传递、合作咨询等多个方面中的一项或多项合作功能。

### 3.6 关于数字档案馆资源存贮与剔除问题的研究

数字档案馆的存贮技术主要受设备技术发展的影响，但合理的组织数字档案资源对于存贮空间的有效利用是很有帮助的，同时随着数字档案资源的无限增加，如何将一些无用的、利用率较低的数字档案资源进行必要的、选择性的剔除，这也是数字档案馆建设中的一个难题，往往是装数据容易，清理数据却很困难。数字档案资源在长期保存方面存在的问题主要有两个：一是"载体脆弱"问题。数字档案信息的载体一般是以光、电、磁为介质，对存储环境的要求较高，且其寿命都不长。测试表明，9 磁道磁带使用寿命为 1～2 年，8 毫米磁带为 5～10 年，4 毫米磁带为 10 年，WROM 光盘为 100 年。二是"技术过时"问题。这是由于计算机硬件技术和软件技术不断更新，信息存储格式的多样性和变化性使旧的数字档案信息不能被新的硬件设备和软件系统读出而产生的所谓"技术过时"问题。人们为了维护数字档案信息的长期存取，目前采用了以下一些方法：一是保护"技术过时"法，具体可采用仿真、信封、保存旧技术三种方法通过兼容、记录、保留原有格式的相关信息或技术使以后的人们能够解读这些数据；二是数据更新（Refreshing）法，就是将数字档案信息拷贝到新的媒体上，保护数据本身不受存储介质质量恶化的影响，即所谓"备份"工作；三是数据迁移（Migration）法，就是为保证当前存储的数字档案信息总能被当前系统读取，而持续地将数字档案信息从旧的软硬件环境转换到新的计算机环境，其实质是一种随着技术变化定期改变信息格式的处理过程；四是延长载体寿命法，就是通过技术研究，来改进物理载体的稳定性、存储能力，延长使用寿命，但由于在资金和技术方面的限制，数字档案馆在保存数字档案资源时应主要注意以下两点：统一标准，标准的统一有助于延长数字档案信息收藏的寿命；定期更新数据，如果重要的数据只在一台机器上保存一个版本那将是非常危险的，因为硬件可能出故障，数据可能被误删除，机房可能遭火灾、洪水或其他灾害损坏。出于这些原因，数据需要定期备份。建立和完善备份的管理工作，可有效地保护数据。

### 3.7　关于数字档案馆信息服务问题的研究 [①]

具体来说，这一研究又主要包括以下几个方面的研究内容：一是数字档案馆信息服务的概念。笔者认为，所谓数字档案馆信息服务，是指在网络环境下数字档案馆利用计算机、通信和网络等现代技术从事档案信息采集、处理、存贮、传递和提供利用等一系列活动，以达到"为档案信息用户提供所需数字档案信息产品和服务、满足档案信息用户解决现实问题的档案信息需求"的目的的过程。二是数字档案馆信息服务的特点，主要有五个显著特点，即服务资源的数字化、虚拟化；服务内容的知识化、多样化；服务方式的开放化、多元化；信息利用的网络化、共享化；信息检索的智能化、自由化。三是数字档案馆信息服务的理念，主要有五个理念，即信息知识服务理念、满足用户需求理念、跟踪用户服务理念、信息定制服务理念、全面质量管理理念。四是数字档案馆信息服务的模式。随着数字档案馆的逐步发展和成熟，以及数字档案信息资源、数字档案信息服务系统和档案信息用户环境的发展与变化，数字档案馆的信息服务模式经历了一个由"数字档案馆信息服务人员中心服务模式""数字档案馆资源/产品中心服务模式"到"数字档案馆信息用户中心服务模式"的发展变化过程。数字档案馆信息服务人员中心服务模式是一种被动坐等式的数字档案馆信息服务模式，它只考虑数字档案馆信息服务人员开展工作的方便，较少考虑档案信息用户的感受，是一种层次较低的数字档案馆信息服务模式，很难适应现代网络信息环境下数字档案馆信息用户的档案信息需求。数字档案馆资源/产品中心服务模式是一种传统型的

---

档案信息服务模式，在数字档案馆发展的初期阶段发挥了重要作用，但随着数字档案馆信息环境的变化与发展，这种服务模式在数字档案馆信息服务中已显得缺乏生机与活力，很难适应迅猛发展的数字档案馆信息服务工作的需要，也很难更好地满足数字档案馆信息用户的档案信息需求。相对于数字档案馆信息服务人员中心服务模式和数字档案馆资源/产品中心服务模式而言，数字档案馆用户中心服务模式是一种较为高级的数字档案馆信息服务工作模式，在当今与未来较长一段时间内，这一服务模式将是数字档案馆信息服务的主流服务模式。

### 3.8　关于数字档案馆的用户问题的研究①

具体来说，这一研究又主要包括以下几个方面的研究内容：一是数字档案馆用户的类型，主要包括传统型用户、网络型用户、混合型用户三种类型；二是数字档案馆用户的特征，主要有用户数量多、地域分布广、需求层次高、自主性强、随意性大、网络技术和信息技术掌握程度高、交互性要求高七大特征；三是数字档案馆用户档案信息需求类型，主要有学习型档案信息需求、研究型档案信息需求、证实型档案信息需求、解疑型档案信息需求、娱乐型档案信息需求、无目的型档案信息需求六种类型；四是数字档案馆用户档案信息利用行为研究，具体又包括静态档案信息利用行为研究和动态档案信息利用行为研究两个方面；五是数字档案馆用户心理研究，具体来说，主要有匮乏心理、好奇心理、求知心理、潜愉心理、畏惧心理、保障心理、辅导心理、免费心理八种心理；六是数字档案馆用户界面设计研究，具体又包括数字档案馆用户界面设计的要求（主要有六个方面的设计要求，即对话设计要求、记忆设计要求、反馈设计要求、捷径设计要求、防错设计要求、标准化设计要求）和数字档案馆用户界面设计的原则（一般应遵循五大原则，即规范性设计原则、协调性设计原则、易用性设计原则、特色性设计原则、安全性设计原则）两大方面。

---

① 管先海. 数字档案馆用户研究［J］. 湖北档案，2004（12）：11—13.

### 3.9　关于数字档案馆的安全问题的研究

"维护档案的完整与安全"是我国档案工作基本原则的重要内容之一，也是档案工作者的基本职责之一。数字档案馆是一个完全开放的信息平台，它的开放性有利于对数字档案资源的补充，也为广大用户利用档案信息带来了更大的方便，但它同时也给数据的安全带来了极大的隐患，加强数字档案馆安全问题的研究在数字档案馆研究中应当占有重要位置。"数字档案馆要维护其馆藏电子文档的完整与安全，较传统档案馆维护传统文档的完整与安全难度大大增加，因为数字档案馆保管的电子文档因其数字化的特征而增加了保管的复杂性。"① 数字档案馆的法律和知识产权问题也属于数字档案馆安全问题研究的范畴。吕元智撰文②探讨了数字档案馆在建设、运行等环节中存在的法律问题，为数字档案馆的建设和发展提供了法制化的思想基础。李曙光撰文③从数字档案馆建设与著作权问题、数字档案馆的合理使用与著作权的平衡、数字档案馆的知识产权保护三个方面对数字档案馆的知识产权问题进行了初步探讨。

### 3.10　关于数字档案馆评价的研究

"档案馆评价是档案馆管理工作的一项重要内容，对于档案馆工作效率的提高、服务方式的改进，最终提升用户满意度，促进档案馆的良性发展具有重要意义。"④ 数字档案馆评价问题研究的主要内容包括：如何对数字档案馆所存贮的数据进行综合分析、评价，如何进行数字档案资源利用率的调查研究，以及如何对档案信息数据库进行综合评估等。这些问题的研究一方面可以指导档案信息数据库的建设，另一方面也对数字档案馆的日常维护提供参考。周林兴撰文⑤从三个方面探讨了数字档案馆评价指标体系的构建问题：

---

① 潘连根. 数字档案馆的安全防范——数字档案馆研究之七 [J]. 浙江档案，2004 (9)：5—7.
② 吕元智. 数字档案馆的法律问题 [J]. 档案管理，2002 (2)：11—12.
③ 李曙光. 关于数字档案馆知识产权若干问题的研究 [J]. 档案学研究，2003 (3)：38—41.
④ 范宗斌. 数字档案馆评价体系的构建及其意义 [J]. 档案时空，2003 (4)：9—11.
⑤ 周林兴. 数字档案馆评价指标体系的构建 [J]. 湖北档案，2005 (4)：8—10.

一是数字档案馆评价指标体系的构建原则，即确定性、开放性、可靠性、客观性、可行性、通用性六项原则；二是数字档案馆评价指标体系的构成及其要素，即馆藏指标（包括馆藏自然状况、馆藏组织状况和馆藏管理状况）、技术指标（包括系统技术和用户服务技术）、服务指标（包括服务范围和服务质量）和管理指标；三是研究数字档案馆评价指标体系的意义，即有利于数字档案馆的研究建设，有利于促进数字档案馆规范化和特色化建设。

### 3.11　关于数字档案馆建设难题问题的研究

刘东斌撰文①将数字档案馆建设的难题概括为十个方面：数字档案的凭证价值问题；数字档案信息的长期存取问题；数字档案的失真问题；数字档案信息的安全问题；数字档案馆建设的诸多技术问题；数字档案馆建设的标准化问题；数字档案馆建设的投入与产出问题；数字档案中的经济问题；数字档案馆法律方面的问题；数字档案馆的基础理论问题。朱蒙生撰文②将传统档案馆向数字档案馆跨越所面临的问题概括为两大方面：一是非技术层面问题，具体又包括四个方面，即基础理论研究方面；数字化信息资源建设方面；服务与用户方面；法律法规方面。二是技术层面问题，具体又包括五个方面，即信息的存储与利用问题；多媒体问题；网络问题；新的交互式用户平台的建立问题；标准问题。笔者认为，目前我国建设数字档案馆面临的难题可以归纳为以下五种，即一是传统人文意识与档案信息网络化的矛盾；二是政府资金的支持力度与数字档案馆建设投入脱节；三是档案信息数据库建设水准与数字档案馆的要求差距悬殊；四是网络通信速度无法满足数字档案馆的广泛使用；五是网络档案信息保存技术的研究进展缓慢。

### 3.12　关于数字档案馆认识误区问题的研究

潘连根撰文③认为，在目前的有关对数字档案馆的认识中存在的误区，主

---

① 刘东斌. 数字档案馆建设面临的难题［J］. 档案管理，2003（4）：6－10.
② 朱蒙生. 传统档案馆向数字档案馆跨越所面临的问题［J］. 中国档案，2003（3）：18－19.
③ 潘连根. 数字档案馆认识中存在的若干误区［J］. 兰台世界，2005（5）：6－7.

要表现在以下几个方面：一是认为数字档案馆将完全取代传统档案馆。即使在数字化时代，数字档案馆只是逐步取代传统档案馆的中心地位成为未来档案馆的主体，但并不意味着它能够完全取代传统档案馆；相反，传统档案馆将与数字档案馆、复合档案馆等多种形态的档案馆共存互补、和谐发展。二是认为数字档案馆和传统档案馆无关。在档案馆形态的发展演变过程中，没有传统档案馆，就不可能有数字档案馆，因为数字档案馆的建设最终仍要以传统档案馆为基础，离开了传统档案馆，数字档案馆建设就成了无源之水、无本之木，只能是一句空谈。三是认为数字档案馆就是传统档案馆的馆藏数字化。"数字档案馆"称谓中的"数字"一词，绝不仅仅是指馆藏档案信息的数字化，它还包括"与之相适应的管理手段、职能实现与服务方式的数字化"①，馆藏数字化只是数字档案馆建设的一个方面。四是认为数字档案馆就是传统档案馆上网。传统档案馆上网或建立网站，充其量只能说是数字档案馆的一个雏形或者说是数字档案馆建设的一种基础，因为它一般不具备数字档案馆深层次的功能。五是认为数字档案馆是完美无缺的最理想的档案馆终极形态。数字档案馆也不是完美无缺的，它不具备传统档案馆所具有的人文和历史的精神，也绝不是档案馆形态发展的终极形态，"我们可以大胆想象，随着智能技术的发展，肯定会出现'智能档案馆'，未来也可能会出现光子、离子档案以及光子、离子档案馆之类的档案馆形态"②。

建立数字档案馆学只是笔者提出的一种"构想"，如果大家都来探讨、交流，也许关于数字档案馆的研究会更热闹一些，数字档案馆建设的实践活动可能会少走些弯路。这正是笔者不揣浅陋、撰此拙文的真正目的所在。

---

① 杨天."数字档案馆"概念探析 [J]. 信息管理，2003 (6)：16—18.
② 巩宝荣，范宗斌. 关于数字档案馆定位的思考 [J]. 湖南档案，2002，(10)：6—8.

【会议综述与书评】

# "数字时代的档案管理"学术研讨会
# 暨档案学研究生论坛会议综述

## 李　菲　李嘉敏　聂勇浩

（中山大学资讯管理学院　广州　510006）

**摘　要：**"数字时代的档案管理"学术研讨会暨档案学研究生论坛于2018年11月29日、30日在中山大学南校园召开，会议就数字时代背景下的档案保存与保护、档案利用与服务、档案资源开发、电子文件管理、社会记忆与社群档案、档案馆与档案工作等主题进行了讨论。本次会议促进了档案学研究者之间的交流，为研究生提供了一个学习的平台。

**关键词：**数字时代　档案管理　研究生论坛

由中山大学资讯管理学院主办的"数字时代的档案管理"学术研讨会暨档案学研究生论坛于2018年11月29日、30日在中山大学南校园召开，中国人民大学信息资源管理学院黄霄羽教授、钱毅副教授，苏州大学社会学学院档案与电子政务系张照余教授，辽宁大学历史学院档案系主任郑淑梅教授，上海大学周林兴教授，浙江省档案局郑金月主任，中山大学档案馆周纯副馆长，中山大学资讯管理学院张靖教授、陈定权教授等学者和专家，以及来自全国10多所学校的研究生共计50多人参加了此次研讨会，会议就数字时代背景下的档案保存与保护、档案利用与服务、档案资源开发、电子文件管理、社会记忆与社群档案、档案馆与档案工作等主题进行了讨论。

**作者简介：**李菲（1995—），女，湖北黄冈人，中山大学资讯管理学院2018级硕士研究生，主要研究档案公共服务；李嘉敏（1994—），女，广西贺州人，中山大学资讯管理学院2018级硕士研究生，主要研究方向为档案公共服务；聂勇浩（1979—），男，湖南浏阳人，博士，中山大学资讯管理学院副教授、硕士生导师，主要研究方向为政府信息管理、档案公共服务等。

会议开幕式由中山大学资讯管理学院聂勇浩副教授主持，中山大学资讯管理学院常务副院长张靖教授致开幕词，开幕词中指出中山大学资讯管理学院的档案学学科发展与中山大学的发展同步，已进入到一个全新的发展时期。中山大学资讯管理学院档案学学科带头人陈永生教授致欢迎辞，提出解决和回应数字时代背景下档案学、档案管理中出现的新问题，是档案学研究者的责任和使命。

2018 年 11 月 29 日上午为主旨报告时段，该报告时段共分为两场。第一场主旨报告由中山大学档案馆副馆长周纯主持，共有三位学者就当前研究的热点问题作专题报告。首先，苏州大学社会学院的张照余教授提出了档案数据保全策略，并介绍了苏州大学"档案数据保全研究所"及苏大苏航档案数据保全系统的有关情况。然后，中国人民大学信息资源管理学院的黄霄羽教授引入案例视角，依托对近年典型新闻案例的分析，阐述了在"互联网＋"时代，档案利用服务呈现出"跨界融合"的新态势、"以人为本"的新理念、"文化休闲"的新导向、"开放生态"的新环境这四大特点。最后，浙江省档案局郑金月主任介绍了在"互联网＋政务服务"的背景下浙江省政务服务的迭代升级、浙江省电子文件归档和电子档案管理的实践情况，指出从纸质时代走向数字时代，档案工作者不仅是见证者，更要做参与者、推动者。

第二场主旨报告由中山大学资讯管理学院聂勇浩副教授主持，也有三位学者就当前研究的热点问题作专题报告。首先，辽宁大学历史学院档案系主任郑淑梅教授提出数字时代档案保护理念变革的直接动因是档案保护新对象，即电子档案的产生与长期保存的迫切需求及面临的难题，指出数字时代档案保护理念在核心概念和知识体系等方面的革新。随后，上海大学周林兴教授提出"档案数据不是太多而是太少，不是应该精减，而是应该更多的保全"的观点，认为"数字时代的档案数据量与其保存成本不构成正比例关系"，"不能以当下的认知与标准去判定档案价值"，并提出"以我为主"的档案数据保存策略，引发了学者们的激烈讨论。最后，中国档案学会档案信息化委员会委员、中国人民大学资讯管理学院钱毅副教授指出文件形成经历着"模拟态、数字态、数据态"的演变，文件形成环境不断翻新，因而传统文件概念需要更新、管理保存手段需要创新。

2018 年 11 月 29 日下午为学术论坛时段，该论坛分两场进行。第一场学术论坛由中山大学资讯管理学院杨茜茜副研究员主持，四川大学公共管理学院教师周文泓展望了关联实体的数字全景档案世界；上海大学图书情报档案系硕士研究生导师张衍介绍了台湾地区的电子文书档案管理情况；云南大学历史与档案学院教师黄体杨基于扎根理论对个人存档进行理论构建；广州历康信息科技股份有限公司副总经理、中国人民大学档案专业博士生李新功以档案从业人员的视角，对数字时代中档案管理的出路提出了几点思考。第二场学术论坛由中山大学资讯管理学院李海涛副教授主持，吉林大学管理学院宋雪雁副教授从人文历史、信息资源管理以及信息技术工具的角度，介绍了口述记忆资源的开发和传播；郑州大学信息管理学院李娜娜老师介绍了近代广东海关档案文献目录数据库建设的相关情况；上海大学图情档系博士生、丽水学院民族学院副教授余厚洪介绍了畲族档案记忆的存留现状及"归户"管理的实现方法；中山大学资讯管理学院博士后王岑曦从古文献学的视角重新思考了档案工作及档案学的发展历史及理论基础。

2018 年 11 月 30 日上午的研究生论坛在 3 号会议室和 4 号会议室举行。3 号会议室的论坛由中山大学资讯管理学院周旖副教授主持，共有 8 名档案学硕士、博士研究生围绕"数字时代的档案管理"这一主题展示了各自最新的研究成果，并与参加会议的其他研究者展开了热烈的讨论。其中，吉林大学管理学院 2017 级博士盛盼盼的报告题目为《基于用户感知的公共档案馆服务质量评价》；中国人民大学信息资源管理学院 2017 级博士李子林的报告题目为《数字人文背景下档案馆发展的新思考》；中山大学资讯管理学院 2018 级硕士陈函的报告题目为《档案馆社交媒体传播效果的影响因素研究——以微信为例》；中山大学资讯管理学院 2018 级硕士苗亚新的报告题目为《国内智慧档案馆研究综述与现状分析》；南京大学信息管理学院 2016 级博士马双双的报告题目为《档案事业评估体系研究》；武汉大学信息管理学院 2016 级博士常大伟的报告题目为《机构改革背景下档案治理现代化的路径探索》；中山大学资讯管理学院 2017 级硕士艾桥桥的报告题目为《无纸化背景下档案管理若干问题初探》；中山大学资讯管理学院 2018 级硕士董子晗的报告题目为《档案众包的实现策略研究——基于美英的案例分析》。

4号会议室的论坛由中山大学资讯管理学院杨利军副教授主持，武汉大学信息管理学院 2017 级博士许晓彤作题为《电子文件与证据法学中相关概念的比较与演化研究》的报告；云南大学历史与档案学院 2015 级博士朱天梅作题为《乡村经济振兴视野下少数民族传统村落档案开发研究》的报告；中山大学资讯管理学院 2017 级硕士王卉作题为《基于方言拼音演变过程的近代广东海关档案信息资源开发利用研究》的报告；中山大学资讯管理学院 2016 级博士刘晓怡作题为《历史档案信息整理研究——以粤海关档案为例》的报告；中国人民大学信息资源管理学院 2017 级硕士李孟秋作题为《社群档案建设的数字催化》的报告；中山大学资讯管理学院 2017 级硕士王小兰作题为《国有企业业务与档案管理系统集成调查研究——以韶关钢铁集团企业档案馆为例》的报告；中山大学资讯管理学院 2018 级博士王沐晖作题为《面向历史学者利用需求与利用方法的档案资源开发研究》的报告。来自全国各高校的博士、硕士研究生与档案学界的专家、学者一起，就数字时代档案管理面临的新挑战、出现的新问题进行了全方位的交流与探讨。

"数字时代的档案管理"学术研讨会暨档案学研究生论坛圆满结束。此次会议既有知名专家、学者的真知灼见，又有青年新锐的思想火花，内容丰富精彩。面对数字时代背景下档案管理中出现的新问题，档案学研究者应当积极回应，不断前行，为构建"中国语境"的档案学而贡献力量。

# 2019 年中国档案学会档案学基础理论学术委员会学术年会暨第一届档案创新论坛纪要

## 曾静怡　　熊文景　　李子林　　任琼辉

（中国人民大学信息资源管理学院　北京　100872）

**摘　要：** 2019 年中国档案学会档案学基础理论学术委员会学术年会暨第一届档案创新论坛于 4 月 19 日至 22 日在广西南宁召开，年会主题为"技术变革与档案管理创新"。会议围绕学术创新、技术创新、实践创新进行了前瞻性探讨，共有 14 位专家作了精彩的主题报告。本次会议特设了档案创新学术交流环节，邀请多家档案学核心期刊代表参会宣讲，与优秀论文作者面对面交流。

**关键词：** 创新　档案管理　技术变革

2019 年 4 月 19 日至 22 日，2019 年中国档案学会档案学基础理论学术委员会学术年会暨第一届档案创新论坛在广西南宁召开。本次会议由中国档案学会档案学基础理论学术委员会、《档案学通讯》杂志社联合主办，广西民族大学承办。年会主题为"技术变革与档案管理创新"，会期一天半。

中国档案学会副秘书长、《档案学研究》副主编黄浩民，中国档案学会副理事长、档案学基础理论学术委员会主任、中国人民大学信息资源管理学院院长、《档案学通讯》总编辑张斌教授，广西民族大学副校长李珍刚教授，四

作者简介：曾静怡（1995—），女，广西北海人，中国人民大学信息资源管理学院 2017 级硕士研究生，主要研究方向为档案开发利用；熊文景（1991—），男，湖南南县人，中国人民大学信息资源管理学院 2017 级博士研究生，主要研究方向为档案学基础理论；李子林（1995—），女，安徽亳州人，中国人民大学信息资源管理学院 2017 级博士研究生，主要研究方向为档案学基础理论；任琼辉（1989—），男，河南汝州人，中国人民大学信息资源管理学院 2018 级博士研究生，主要研究方向为档案学基础理论。四

川省档案馆副馆长周书生，广西壮族自治区档案馆副馆长农民智，中国人民大学信息资源管理学院副书记徐拥军教授，南宁市国家档案馆馆长廖茂隆，广西民族大学管理学院院长陈永清教授，科大讯飞股份有限公司智慧城市事业群张海剑副总裁，同方知网公共服务分公司成鑫总经理，以及《档案学通讯》《北京档案》《档案与建设》《档案管理》《兰台世界》《档案时空》《人大复印报刊资料·档案学》等期刊代表，档案学基础理论学术委员会委员，企事业单位代表、高校师生等 150 余人参加会议。

# 1　开幕式

2019 年 4 月 20 日上午 8 时 40 分，论坛开幕。中国档案学会档案学基础理论学术委员会副主任，山东大学档案馆馆长、历史文化学院赵爱国教授主持 20 日上午的会议，包括开幕致辞、论文颁奖、合影留念、基础理论创新主题报告、档案科技创新主题报告 5 项议程。

广西民族大学副校长李珍刚教授，广西壮族自治区档案馆副馆长农民智，中国档案学会副秘书长、《档案学研究》副主编黄浩民，中国档案学会副理事长、档案学基础理论学术委员会主任、中国人民大学信息资源管理学院院长、《档案学通讯》总编辑张斌教授分别致辞，对与会代表表示热烈的欢迎，并预祝会议取得圆满成功。随后，会议对获奖论文进行颁奖，自 2018 年 12 月 11 日发布预通知，至 2019 年 3 月 15 日止，2019 年中国档案学会档案学基础理论学术委员会学术年会暨第一届档案创新论坛征文共收到论文 562 篇。经档案学基础理论学术委员会组织专家，从选题、论证、创新、规范四个角度进行评审，共评出一等奖论文 30 篇，二等奖论文 50 篇，三等奖论文 100 篇。会议现场为获一等奖作者颁发证书。颁奖结束后，全体与会代表在广西民族大学科技楼前合影留念。

# 2　四位专家基础理论创新环节

四川省档案馆副馆长周书生作《档案工作的过往之举与发展之思考》的

主题报告，周书生副馆长首先在"从制度上填补了空白、从领域上实现了突破、从监管上传到了压力、从业务上强化了指导、从队伍上练就了本领、从服务上彰显了作为、从效果上扩大了影响"七个方面对四川省档案馆的工作进行了总体评价。其次，从"企业档案工作、项目档案工作、产业园区档案工作、民生档案工作、档案宣传工作、档案文化建设、档案馆爱国主义教育基地、档案网站和新媒体工作"等方面介绍了四川省档案馆的工作经验。最后，分别从"时与势的关系、破与立的关系、分与合的关系、稳与进的关系"四组矛盾角度交流了关于局馆机构改革的发展之想，从"业务标准化、管理智能化、队伍专业化、嵌入一体化、监管法治化、服务精准化、走向社会化"七个角度谈了对新时代档案工作发展之想。

中山大学资讯管理学院陈永生教授作《从本源上思考档案的过去、现在和未来》的主题报告。陈永生教授从本质的视角、管理的视角、回归本源的视角探讨了档案是什么；从本质的视角、管理的视角、回归本源的视角、业界的思维定势回溯了档案的过去；从本质的视角、管理的视角、回归本源的视角、当前的状态分析了档案的现在；从本质的视角、管理的视角、回归本源的视角、发展趋势解析了档案的未来。

中国人民大学信息资源管理学院王英玮教授作《关于发展我国档案学基础理论的几点看法》的主题报告。王英玮教授首先提出档案学基础理论建设的"六个理念"——自觉、自省、自信、自重、自新、自强；主张从传统的档案学思想体系中脱离出来，引入新的知识理论，在打破中建立新的档案学理论；同时注重处理好理论的"引进与消化、继承与发展、盲从与理性、解构与重构"之间的关系。其次，他从档案本体理论、档案管理基本理论、档案管理基本矛盾三个方面分析了建设的内容。最后，他介绍了档案连续体模式图，从主体、行动、凭证、记忆、系统五个维度探索档案管理的模式，并从档案一元多维角度对档案价值进行界定，即档案价值是不同社会主体对同一档案客体现象所具有的有用、有益的综合表达结果。

广西民族大学管理学院丁海斌教授作《档案学研究方法体系及其与相关学科比较研究》的主题报告。丁海斌教授以"档案学有自己的研究方法吗？"引出主题报告，其首先阐明两个前提：研究方法是一门学科的应有之义与重要标志，档案学有自己的研究方法；档案学的研究方法具有自己的特色和优势，具有共同体中的共性与个性，与其他相关学科既有联系又有区别，存在着相互借鉴、相互依存的关系。其次，他从哲学理论、社会科学研究方法、档案学本学科研究方法三个层次搭建档案学的研究方法体系表，提出档案学本学科的研究方法有中国档案分类法、全宗理论与来源原则分析法、档案学之历史主义方法、档案工作基本矛盾分析法等。最后，他立足档案价值的普遍性，通过"基于研究方法关联度的档案学与相关学科关系评价表"，探讨档案学研究方法与其他学科之间的广泛联系。

## 3　两位专家档案科技创新环节

科大讯飞股份有限公司智慧城市事业群副总裁张海剑作《人工智能赋能档案事业创新》的主题报告。首先，他提出科大讯飞成为"人工智能＋档案"国家队，基于科大讯飞人工智能技术构建档案超脑平台，研究探索开发各类档案应用。其次，他分享了人工智能应用于档案领域所取得的创新成果，如提高口述档案征集效率、重大活动全过程记录建档和管理、音频和视频档案数据化、利用 OCR 与智能语音双结合方式解决档案著录等问题。最后，他提出目前讯飞正在攻关的研究方向：历史类似事件智能评估；档案智能鉴定划控辅助。

同方知网公共服务分公司总经理成鑫作《面向决策支持的档案知识服务平台建设》的主题报告。他分析了新时期知识管理与服务的问题和挑战，提出"知识管理＋知识服务＋智慧应用"是知识管理的新模式、知识管理从"管理知识"向"理解知识"转变、大数据时代知识管理技术需要人工智能的突破等观点。他认为，世界知识大融合是知识创新服务的基础和必然要求，并分享了 CNKI 档案知识管理与知识服务实践探索。

## 4　档案实务工作创新与档案创新学术交流

4 月 20 日下午的会议由湘潭大学人事处处长、公共管理学院教授王协舟主持，包括档案实务工作创新与档案学创新学术交流两项议程。

### 4.1　档案实务工作创新环节

苏州大学社会学院张照余教授作《档案数据保全模式》的主题报告。张照余教授从问题的由来、单套制背景下数字档案保管的目标、档案数据保全模式及苏州大学开展数据保全的实践四个方面发言，其中他提出的档案数据保全模式包括：实时监控数据存在状态；固化档案数据内容、保全其证据价值；加盖时间戳；数据隔绝、外网保存；严格跟踪各类原生技术的升级变化，适时提出数据迁移的可行方式。

河南省公路管理局高级工程师高爱民作《公路建设项目原生电子文件形成与作用研究》的主题报告。高爱民高级工程师针对公路建设电子文件管理存在数量多、来源多等实际特点，从"省市项目三级管理平台""建设项目工序质量节点理论""原始档案信息化"三个方面分享了公路建设项目原生电子文件形成方面的经验，并从遵循法律法规标准及政府、大学、企业三结合的科技研究，以档案管理为抓手，来指导项目管理实践，确保项目建设质量。

中信外包服务集团有限公司、广东亚齐信息技术股份有限公司总经理傅桂坤作《创新科技在档案行业的应用》的主题报告。他首先介绍了中信集团、中信外包集团的发展背景，之后分享了中信外包集团下属企业——广东亚齐信息技术股份有限公司的发展历程，最后详细介绍了广东亚齐信息技术股份有限公司在档案行业中利用创新科技的成果。

### 4.2　档案学创新学术交流环节

档案学创新学术交流环节，首先由档案学领域 8 家期刊《档案学通讯》《档案学研究》《北京档案》《档案与建设》《档案管理》《兰台世界》《档案时空》《人大复印报刊资料·档案学》的代表分别对各自期刊简况、发表论文方向、范围等进行了介绍。随后，主编、专家、论文作者、与会代表在海报区进行了热烈交流。最后，会议就优秀交流论文展开互动交流，四位作者依次介绍了各自的论文。

郑州大学信息管理学院，陈忠海、孙大东、李婷婷，《档案新技术应用研究相关文献的调查与分析》。

山东大学历史文化学院，刘芮、谭必勇，《小数据思维驱动下我国档案信息资源精准化服务路径探析》。

中国人民大学信息资源管理学院，吴志杰，《症结与谋断——新技术环境下档案编研工作探析》。

上海大学图书情报档案系，李德敏，《机关社交媒体文件归档问题探析》。

《档案学通讯》编辑部主任张全海、《北京档案》主编郭飞、《档案学研究》副主编黄浩民、广西民族大学管理学院丁海斌教授分别对论文进行了点评并提出了宝贵的修改建议。

## 5　档案创新优秀论文主题报告

4月21日上午，档案创新优秀论文主题报告分两个时段进行。第一时段报告会由广西民族大学管理学院丁海斌教授主持，第二时段报告会由安徽大学档案馆馆长马仁杰教授主持，共有8位学者作主题报告。

云南大学历史与档案学院华林教授作《抢救抗战记忆，弘扬爱国主义精神：南桥机工档案文献遗产弘扬性开发》的主题报告。华林教授首先对南侨机工档案文献遗产进行了梳理，提出档案文献具有国家认同爱国主义价值，而当前南侨机工档案文献遗产开发存在主体多元、资源散存、方式滞后等问题，并给出三点建议：依靠地方党委，构建协同开发机制；依托数字人文，实现资源共建开发；创新开发方式，拓展信息传播空间。其中，开发方式包括专业网站多向开发、社交媒体平台开发、手机移动终端开发、GIS技术应用开发。

南昌大学人文学院张芳霖教授作《档案文本的文化诠释和价值重构》的主题报告。张芳霖教授分析了档案文本的内涵与档案文本集体表象的意义体系，提出档案价值的延伸与重构，考虑放宽甚至取消档案价值的界定，留给档案使用者更广泛的空间。

中国人民大学信息资源管理学院加小双老师作《档案社会化：内涵、表现与影响》的主题报告。加小双分析了档案社会化的内涵，即指在档案场域中通过深化去中心化和推动公众参与进而推动档案结构和社会关系不断重构的过程，提出档案社会化的表现，包括资源社会化、管理社会化、服务社会化，最后提出档案社会化的影响：对档案理论界来说，档案社会化意味着档案理论需要进行破坏性创新；对档案实践界而言，档案社会化意味着档案工作需要进行重新定位。

北京市市场监督管理局档案管理中心副主任史爱丽老师作《人工智能在档案工作中的应用实践与挑战——以北京市市场监督管理局为例》的主题报告。史爱丽主任从人工智能与深度学习的关系出发，提出档案工作中最常用到的人工智能技术，进而以企业登记档案为例分析档案智能化应用：智能档案精准检索、智能档案划控鉴定、智能档案审核、音频和视频档案管理，最后探索了人工智能应用的挑战与对策。

广西民族大学管理学院黄夏基教授作《重构档案馆功能的理论探索》的主题报告。黄夏基教授辨析了档案馆的功能与作用这两个不同的概念，并根据实践的观察及理论的启发，提出了档案馆信息栈的思想，认为档案馆的本质功能是信息栈，档案馆可谓是信息栈。档案馆信息栈更有利于维护档案的完整与安全，有利于维护档案的原始真实性。最后，其提出档案馆功能理论的构建是个复杂的过程，需要长期的探究。

中山大学资讯管理学院杨茜茜副研究员作《数据驱动背景下档案的基本属性及其管理问题》的主题报告。杨茜茜研究员从现有的电子档案管理方法体系出发，提出数据驱动背景下档案三要素（内容、结构、背景）及管理问题，提出档案形成特点的变化从以文件为"驱动"到以数据为"驱动"，进而从理解和维护档案的真实性、完整性、可读性三个方面构建数据驱动背景下档案基本属性的维护思路。最后，她提出数据驱动下电子档案管理的取向主要从原生性、本质性、技术性和管理性四个维度来着手。

苏州市工商档案管理中心主任助理陈鑫作《在青少年心中播下档案的种子——"档案伴我成长系列丛书"编写工作的实践与思考》的主题报告。陈鑫从档案编研实践的角度分享了档案编研经验与思考，重点介绍了"档案伴我成长"系列丛书的编研经验，即关注特点、紧扣热点，确定特色主题；深挖馆藏、凸显地方，凝聚特色内容；字斟句酌、艺术加工，形成特色文字；

突破传统、融合游戏，创造特色形式。最后，陈鑫对编研中存在的挑战及对策进行总结，包括个性与共性的统一，知识传播与交流互动的统一，独立编研与多方合作的统一等。

中国人民大学信息资源管理学院档案学博士研究生熊文景作《后现代主义档案观批判——基于唯物史观的视角》的主题报告。熊文景从当前新媒体环境下出现的历史虚无主义的现象引出发言的缘起，随后介绍了唯物史观下后现代主义档案观谬误的四个表现：突出不确定性，档案客观性的迷失；倡导无中心意识，档案整体的碎片化；推崇解构主义，档案叙事的游戏化；主张多元价值观，档案文本意义的颠覆。在批判的同时，熊文景主张从强化档案资政、注重档案发声、敢于档案亮剑、推进档案育人四个方面来发挥档案的价值。

# "第四届地方档案与文献研究
学术研讨会"综述

## 邓利平

（曲阜师范大学历史文化学院　曲阜　273165）

**摘　要：**档案是学术研究的重要史料，随着学界研究视野的"眼光向下"，地方档案与文献的多学科价值已得到学界的普遍认可。2018 年11 月 16 日至 18 日，第四届地方档案与文献研究学术研讨会在曲阜师范大学召开，与会学者利用各种档案对政治、经济、司法、社会文化等方面进行了探讨，也有专家对档案的整理与运用提出了建议。本次会议史料多样性、研究多元化、多学科性特点明显，利用孔府档案进行研究是本次会议的亮点。

**关键词：**地方档案　学术会议　孔府档案　清代档案

史学即史料学，脱离了史料的史学研究乃无水之源、无本之木。地方档案的发掘与整理，为史学界提供了丰富的史料，利用地方档案推动史学走向深入化、精细化研究已渐成趋势。与此同时，问题也随之而来：对地方档案的整理仍是各行其是，没有在基本问题上达成共识；对如何利用地方文献进行研究，使成果达到一个更高水准，没有清晰的解决方法；研究缺乏创新意识，不能很好地利用档案提出新问题，如此等等。为充分挖掘以《孔府档案》《巴县档案》《南部档案》等为代表的地方历史文化遗产，搭建地方档案与文献研究交流的学术平台，提升地方档案整理与研究的能力与水平，2018 年 11 月 16 日至 18 日，由《清史研究》编辑部、孔子博物

---

**作者简介：**邓利平（1994—），女，曲阜师范大学历史文化学院硕士研究生，主要研究方向为地方档案。

馆、曲阜师范大学共同主办，曲阜师范大学历史文化学院、曲阜师范大学孔府档案研究中心承办的第四届地方档案与文献研究学术研讨会在曲阜师范大学召开。来自中国人民大学清史研究所、北京大学、中国政法大学、香港中文大学、孔子研究院等 56 个单位一百多名学者参加了此次研讨会，会议共收到学术论文 86 篇。

# 1 地方档案的整理与利用

推动地方档案与文献研究深入发展的基础是档案的科学整理，因而探索具有范式性的、行之有效的档案整理方法，推出有分量的学术成果是本次研讨会的重要议题之一。关于地方档案的整理与出版，曲阜师范大学（注：以下未注明单位者，均来自"曲阜师范大学"）成积春教授在《孔府档案的保护、整理和利用》的主题报告中对《孔府档案》的内容进行了介绍，并提出曲阜师范大学与曲阜市孔子博物馆精诚合作，将依托数字化的技术，在文件及著录的基础上对全部的《孔府档案》逐页扫描，以推动《孔府档案》数据库的建设。四川大学陈廷湘教授在其所作的主题报告《清代巴县衙门档案提要的编著意义、规则与问题》中，对档案提要编著的意义、档案分卷提要编著规则及难点进行了生动的讲解，为地方档案的整理提供了一个规范的、合理的模式。广西师范大学出版社副主编宾长初、编辑室主任鲁朝阳在《从出版角度谈民间地方档案文书的整理》一文中对广西师范大学出版社的民间地方档案文书的整理出版作了简单介绍，举例说明了如今民间地方档案文书的常见整理形式，并对影印整理方法和深度整理方法的优缺点进行了详细区分，最后从出版者的角度对民间地方档案文书的整理给出了可行意见。郑州大学信息管理学院教授孙大东和硕士生陈冉、各玉杰在《地方档案整理存在的问题及应对策略研究》中详细列举了现阶段我国地方档案整理中存在的七个问题，并给出了七点意见来应对这些问题。河南省档案局副局长李宝玲所著的《河南省馆藏黄氏宗谱及画像的抢救与修复》一文，在分析黄氏宗谱及画像破损程度、破损原因的基础上，提出了与专业团队合作、确定修复原则、制定修复方案、关注风险防范等抢救修复策略。重庆中国三峡博物馆文博馆员张祥干在《馆藏晚清名人致曾国荃信札概况及整理研究现状》一文中介绍了这批信札的基本情况，分析了信札的来源和整理研究现状，并以彭玉麟、曾纪泽致曾国荃信札两通为例，对信札文字内容涉及的人名、事件作了初步考释。随着数据时代的到来，大数据越来越被研究者广泛利用，其中所存在的问题需要研究者注意。王越在《〈圣门志〉勘误一则——兼论鼎秀古籍平台若干问题对数字化时代文献整理工作的警示作用》一文中，以鼎秀古籍平台中收录的《圣门志》一书中存在的错误为例，评析了鼎秀古籍库存在的一些问题，为档案文献数据化的整理作出了警示。

如何正确辨别档案、有效利用档案进行历史研究，是我们面临的一个重要问题。北京大学赵世瑜教授在《何为档案与档案何为》的主题报告中，分别对档案进行了狭义与广义上的定义，号召我们不囿于分类，以研究的问题为旨归，回到材料的原生态中去。结合自己对冕宁档案的整理与研究体会，中国政法大学林乾教授在所作的《清代档案的解读与误读——冕宁档案与刑部档案的对比》的主题报告中提出，档案整理应具有大数据思维，为方便检索而进行涵盖标示性信息点的题名编写非常重要，可以提升档案的利用价值和利用效率。同时，在档案使用中应持慎重态度，应与同时代其他种类的历史文献进行相互参照，辨析不同历史文献记录的差异。内蒙古大学白拉都格其教授在《档案的源、流及相关史实辨析——以清末民初东蒙史事为例》一文中，探讨了相关档案文本存藏和所载信息的源和流中所存在的问题，涉及了档案记载和利用方面的几个问题，对我们如今利用档案进行历史研究提供了宝贵的经验。中国人民大学阚红柳副教授的《清代缙绅录的"时"与"效"》一文从官刻本、坊刻本缙绅录的文献编撰研究出发，探究清代缙绅录的"时"与"效"，认为不同的史料来源和编纂渠道导致两个版本的缙绅录所载信息不完全对称，缙绅录按季编纂的形式决定了文献记载内容在限定时间范围内有效。绍兴市独立学者孙伟良的《傅怀祖与〈清代河南巡抚衙门档案〉》一文从傅氏家族源流、科举状况、从幕群体，傅怀祖履历、著述，以及时人对其评价等，来考证说明清代河南巡抚衙门档案中河南巡抚英桂任上的奏折，应为晚清浙江绍兴府山阴县名士傅怀祖所撰之理由。中国人民大学曹新宇教授的《民间文书与明清史研究："新发现的明清禁书"》介绍了明清禁书的发现背景及其中包含的内容，论述了这些文献的史料价值。邯郸学院讲师邹蓓蓓的《民间蒙书与文化嬗变：太行山蒙学类文献的类型、特点及价值》一文，就太行山蒙学类文献的类型、特点及其价值展开了论述。

　　以上报告或文章的观点无不对地方档案的整理与利用有帮助和指导作用，为地方档案整理工作的系统化、科学化发展指明了道路。

## 2　地方经济研究

　　在地方档案中，有许多与经济相关的档案文书，如契约、账簿等，促进了我国经济史的研究发展。对经济制度的研究是经济研究的一个重要方面，厦门大学助教刘诗古的《嘉靖以降鄱阳湖区的渔课制度与基层社会——以〈鄱阳湖区文书〉为中心》一文论述了嘉靖以降赋役改革对旧有渔课征解模式的改变、河泊所废除后清代渔课征解制度及基层运作出现的变化，以及这些变化对水域社会的影响。香港中文大学阚绪强博士的《契税包揽：晚清州县财政的一个侧面——以〈巴县档案〉为中心的考察》一文以契尾制度的演变为脉络，对契税规模的发展作出检视，进而从州县档案中的具体案件入手，对契税征收实践作出分梳。江西省博物馆馆员高劲松、江西科技师范大学副教授彭志才的《清末赣南地区"收除同票"研究》对学术界未曾关注的"收除同票"和由此衍生出来的"私除同字"及"赣县有粮契式"等的赋税征收文书予以揭示，分析了清末地方官府对红、白契约的态度，探究了晚清以来官方与民间两个不同的赋税系统之运作，揭示了近代地方官府在运用法律手段、强化行政管理职能方面所做的努力。苏明强讲师的《"商督公营"——20世纪 30 年代中期湖北内河航业的经营述略》一文，讲述了内河航轮监察委员会成立的前因、过程及性质，作者指出这种模式是从自由经济到统制经济过渡中官商博弈的产物，又由于双方力量的不均衡，其并不具有稳定性。西华师范大学吕兴邦讲师的《化私为官：清末硝磺新政与县域效应——以四川省南部县为考察中心》一文以光绪中叶以降，贵州硝磺对四川市场造成的冲击为开端，讲述了四川省新政在南部县域的推行和新政的地方效应。中南财经政法大学杨荷讲师的《从孔府档案看一田二主制度：一个分割地权的比较制度分析框架》以英国的敞田制和中国的一田二主制度为例，分析了两种不同的分割地权结构，包括这两种结构的特征、起源假说、分布的时间和区域、经济解释等。西华师范大学硕士生朱思鱼在《〈南部档案〉中的土地丈量单位考释》一文中，对《南部档案》中涉及田地买卖、诉讼、典当、租佃时，使用的土地丈量单位"坵、圤、股、段"等形状量词进行考释，并分析了使用这些模糊土地量词的原因。孟月在《明代嘉隆万年间山西怀仁王府兑支地粮程序研究——以上海图书馆藏〈艺文类聚〉纸背文献为中心》中大致还原了山西怀仁王府兑支地粮的程序：王府官向管粮衙门牒呈，管粮衙门向主管监察监督的部门提出申请，待监察部门批准申请，最后"兑支"并完成。南开大学万海荞博士的《晚清四川的州县经费研究——以南部县为中心的考察》一文，从地方经费数额变化、财政收入构成及地方经费与财政的比例变化相关问题等三个方面对晚清南部县的经费进行了考察。北京师范大学博士后凌滟的《祖荫与时运：废运、废孔局势下的湖田政策》一文，以运道中部的南旺湖孔府祀田为考察对象，探讨了废运、废孔后湖田及湖田上的人群的命运，为争夺湖田而产生的因应时局的对策。北京大学纪浩鹏博士在《1910年代中日关系的一个侧面：日本"米骚动"与江苏米粮弛禁之争（1918—1919）》中，利用了1918—1919年日本希望从中国购米，引发中国各方斗争的故事，反映了中国各级政府、民众的互动模式。

除官方经济制度外，民间经济形态也是学者关注的重点。河西学院谢继忠教授的《清代河西走廊"合伙经营"及其特点——以新发现的永昌契约文书为中心》一文，详细论述了清代河西走廊"合伙经营"的产业（商业贸易、畜牧业、手工业、典当业），并分析了合伙经营的五个特点。东北师范大学硕士生赵士第在《清代滦州地价变动因素及滦钱性质探讨》中对清代滦州孟氏契约文书进行简单的分类介绍，探讨了孟氏契约中所见的清代滦州地价变动的影响因素及"滦钱"的性质。作者认为契约中所反映的地价变动和"滦钱"的性质可为当今清代土地及金融货币研究提供借鉴。邯郸学院刘广瑞副教授的《晚清福建屏南县丁会收支账簿研究》一文，通过释读分析账簿中记载的丁钱数、会入钱数、会支钱数、入米升数等信息，对闽南"丁会"这一特殊会社的运作实态进行了分析。安徽大学助理研究员郭睿君在《求名还是图利？——明清徽州中人报酬与作中动因》中通过列举明清时期中人报酬类型、计算明清徽州中人报酬占交易总额的比例，论述了徽州中人的作中动因。作者认为获取报酬是否是中人作中的动因和目的不能一概而论，这与中人的社会身份、经济条件有着直接的关系。上海交通大学蒋勤副教授、硕士生王泽堃在《清代石仓的雇工体系、工资水平与给付方式》中利用石仓文书中石仓地主阙翰鹤"理家政"过程中留下的账簿、契约，描述了清代乡村社会的雇工体系、雇工的工资结构与真实水平，揭示了清代中后期乡村地方性劳动力市场的结构和特点。贵州师范大学程泽时教授的《从牙行至混业钱庄：民国清水江的木行》一文依据账簿、木行结单、兑单等新材料，论述了清水江三埠木行兼营混业钱庄的情况，并分析了混业钱庄不能跨越混业而迈向分业钱庄的金融制度方面的原因。

# 3 地方司法研究

地方档案中保存的大量司法案件是对当时司法实践的生动呈现，为学界的司法研究提供了有力依据。诉讼是法律研究的重要方面，日本同志社大学非常勤讲师小野达哉的《从巴县档案来看诉愿及官府的应对——对同治时期两个事件的考察》通过描绘巴县档案中"吃大户"事件和"戏台搭建经营问题"，探究了诉愿作为地方行政方案的实现过程。西华师范大学硕士生白莎莎在《从〈南部档案〉看清代州县的生员诉讼》中从生员诉讼程序及法律限制出发，论述了生员参与诉讼的类型，官府对生员参与纠纷案的处理，探讨了生员在地方衙门诉讼及地方官对生员案件的审理与判决。华中师范大学吴冬博士在《清代地方司法中的保释与官民互动——以〈南部档案〉为中心》一文中，以《南部档案》中搜集到的193件保状档案为主要资料，结合清代律例、官书，对清代司法中的保释及其程序运作中的官民互动作了考察。北京大学助理教授凌鹏在《咸丰朝巴县木洞镇附近的诉讼与社会——兼论地方治理的复杂层次》中，探讨了在这一个特定的区域和时代，巡检、团约、绅民等扮演的角色及各自的职责，并且通过具体的案例，探寻知县—巡检—团约—绅民之间的复杂关系。中山大学特聘副研究员李朝凯的《村庄社会视角下的诉讼费用：以清前期台湾〈岸里大社文书〉为例》以清前期彰化县的诉讼纠纷作为研究场域，在探究清前期彰化县底层雇工的基本薪资水平的基础上，分析了各项诉讼费用及其分摊。厦门大学张侃教授、硕士生吕珊珊在《民国时期温州江心寺庙产的司法纠纷与管理形态》中探讨了 20 世纪 30 年代至 40 年代温州江心寺庙产在管理与运行过程出现的租佃纠纷与司法诉讼，由此分析了现代国家制度建设中的寺庙田产管理及其与地方社会的互动。中国人民大学胡祥雨副教授的《宽恕的力量——清初逃人案的赦免》（英文）一文，从"逃人律"的特殊规定入手，探讨了逃人案件与赦宥背后隐藏的政治问题。

"审理"是司法过程中重要的一环，是我们研究法律史不可忽视的一部分。西华师范大学硕士生张加培在《清代州县妇女"背夫逃走"审理——以〈南部档案〉为例》中，探讨了妇女出逃的原因、社会的反映、衙门的审判及其对乡村社会秩序产生的影响。成都理工大学郭士礼教授的《清中期下层社会夫妻冲突与女性自杀——以清代巴县衙门档案为中心的考察》结合"过日子"理论，通过对清代巴县衙门档案 48 例自杀女性的死因、身份、年龄、婚龄、生育等状况的考察，分析了夫妻冲突与女性自杀之间的关联以及女性自杀背后的价值意义。中国政法大学杨扬博士的《官法与民习：明清社会视野下的图赖现象》研究了社会视野下的"图赖"现象以及司法裁决中的"图赖"案件。作者认为深入分析明代司法实践中对"图赖"现象的裁断过程，也许会对中国传统法律体系思维方式特征的具体表现形式有所启示。山东大学张世慧讲师的《政务思维下的债案审断：19 世纪中后期地方官府与倒账案》探讨了倒账案爆发后，地方官府的应对、审理状况，作者又在此基础上挖掘了地方官府审断倒账案的背后逻辑，以期深化研究者对清代基层政权社会治理及司法审判的认识。沈阳师范大学张田田讲师的《〈清代名吏判牍〉辨伪——从〈张船山判牍〉切入》一文，将《张船山判牍》中的"妙判"与《刑案汇览》中的史实相比较，得出"妙判"为错伪的结论，论述了"妙判"错伪的原因和如今辨伪的原因。

司法运用中的文书也值得学者研究。浙江大学吴铮强教授的《双轨制时期（1913—1929）龙泉司法档案民事裁断文书的制作》从文书制度、审判模式与诉讼观念等方面，考察了"堂谕"与"判决"并行的双轨制时期龙泉司法档案中的民事裁决文书。重庆大学张晓蓓教授在《论清代凉山司法档案写本的法史价值》中从写本叙事中的族群利益维护、写本诉状中民族个体的法律意识体现、写本中批词的民族特性三方面论述了清代凉山司法档案写本的法史价值。兰州大学李守良副教授在《因俗而治下的司法判决执照论析——以清末循化厅少数民族诉讼为视角》中，通过对循化厅少数民族判决执照的研究，探讨了官府制定与颁发执照的程序、制定执照的技巧与策略、执照的执行及其特点与作用。西华师范大学硕士生张咪的《〈南部档案〉中的亲供文书》以南部县档案为中心，研究了亲供文书的形制及运行过程、亲供文书的使用范围和书写人员。

# 4  地方社会治理

官方政府是进行社会治理的重要力量，因而以官方为主导的社会治理情况是学者研究的焦点。安徽大学林勃博士在《清代典史职能研究》中，通过对《南部档案》的解读，论述了典史治安捕盗、管理监狱、打击经济犯罪、受理词讼等职能。复旦大学张志军博士在《清代巴县档案中的嫁卖》一文中，给出了"嫁卖"的基本定义和判断标准，列举了巴县档案中所见的嫁卖类型，分析了嫁卖发生的原因，以及官府对嫁卖的态度。日本关西学院张九龙博士的《明代北京会馆组织的成立——科举制度与会馆组织的关系》一文，将会馆定义为明代永乐年间在北京成立的社会组织，其在对明代的科举制度之发展进行笼统的概述之上，进一步指出由科举制度而产生的同乡官僚派阀之形成，最后概述了会馆组织与科举制度、同乡官僚派阀之间的关系。东北师范大学芮赵凯博士在《嘉靖大倭寇与浙江府县"因倭筑城"探研》中，厘清了嘉靖大倭寇期间城池兴筑情况，接着对浙江府县城池兴筑情况、领导力量、经费与人力来源、社会反响等进行了详尽探讨。上海师范大学硕士生齐超儒的《权力、秩序与民众——清末嘉定反户口调查风潮研究》以嘉定地方性报刊《嘤报》为中心，通过对有关陆渡桥乡反户口风潮记载的考察，还原此次风潮在嘉定地区发生的始末，并借此探究清末新政推行下官绅民关系的变化。

山西师范大学李常宝副教授的《系统化与碎片化：国民政府兵役管区制与国民身份证研究》以四川省为中心，以基层县域档案为主要材料，以国民政府的兵役行政为逻辑主线，缕析其战前兵役管区的创想到战时国民身份证的逻辑走势。韩晓燕讲师在《抗战大后方军婚问题及国民政府因应——以重庆地区为中心》一文中，系统梳理了这一时期的大后方的军婚问题，考察了国民政府对军婚问题的管理与应对，研究了国民政府军婚因应的意义及实践困局。安徽师范大学康健副教授的《乾隆五十三年徽州水灾与社会应对——以官方档案为中心的考察》从地方官府的研究视角出发，对其在灾情勘查、社会应对举措和城垣修筑等方面扮演的角色及其作用进行了初步探讨。西南政法大学梁勇教授的《渝城水会公所与清代重庆的火灾防控》以巴县档案为主要分析史料，论述了清代重庆火灾的防控从官方主导到官民结合的转变过程，探讨了渝城水会公所在清代渝城火灾防控中的作用及由此体现出来的官绅关系。

基层社会治理是研究社会史不可忽视的方面。贵州商学院郭旭副教授的《乡绅与基层社会治理：从〈德庄文书〉所载两件命案看清末赤水河流域的乡村社会》一文，讲述了德庄文书所载光绪十八年（1892）发生的两起命案，分析了命案所反映的乡村社会问题，并以陈与庚为中心，剖析了乡绅在乡村社会中发挥治理与调解作用的权力来源。西华师范大学苟德仪教授的《晚清农务改良视野下的保董——以〈南部档案〉为中心》对保董的内涵、缘起、设置情况、承充程序、职能、保甲团练的关系等相关问题进行系统阐释与梳理，并简要论述了设置保董之利。中国社会科学会助理研究员张德明的《福音与政治：从1931年山东德福兰案看传教士与地方社会》在厘清德福兰案过程的基础上，着重考察了地方社会与基督教会内部对此事件的反映，借此分析传教士与地方社会的复杂关系。香港中文大学石颖博士的《跨界生存之道——太平军过境后的叙永杨氏团练》，以四川南部叙永地区太平军过境后形成的杨氏团练为对象，研究省际交界地区的人群如何经营跨境事物以便生存的策略。郑州航空工业管理学院吕宽庆副教授的《清代妇女捐赠问题研究：以碑刻、方志为基础》从妇女慈善公益捐赠、宗教捐施和宗族捐赠等方面探讨清代妇女捐赠的类型、形式和内在缘由，以及妇女捐赠资金的来源与性质等问题。

医疗、卫生也是社会治理的一面。陕西师范大学硕士生吕锐在《晚清吐鲁番牛痘局的设立与运转——基于〈清代新疆档案选辑〉的分析》中，就晚清吐鲁番牛痘局的设立及运转情况进行了详细的讨论，包括牛痘局的人员设置、资金运转和目的及成效。四川外国语大学惠科讲师在《晚清地方政府与疾病、环境卫生问题的应对》中通过霍乱的防治、牛痘的接种、道路的清洁三个个案，呈现了清末重庆的疾病、环境清洁等问题，大致反映出这一时期渝城的医疗、卫生情况。作者分析发现，地方行政机构在这一领域有着极强的话语权，折射出医疗卫生由传统的个人行为向公共的卫生行政转变的趋势。

## 5　社会宗族文化

在现存的地方档案中，记载宗族活动的档案文件占据一席之地，学者们也多利用此进行研究。

山东大学教授刘旭光、中国教育科学研究院人事处程广沛的《孟子及其家族的文化记忆》一文，介绍了诸如孟府的物质文化、精神文化，并阐释了孟府档案文化的价值与作用。上海师范大学孟祥科在《源本邹峄：清末北方孟氏族群认同及其联宗实践》中，讲述了以邹县为中心的孟氏联宗概貌，分析了联宗活动背后的利益诉求，以及联宗过程中的策略。山东大学讲师孔勇在《"谱身"兼"谱道"：清代衍圣公宗族意识的表达和实践》一文中立足于孔府档案所藏孔氏族谱，重点探讨了清代衍圣公宗族意识的表达，揭示"谱身"只是表面功用，"谱道"才是终极指向的道理。

## 6　社会思想文化

社会存在决定社会意识，我们研究思想文化不能凭空想象，地方档案的发掘为研究思想史提供了丰富的养料。李先明教授的《五四批孔的影响及其限度（1916—1920）——以"〈新青年〉读者"的反映为切入点》以《新青年》"通信"栏目所刊发的读者来信为研究材料，对"评孔"类读者来信进行统计与谱系分析，从中划分了读者对"反孔"问题认知的不同面向，比较了读者参与"反孔"问题"讨论"后的思想变化，最后论述了"五四批孔"的影响及其限度。青海师范大学硕士生许若冰的《异域与认同：近代青海形象的建构——以〈新青海〉月刊为中心》一文，概述了《新青海》的创刊，通过对《新青海》中的文章进行分析解读，探究旅京青海青年如何通过青海"地方性知识"展示青海的异域特征，形成青海地域认同与国家意识的过程。西华师范大学硕士生仲雨婷在《清代四川祭先农坛仪式研究》中，描绘了由"祭前筹备""祭祀仪式""祭毕分胙"三步构成的祭先农坛仪式流程，试图探析地方祭祀权力网络之形成，挖掘神农祭祀文化之内涵。聊城大学胡梦飞讲师的《官方表述与祖先认同：以明清时期金乡贞姑庙为中心的考察》论述了秋胡之妻由乡土神到祖先神、贞姑庙演变成带有家庙性质的乡土神庙的过程，探讨了地方社会群体与神灵信仰的关系。

## 7　私家档案之首——《孔府档案》

《孔府档案》是我国历时最长、保存最丰富的私家档案，因孔府的特殊地位，其又有别于其他私家档案，是档案界中的一颗璀璨明星。利用孔府档案对孔府的政治、经济、文化等方面进行研究是这次会议的重要看点。吴佩林教授的《统摄·保举·掣肘：明清山东曲阜世职知县之选授考》一文首先说明了曲阜设县沿革与明代以前的知县任命情况，其次立足档案史料对明清两代各个时期知县的选授变化进行了论述，最后从衍圣公、世职知县、朝廷三个角度阐释了世职知县废除的原因，让读者对不同于其他地区的曲阜世职知县有了清晰的认识。山东大学谭景玉副教授在《清代衍圣公对地方司法的干预述论》中从曲阜县、山东省内其他各地、省外三个层次论述了衍圣公对各地司法的干预，并以档案为基础举例论述了司法干预的方面及其程度。王一鸣的《明代衍圣公进京朝贺所用信牌信票研究》以明代孔府档案中有关衍圣公进京庆贺万历皇帝生辰所使用的信牌和信票为核心，追溯了信牌、信票的源流，并对明代中后期孔府信牌、信票的使用和回缴进行研究。吴伟伟的《山东曲阜孔庙之奎文阁》一文，对奎文阁的始建时间、历次扩建重修进行考证，并概述了奎文阁的藏书、管理者、功能。刘伟、胡海香在《曲阜孔庙奎文阁藏书史考述——以碑刻文献、孔府档案为中心》中根据现存的《奎文阁藏书记》《奎文阁重置书籍记》等碑刻，结合传世的部分史著、档案、文集、笔记、报刊等资料，对明清以来奎文阁藏书的兴衰历程进行了考述。陈东教授于《曲阜现存〈孔子圣迹图〉的几个细节问题》中，以曲阜现存五个版本的《孔子圣迹图》为基础，通过分析比较，探讨了"作歌邱陵"与"孔子延医"、明彩绘绢本两跋语、托名仇英绘《圣迹图》的制作年代等问题。孔子研究院研究员齐金江在《〈孔府档案〉与春秋书院研究》一文中就汉魏以降兴起的孔子作《春秋》的"地点传闻"来反究其"流传的历史"，进而去探讨"传闻史"中的地点，并对春秋书院的建立时间与集税的管理作了研究。孔子博物馆馆员张晓文在《孔府档案中的运河史料研究初探》中，立足于孔府档案中保存的运河史料，写了分布在运河沿岸的孔府土地，生活在运河沿线的孔府佃户，并从引泉济运确保漕运水源和促进经济文化交流两方面写了运河上的南北交通。吕厚轩副教授在《1930 年代曲阜孔庙修葺问题》一文中讲述了1930 年中原大战孔庙被损毁后社会对修葺问题的反应及国民党所采取的办法，并从孔府和政府两个层面论述了修葺问题困难重重的原因，揭示了当时以孔子为代表的儒家的衰落。

　　碑刻档案是一种独特的档案形式，曲阜碑刻数量之多，为全国之最，许多学者利用曲阜碑刻进行研究。孟凡港教授在《曲阜碑刻文献的内容与学术价值》一文中，就曲阜碑刻的时空分布、内容及学术价值予以论述，并按碑刻内容对碑刻进行了分类。孔子研究院研究员陈霞的《曲阜元碑与元代尊孔崇儒》一文，对曲阜元代碑刻的数量及分布地点进行了概述，并根据碑刻内容分别阐述了元代早期、中期、晚期尊孔崇儒的举措，表明了元朝廷对儒学的态度。中国政法大学硕士生项泽仁在《元代儒学禁约榜碑初探——以颜庙现存三通禁约榜碑为中心》一文中，首先讨论了三通禁约榜碑的定名与时空问题；其次在整理、著录碑文的基础上，尝试归纳儒学禁约榜公文范式与法律效力，进而探讨纸质文书与石质碑刻的关系；最后指出碑刻存在的误刻、漏刻、补刻。

　　此外，本次会议还有利用中央官方档案、外文档案等进行历史研究的优秀文章。姜修宪副教授的《雍正用人重"诚"论——以满文朱批为中心》一文，通过对雍正朝满文朱批奏折中出现的高频词汇进行分析，论述了"诚"

在为政诸德中的地位,最终发现雍正用人重"诚"。但是,作者强调这个结论只是针对雍正的满文朱批而展开的,而汉文奏折、谕旨和官员引见单所反映的情况还需进一步证实。中国人民大学副教授曹雯在《晚清时期东北亚格局中的海参崴》中,论述了海参崴于中国晚清时期发展、发达以至走向衰弱的过程和原因。成都大学高等研究院研究员任家乐在《严文郁访美征书事:整理与分析》中以发掘整理的大量英文函件为线索,厘清了该事件的诸多史实,并从"结构""局势""事件"三个层面对这一事件进行了分析。研究发现,中美关系的变化对严文郁赴美事件产生了消极影响。景德镇陶瓷大学詹嘉教授的《景德镇御厂权力空间的格局》一文,就景德镇御厂的地理风水、护卫管理、空间规制、建筑特色、生产特征、生产布局等进行研究,全面剖析了御厂权力空间的格局:集皇家工厂和地方衙署于一体,凸显陶瓷文化和王权专制的特点。

综观本次会议,有如下几个特点:一是史料多样性明显。除四川《巴县档案》《南部档案》等地方档案外,与会学者还利用中央官方档案、海外档案、民国报刊等纸质文献以及碑刻等实物文献展开研究。二是研究呈现多元化趋势。除法律史、社会史、经济史等主流研究外,此次参会论文还涉及医疗史、卫生史、思想文化史,促使档案研究向多元化迈进。三是学术交流的多学科性。与会代表既有历史学者,也有法学、档案学、艺术学、考古学、图书馆学专家,多学科交流促进不同领域相互借鉴、共同发展。四是孔府档案专题研讨是本次会议的亮点。与会学者围绕孔府的经济、政治、宗族、建筑、文化等方面展开讨论,为孔府档案的进一步整理与研究提供了新的思路。五是与会学者类型多样、分布地域广泛。除各高校的老师、硕博研究生外,还有来自研究院的研究员、博物馆馆员、出版社的总编等。不同领域、不同地域的学者欢聚一堂,丰富了研讨会的内容,提高了地方档案的影响力。地方档案方兴未艾,还有很长的路要走,我们在利用地方档案进行研究时要注意:在挖掘利用地方档案和文献的同时,要注重与中央档案的结合,防止"唯地方"的"碎片化"研究;在加强数据库的建设、充分享受数据库资源的同时,也要注意甄别、分辨,力求回到原始文本去验证。地方档案和文献不仅是一方之瑰宝,也是学界共享的稀缺资源,我们要不拘地域,鼎力协作,整合资源,发挥优势,推动地方档案的开发与研究走向深入。

# 全国档案数据保全高端学术研讨会综述

## 余亚荣

（苏州大学文正学院　苏州　215104）

**摘　要**：2019 年，苏州大学社会学院主办的全国档案数据保全高端学术研讨会于 10 月 14 日在江苏苏州召开，会议主题为"电子档案安全与档案数据保全"，会议围绕数字时代电子档案数据保全的理论研究前沿成果和实践经验展开研讨，共有 40 余位学者参与本次研讨会。

**关键词**：档案数据保全　苏航档案数据保全中心　档案数据治理

2019 年 10 月 14 日，由苏州大学社会学院主办，苏州大学文正学院协办，苏大苏航档案数据保全中心承办的全国档案数据保全高端学术研讨会在苏州大学文正学院隆重召开。

高端学术研讨会的主题为"电子档案安全与档案数据保全"。中国档案学会副理事长兼秘书长、《档案学研究》主编邓小军，教育部档案学教学指导委员会主任、中国人民大学信息资源管理学院院长、博士生导师张斌教授，教育部档案学教学指导委员会副主任、上海大学图书情报档案系主任金波教授，教育部教学指导委员会副主任、西南林业大学党委书记张昌山教授，苏州市档案馆副馆长、苏州市工商档案管理中心主任卜鉴民研究馆员，苏州大学党委常委、纪委书记芮国强教授，苏州大学文正学院院长吴昌政教授，苏州大学社会学院院长高峰教授出席了本次研讨会开幕式。来自中国人民大学、上海大学、西南林业大学、郑州大学、湖北大学、郑州航空工业管理学院、河

**作者简介**：余亚荣（1989—），男，苏州大学文正学院讲师、苏州大学档案数据保全研究所研究员，主要研究方向为档案信息化、电子文件管理。

北大学、辽宁大学、南昌大学、西藏民族大学、广西民族大学、西北大学、湘潭大学、北京联合大学等20余所高校以及苏州市档案馆、苏州市工商档案管理中心、苏州大学图书馆等单位的40余位专家、学者齐聚上方山麓，共同就数字时代电子档案数据保全的理论研究前沿成果和苏大苏航档案数据保全中心的实践经验展开研讨。此次高端学术研讨会包括主题报告、技术介绍与演示、学术研讨、实地参观等形式。

学术研讨会开幕式由苏州大学社会学院院长高峰教授主持，芮国强书记、邓小军副理事长、吴昌政院长分别致辞。芮国强书记首先致辞，在致辞中，芮书记首先向各位专家、学者介绍了苏州大学的基本情况，高度赞扬了档案与电子政务系的专业建设和人才培养工作。芮书记表示，档案与电子政务系近年来提出并推进的"档案数据保全"研究立足于产学研一体化，通过实践反哺人才培育，服务地方产业发展，推动地方事业进步，体现了苏州大学档案学专业的担当和能力。邓小军副理事长随后代表中国档案学会对此次研讨会的召开表示热烈祝贺。他表示，档案信息化研究特别是电子档案单套制的研究进入了一个新的阶段，当前，技术发展、国家相关政策正在倒逼学术发展，苏州大学对此方面能够较早关注并投入力量进行研究，近年来又率先关注档案数据保全，在档案学术和档案事业发展方面发挥了领军作用。吴昌政院长代表文正学院对与会代表表示热烈欢迎，吴院长介绍，档案学专业是文正学院开设较早的专业之一，在人才培育和教学科研方面一直成绩斐然，落地于文正学院校区的"苏大苏航档案数据保全中心"是近年来档案学专业的又一创新之举，此次研讨会的召开是这一中心成绩的最好证明。开幕式结束之后，与会代表在苏州大学文正学院综合楼合影留念。

此次研讨会主题报告环节由苏州大学吴品才教授主持。教育部档案学教学指导委员会主任、中国人民大学信息资源管理学院院长、博士生导师张斌教授作《数字环境下我国档案工作面临的挑战及对策》的主题报告，张院长从数字环境下我国档案工作发展的背景、数字环境下我国档案工作面临的挑战、数字环境下我国档案工作的应对策略三个专题进行分析，以互联网法院运行模式、电子商务环境下电子发票的运作形式为例，对数字环境下我国档案工作发展的技术背景、业务背景、政策背景、体制改革背景、国际背景进行了阐释，并对数字环境下我国档案工作面临的体制层面的挑战、技术层面的挑战、人才层面的挑战进行了解读，给出了在数字环境下我国档案工作解决上述挑战的应对策略，即积极融入，发挥档案部门的专业优势、夯实基础，深化档案业务标准化建设、转变思路，调整业务管理对象与方法、扎根内容，用大数据技术挖掘档案价值、升级队伍，培养档案数据管理专业人员。在报告中，张斌院长还特别提到了目前在数字环境下电子档案证据力不足的问题，并高度赞扬了苏大苏航档案数据保全中心在这方面的实践工作，认为是为我国档案在单套制背景下找到了一条档案数据保全的解决之道。教育部档案学教学指导委员会副主任、上海大学图书情报档案系主任金波教授作了题为《关于档案数据治理的思考》的主题报告，与大家交流了档案数据治理的策略，金波教授指出，在大数据时代，要完善对档案数据的治理体系，做到"强化档案数据质量控制""加强档案数据资源整合""探索档案数据共享利用路径""确保档案数据安全""探究档案数据治理运行机制""建设档案数据法治环境"。在报告中，金波教授认为为了确保档案数据的绝对安全，增强档案数据在未来利用中的可信度，以张照余教授为带头人的研究团队能够先行先试，率先在全国推出首家对外服务的档案数据保全中心实属难得，这是对我国档案事业发展大有裨益的好事。最后，苏州大学档案学科带头人、苏大苏航档案数据保全中心负责人张照余教授作了《档案数据保全模式研究》的主题报告，张教授从档案数据保管的现状与问题入手，指出在数字时代，档案管理的思维与纸质时代存在较大差异，电子档案易更改、易丢失、易失读、难久存的问题值得所有档案工作者和档案学者关注。随后，张教授对档案数据保全的原理和档案数据保全的模式进行了详细阐述，指出电子档案保护要做到如下三个方面：一是固定，要锁定存档的内容信息；二是维护，要维持固定下来的内容信息不随时间而改变；三是保密，要防止档案信息泄密，这三项工作也是保全中心建设的主要目标所在。在报告中，张教授还与在座专家、学者分享了苏大苏航档案数据保全中心的建设和运行情况。

此次研讨会技术介绍和演示、学术研讨环节由苏州大学档案与电子政务系主任毕建新副教授主持。苏州大学余亚荣工程师以《苏大苏航档案数据保全中心档案数据保全系统介绍》为题，从保全中心的总体建设思路、技术实现路径、管理系统建设、保全系统演示四个专题向在座的专家、学者进行了详细介绍，并现场对档案数据保全系统进行了技术演示。与会专家就此次会议主题展开了热烈的讨论，专家畅所欲言、充分互动，许多理论性和实践性问题纷纷有了明确的答案。

现场会议结束后，全体与会嘉宾实地参观考察了"苏大苏航档案数据保全中心"，并就相关实践问题与中心负责人进行了交流、讨论。对苏州大学在档案数据保全方面作出的探索，与会嘉宾表示了充分的肯定。多年来，苏州大学一直致力于档案信息化研究和实践的探索，并已取得一定成绩，"档案数据保全"的提出和研究便是其在既往研究基础上的又一创新。在信息化和机构改革的时代背景下，此次研讨会的胜利召开，既体现了苏州大学深耕不辍、踏实治学的专业作风，又彰显了苏州大学敢为人先、勇于担当的专业品格。

# 彰显先贤，启发来者[①]

## ——评《吴宝康学术年谱》

## 陈闽芳  王运彬

（福建师范大学社会历史学院  福州  350117）

**摘  要：**《吴宝康学术年谱》是一部集编年与纪传于一体的著作，该书按时间顺序以条目形式编录吴宝康先生的生活和工作经历、教育和学术成果，辑录吴宝康先生每一时期的学术著作以及各界人士对吴宝康先生教育成就与学术思想的评介。该谱书具有以年谱为体例，知人论世；"比次之书欲其愚"，述而不作；选材"博观取约"，翔实准确；图文虚实相衬，真实立体等编著特色，是一部全面展现吴宝康先生为人治学，推动档案学人研究的路径转换的及时之作。

**关键词：**吴宝康  档案学  学术年谱  书评

2017 年正值吴宝康先生诞辰百年，档案学界对吴宝康先生的生平事迹及其档案学术成就、档案学科教育思想、档案事业贡献进行了深入广泛的探讨，以深切表达对吴宝康先生的崇高敬意与怀念之情。冯惠玲教授在 2017 年吴宝康学术思想研讨会上作了题为《不老的吴老》的主题报告，冯教授认为"吴老身上一直有一股与时代同行的锐气和朝气，从未停下脚步。吴老一生奋进精神不老，克服艰难，两度创立档案学教育专业，一生笔耕不辍，把档案学

**作者简介：**陈闽芳（1994—），女，福建漳州人，福建师范大学社会历史学院硕士研究生，主要研究方向为档案价值、档案故事开发等。王运彬（1982—），男，湖北枝江人，博士，福建师范大学社会历史学院副教授，硕士生导师，主要研究方向为档案学、信息资源配置等。

①  基金项目：本文系 2018 年国家社会科学基金项目"文化自信背景下国家档案精品走出去策略研究"（18BTQ099）阶段性研究成果。

的厚度和宽度向前推进一大步；学术思维不老，著作颇丰，多有建树，开放创新，推动我国档案学理论始终处于动态的发展当中，许多思想具有预见性和前瞻性。"① 张斌教授等（2017）在《吴宝康科技档案管理研究》一文中探讨了吴宝康先生的科技档案管理思想，认为吴宝康先生的科技管理思想不仅在当时具有重要的理论和实践价值，对今后继续研究科技档案管理理论与实践工作仍具有深刻的指导和借鉴意义。② 徐拥军教授等（2017）在《论吴宝康档案思想的演变》中对吴宝康先生的档案学思想演变进行梳理："吴宝康先生的档案思想经历了从文书档案工作到科技档案工作、从档案实体管理到图情档信息管理、从以利用为纲到以信息资源开发为中心、从注重调查编研到注重主动服务、从历史辅助学科到档案学科体系等变化。"③ 赵彦昌教授等（2018）以档案学界对吴宝康先生的研究成果为基石对其进行述评，认为档案人需要进行多方位、创新性探讨，以期全面展示吴宝康先生在档案界的风采，学习吴宝康先生学术研究和档案教育精华。④

通过档案学界对吴宝康先生的档案学术思想研究可管窥吴宝康先生档案思想的发展脉络与时代意义。相较而言，徐拥军教授所编著的《吴宝康学术年谱》对吴宝康先生的生平经历、学术贡献与思想脉络进行连续性与全面性呈现，是国内档案领域内首部人物学术年谱，可弥补"今人对吴宝康档案思想研究主题不够多样、创新性不足、研究成果的种类不够丰富"⑤ 之不足。徐拥军教授以年谱为体例，遵循其编纂特点，客观准确、全面翔实地展现了吴宝康先生的学术生涯，为广大吴宝康档案学术思想研究者提供了丰富的资料信息，该年谱既是一部全面记载吴宝康先生学术生平的权威著作，也是对吴宝康先生的档案学术贡献的礼赞之作。

① 徐拥军. 吴宝康学术年谱 [M]. 北京：中国人民大学出版社，2018：212－217.

② 张斌，杨文. 吴宝康科技档案管理思想研究 [J]. 档案学通讯，2017（6）：4－8.

③ 徐拥军，王露露. 论吴宝康档案思想的演变 [J]. 档案学通讯，2017（4）：13－17.

④ 赵彦昌，苏亚云. 吴宝康研究述评——纪念吴宝康先生诞辰 100 周年 [J]. 档案学研究，2018（1）：4－9.

⑤ 赵彦昌，苏亚云. 吴宝康研究述评——纪念吴宝康先生诞辰 100 周年 [J]. 档案学研究，2018（1）：4－9.

# 1 《吴宝康学术年谱》的架构概述

全书遵循"编年与纪传一体"的年谱编纂体例,共分六卷,按时间顺序以条目形式编录吴宝康先生的生活和工作经历、教育和学术成果,辑录吴宝康先生每一时期的学术著作以及各界人士对吴宝康先生教育成就与学术思想的评介,以主要内容概括加原文摘录形式予以编录,以更好地忠于吴宝康先生原意。全书将吴宝康先生的一生分为五个阶段,即前五卷,第一卷为 1917年至 1951 年(出生~34 岁),吴宝康先生出生至调至中国人民大学创办档案高等教育之前;第二卷为 1952 年至 1965 年(35~48 岁),先生调至中国人民大学至"文化大革命"前;第三卷为 1966 年至 1976 年(49~59 岁),"文化大革命"时期;第四卷为 1977 年至 1987 年(60~70 岁),筹备恢复中国人民大学档案系至先生离休前;第五卷为 1988 年至 2008 年(71~91 岁),先生离休至逝世。第六卷为 2009 年至 2017 年,先生诞辰 92 至百年,他人于先生诞辰纪念日对先生的学术思想、教育理念与档案情怀的相关回忆性研究论文与评介。

## 1.1 一脉相承,厚植前人之研究成果

编纂者在遍览与吴宝康先生一生相关文献资料与档案的基础上,延承前人对吴宝康先生档案思想研究成果,连续、系统地呈现了吴宝康先生的学术经历、学术贡献、思想演变以及后人对吴宝康先生思想研究成果的评述与追忆,全书架构紧密围绕吴宝康先生的学术思想与档案事业贡献这一主线,架构脉络清晰,人物生平阶段划分得当。第一卷时间划分从 1917 年至 1951 年,将吴宝康先生幼年、青年至调至中国人民大学创办档案高等教育之前(即先生出生至 34 岁)合为该年谱第一部分,概述吴宝康先生青年时期"谋生社会""入党前后""参加革命"的丰富人生阅历,为后来吴宝康先生为中国档案事业与档案教育奉献一生奠定基础。虽然吴宝康先生直到 1948 年(31 岁)才开始接触档案工作,"从大众日报社调至中共中央华东局秘书处研究室工

作，任资料科主任兼政策研究室秘书，从此开始接触档案工作"①。但是，此前先生从事调查研究、新闻报刊与抗战斗争的工作经历对其后的档案思想产生了深远的影响。谱书第一卷主要回顾了吴宝康先生年少时生活、工作经历以及初识档案工作，事无巨细皆予以记之，将研究吴宝康先生档案思想的时间线提前，厚植前人之研究成果，延展了吴宝康思想研究的链条。

## 1.2 史情相融，映射中国档案学人特色

该谱书架构结合历史背景，围绕吴宝康先生生平几次有关"创办档案高等教育"的人生转折点展开编纂。第二卷回顾 1952 年至 1965 年，先生调至中国人民大学至"文化大革命"前，1952 年年初，我国档案事业百废待兴，在档案教育事业处于一无教师、二无教材的历史背景下，吴宝康先生虚心求教苏联档案专家谢列兹聂夫，结合中国历史实情，带领教师们开创出一条中国特色档案教育道路，谱书以时间为脉络对吴宝康先生的档案教育事业创建过程，包括编写教材、创建课程体系、创立教师队伍、把档案专修科扩建为历史档案系等事迹一一进行编录。谱书第三卷，1966 年至 1976 年，"文化大革命"时期，先生备受迫害与折磨，谱书第 46 页写道："1970 年下江西余江县中国人民大学'五七'学校劳动时，先生仍将《马克思恩格斯全集》《斯大林全集》《毛泽东选集》以及档案专业的一套铅印出版的各科教材和译著作品等全带到余江，坚信马克思主义、毛泽东思想以及档案事业必将复兴。"谱书第四卷 1977 年至 1987 年，"文革"结束后，吴宝康先生开始了档案教育事业的二度创业，重新召回原教职工，大力发展学术，在改革开放的大背景下，"吴老以开拓者的情怀，倾其心血、学识和智慧带领档案专业全体教师创造了一个又一个新的开端，把档案专业教育推向一个又一个新的高度"②。该谱书将历史背景与人物事迹交融，充分映射出当时特定背景下以吴宝康先生为代表的中国档案学人特有的为人治学风范。

---

### 1.3　寻根溯源，显现学人思想演变过程

吴宝康先生作为中国档案学科建设的引路人和档案教育事业的创立者，其档案学思想演变轨迹折射出中国档案教育事业发展历程，因而对吴宝康先生档案思想演变的解读与剖析对研究追溯中国档案学术与档案教育事业发展史具有重要的意义。关于吴宝康先生档案思想的演变研究，学界已有多方面探讨，如上文提及徐拥军教授对吴宝康先生的档案思想演变进行梳理，提出其思想演变离不开其丰富的工作经历、深厚的文化积淀与科学的思想方法论、坚韧的品格心性和敬业的工作态度等主客观因素。董玉森提出研究吴宝康先生的中国档案学演变史对于学界把握中国档案学的历史发展脉络和未来走向具有重大意义。① 曹建忠认为吴宝康先生档案学术思想的内涵精髓包括："档案学是一门独立科学""档案学是一个学科群""档案学理论中国化""开展群众性业务学术研究""档案学是不断发展的科学"。② 相较而言，该谱书以时间为线把吴宝康先生每一重要阶段的学术研究和档案教育贡献进行串联，不加渲染地呈现吴宝康先生档案思想演变过程，同时展现了其"共产党员、共产主义战士、档案教育家、档案学学者"的多元身份，以便后来学者以此为鉴，寻根溯源，延承吴宝康先生档案思想精髓，继续彰扬吴宝康先生档案思想的时代精神。

## 2　《吴宝康学术年谱》的编著特色

清代学者章学诚在《答客问（中）》谈道："天下有比次之书，有独断之学，有考索之功，三者各有所主，而不能相通。"章学诚认为"独断之学""考索之功"属成家之著述，则天下之学归结为"著述"与"比次之书"，"比次之书"的性质，仅是史料，以为著述提供真实可信的材料为标的。③《吴宝

①　董玉森. 吴宝康中国档案学演变思想评析 [J]. 档案学通讯，2013（2）：8－11.
②　曹建忠. 吴宝康档案学术思想探微 [J]. 档案，2018（9）：13－18.
③　刘耿生. 档案文献编纂学 [M]. 北京：中国人民大学出版社，2007：286－287.

康学术年谱》正是一部具有"比次之书"性质的纂辑成果，是一部既具珍贵史料价值又兼备现代编纂特色的人物编纂著作。

## 2.1　以年谱为体例，知人论世

年谱是以时间为序记录人物生平重要事迹的文献体裁，兼备编年与纪传二体，不但记述谱主详细丰富的资料，而且也能反映时代信息，在知人论世方面具有十分重要的作用。[①] 章学诚在《文史通义》外篇二《韩柳二先生年谱书后》谈及："考次前人撰著，因而谱其生平时事与其人之出处进退，而知其所以为言，是亦论世知人之学也。文集者，一人之史也；家史、国史与一代之史，亦将取以证焉，不可不致慎也。文人之有年谱，前此所无，宋人为之，颇觉有补于知人论世之学，不仅区区考一人文集而已。"原国家档案局局长、中央档案馆馆长杨冬权对吴宝康先生评价道："吴老是新中国档案高等教育事业的开拓者和奠基人；他提倡的档案学理论和实践，滋养了一代又一代的档案工作者；他创办的档案高等教育事业，为我国档案事业的发展提供了强大的智力支持。"此番年谱编纂，以时间为经、事实为纬，以档案文献编纂的形式梳理呈现一代档案学大家吴宝康先生的人生经历与学术成就，条分缕析，持论平实，便于知人又可论世，既可使读者清晰地认识、了解吴宝康先生每份档案文献内容，方便后人阅读研究，同时，以这样一部档案文献编纂之礼敬献一代档案学大家，更显纪念意义之厚重。

## 2.2　"比次之书欲其愚"，述而不作

章学诚提出"比次之法"的文献编纂思想，即"不名家学，不立识解，以之整齐故事，而待后人之裁定，是则比次欲愚之效也"。这里的"比次欲愚"的"愚"并非愚钝之意，而是指要忠实于原始档案信息记录等初级史料的内容，按原文摘录，不作任何主观评论，不表达编纂者的观点与见解，留待后人裁定。此部年谱正是基于"比次欲愚"的编纂思想而著成，以吴宝康

---

①　常先甫. 宋代年谱的本义阐释［J］. 海南大学学报（人文社会科学版），2012，30（1）：51－55.

先生的第一手档案史料为本，凡有关吴宝康先生的重要事迹、重要学术观点与著作内容概要，编纂者皆予记之，以忠于吴宝康先生之意，他人对吴宝康先生的档案思想观点的评价的不同观点和研究也按照时间与事件发展顺序予以摘录编排，以供后人对吴宝康先生的档案思想研究进行更好的学术判断与探索开创，该年谱全面贯彻这一编纂思想，述而不作、严谨求实，体现出编纂者专业的编纂素养与严谨的编纂追求。

### 2.3　选材"博观取约"，翔实准确

在选材上做到"博观取约"是档案文献编纂的另一重要思想原则，指在广泛收集各类选材的基础上加以甄选。此番吴宝康先生学术谱书编著，编纂者较好地遵循了此编纂思想：一为"博观"，吴宝康先生一生勤奋治学，著书撰文超过110篇，此番年谱编著，编纂者近乎遍览与吴宝康先生学术生涯相关的各类文献材料，选材范围不拘一格，除了辑录吴宝康先生的专著、教材、论文，编纂者还阅遍中国人民大学档案馆馆藏吴宝康人物档案原件、中国人民大学信息资源管理学院简史（1952—2012 年）、浙江省湖州市南浔区档案馆有关吴宝康先生馆藏以及有关先生参加会议的讲话稿、各类场合先生的题词、工作留影、工作手稿、有关刊物对先生的报道和记载等，并吸纳众多档案学界前辈和同仁对吴宝康先生学术研究评价观点，对不同的记载内容兼收并录，以使该谱书翔实全面。二为"取约"，吴宝康先生为档案学发展终其一生，生平留下大量的文献记录，编纂者本着"大事突出、要事不漏"的原则，认真考订、择取、整理、编目有关吴宝康先生的相关文献材料，在摘录吴宝康先生的论著与他人对其评价时，以概括加原文摘录方式为主，叙述上言简意赅、措辞准确，力求做到全面无遗，又重点突出，以使该谱书准确可信，可谓是"用笔简而记事周"。

### 2.4　图文虚实相衬，真实立体

图文相衬是《吴宝康先生学术年谱》的一大编纂亮点，相较于其他有关吴宝康先生思想的研究性文献，此番年谱编纂收录了诸多吴宝康先生的珍贵照片，编纂者寻访遍中国人民大学档案馆馆藏吴宝康人物档案原件、中国人

民大学信息资源管理学院简史（1952—2012 年）、浙江省湖州市南浔区档案馆有关吴宝康先生馆藏以及吴宝康先生家人的珍藏照片，撷取了部分吴宝康先生从幼年时期、年少时期、成年时期、老年时期的工作生活留影以及先生个人档案的影印照片，如 1954 年（37 岁）陪同苏联专家到南京史料处理处考察指导合影留影，1978 年（61 岁）吴宝康关于恢复国家档案局等建议的亲笔手稿，1984 年（67 岁）苏州大学向吴宝康颁发兼职教授聘书等，不仅令读者大饱眼福，也使读者从中了解到年谱汇编内档案文字记录所反映不到的历史背景。编纂者将抽象的文字叙述与反映吴宝康先生学术生涯轨迹的具体照片结合，虚实相衬，增加该年谱文献的真实感，使得吴宝康先生的人物形象真实立体地展现于读者眼前。

## 3　《吴宝康学术年谱》的价值与影响

### 3.1　彰显先贤：全面展现吴宝康先生的为人治学

中国人民大学梅岱教授说："吴宝康同志是档案学战线上不知疲倦的开拓者。"第一历史档案馆明清档案专家朱金甫先生说："吴宝康先生的学术观点从未停止过。"江苏省档案局副局长任遵圣先生说："吴老在科学道路上总是孜孜不倦地向前探索着和追寻着。"① 该谱书编纂的起止时间横跨百年，从吴宝康先生出生到百年诞辰，不仅辑录了吴宝康先生长达半世纪之久的档案学术研究、档案教育思想和档案事业上的成就与贡献，也节选了几十年来档案学术界研究吴宝康先生的学术成果，为读者多方位展现了吴宝康先生的为人治学、专业情怀与不凡一生，表达了后人对吴宝康先生的崇高敬意。

1978 年春夏，年逾花甲的吴宝康先生（61 岁）以"原中国人民大学历史档案系主任"名义向中央提出《关于尽早恢复国家档案局，同时恢复中国人民大学历史档案系以及社会科学院增设档案学研究所的建议》，其为恢复档案学专业四处奔走、殚精竭虑。关于吴宝康先生几十年来教书育人、传道授业、

---

① 徐拥军. 吴宝康学术年谱［M］. 北京：中国人民大学出版社，2018：216.

发展档案学术的诸多贡献与事迹，在谱书中均有所编录和总结。韩玉梅教授曾评价道："吴主任是一位虚怀若谷、宽厚待人的良师，是一位具有战略眼光的档案学者，是一位伏枥的老骥，以振兴档案教育事业为终生的追求。他用扶植新秀、甘做人梯的实际行动，实现了志在千里的雄心壮志，培养和造就了一大批学科骨干和带头人。"①

吴宝康先生一生治学勤奋，笔耕不辍，如谱书第五卷收录了先生离休至逝世期间（1988—2008 年）的研究成果，古稀之年的吴宝康先生仍坚持著书撰文，尤其是离休后的十年，完成代表作《档案学概论》，主编出版论文集《论档案学与档案事业》《当代档案学丛书》等，发表近 60 篇论文，广泛涉及档案、档案学、档案管理、档案事业等领域。王协舟教授认为：自 1988 年离休至 1997 年，吴宝康先生进入第三个创作高峰期，其成果令人感佩，其精神令人景仰，真正践行了"为档案事业奋斗一辈子"②的思想，先生高尚的学术品格、严谨的治学态度、斐然的学术成就无一不值得我们去学习。③

### 3.2　启发来者：推动档案学人研究的路径转换

吴宝康先生早年参加上海地下党工作，参与革命抗战，中华人民共和国成立后，一直从事档案事业与档案学理论研究、档案教育事业工作，是中华人民共和国成立后"最早运用马克思主义理论研究档案事业建设和档案学的一位学者"，是一位具有中国档案特色的档案学者，其多元的身份特征与独到的档案学术见解表征着现代中国特色档案事业发展初期的历程。随着新时代下我国的社情、国情的变化，张斌教授提出新时代下应树立中国自信，充分挖掘我国档案工作的历史基因，从中提取合理的、有营养的成分，并从理论研究的角度寻找适应中国本土的理论。④ 掩卷而思，笔者认为，此谱书不仅

---

① 韩玉梅. 深切缅怀档案学界一代宗师吴宝康教授 [J]. 档案学通讯，2008（4）：5—6.

② 王协舟. 基于学术评价视阈的中国档案学阐释与批评 [M]. 湘潭：湘潭大学出版社，2009：99.

③ 王协舟. 基于学术评价视阈的中国档案学阐释与批评 [M]. 湘潭：湘潭大学出版社，2009：124.

④ 崔珍珍. 齐心协力打造中国档案学派——专访中国人民大学档案学院院长、教授张斌 [N]. 中国档案报，2018—04—12（001）.

是一部吴宝康先生学术思想纪录史，更是一部凝集着中国底色的档案学术理论精品，是一部具有中国档案学基因和智慧的档案学人研究著作。

中国人民大学信息资源管理学院博士研究生闫静和徐拥军教授（笔名：徐传信）在《从研究对象到研究视角——由吴宝康研究看档案学人研究的路径转换》中提出："作为研究视角的吴宝康档案思想研究，已不仅将吴宝康视为一个人物表征，而是作为一种媒介、一个切入口，其言说及活动可作为一条研究线索探究与其密切相关的历史事件、历史人物和历史活动。这种研究视角的转化与扩展，可以追溯档案学术发展脉络及演变动因，可以知晓档案高等教育创办发展及隐情，可以洞悉档案事业的曲折前进及变迁，可以透视专业档案管理活动的问题及改革，可以显示现代档案学人群体的形成与分化，可以展现所在时代的学术风气与社会思潮。"① 该谱书对吴宝康先生档案思想的演变记载翔实细致，既抽丝剥茧般地记叙吴宝康先生思想观点与他人评价，凸显先生学术人格，又以横跨百年的时间跨度宏观勾勒其学术脉络。不仅为吴宝康档案学术思想研究者提供了大量珍贵的历史文献研究线索，也为后人追溯和研究吴宝康先生学术思想打开一扇门，推动吴宝康先生档案思想研究的发展。该谱书对吴宝康先生思想发展的梳理，能够使读者知其人而知事，继而明史、论世，进一步管窥我国档案学学术与档案事业发展沿革，给予档案学后辈无限的启发空间。

## 4　结语

人物年谱编纂本是一项艰巨又繁复的系统工程，需要编纂者具备饱览群书的编纂素养与扎实深厚的学术功底。吴宝康先生作为中国档案界的开拓者，其学术思想与学术轨迹本身便有代表中国档案学术史发展之意义。作为吴宝康先生百年华诞的献礼，《吴宝康学术年谱》含文献材料之丰富、叙事系统之全面严谨足以见编纂者的苦功与用心，可谓是一部精诚之作。该谱书的问世

---

① 闫静，徐传信. 从研究对象到研究视角——由吴宝康研究看档案学人研究的路径转换 [J]. 档案学通讯，2017（4）：18－23.

不仅表达了档案学后辈对档案学一代宗师吴宝康先生的深切缅怀与由衷敬意，更为后期我国档案学者研究吴宝康学术思想提供了全面系统的档案文献素材，为构建吴宝康先生研究体系，推动吴宝康研究事业发展奠定坚实的基础。正如冯惠玲教授在《吴宝康学术年谱》的序中所言："这部年谱以年月为经、事实为纬对吴老学术思想的翔实梳理，展现了吴老的为人求学和不凡人生，彰显先贤，启发来者，可以让读者从中获得诸多裨益。"

# 纵观数字档案，聚焦集中管理

## ——读刘越男《地方政府数字档案集中管理模式研究》有感

### 梁　爽

（辽宁大学历史学院　沈阳　110136）

**摘　要：**随着现代科技的发展，档案信息化进程不断深入，档案界对数字档案管理的研究愈加关注，《地方政府数字档案集中管理模式研究》就是一本关于地方政府数字档案管理研究的著作。本文从三个方面分析了该书的主要内容，并总结出该书的主要特色：创造性地对地方政府数字档案集中管理模式进行归纳和总结、具体案例丰富详细、理论与实践相结合，并对具体内容进行分析，从而促进了对数字档案管理研究的发展。

**关键词：**档案信息化　数字档案　地方政府

21 世纪以来，我国档案信息化进程不断深入，数字档案数量不断增多，以数字档案馆、电子文件等具体问题为主要研究内容的著作层出不穷，而鲜有立足于地方政府层面对数字档案进行全面管理的著作，在这种情况下《地方政府数字档案集中管理模式研究》一书的出现填补了这方面的空白。《地方政府数字档案集中管理模式研究》由中国人民大学信息资源管理学院的刘越男教授等著，是国家社科规划基金项目"我国地方政府数字档案集中管理策略与模式研究"的项目成果，于 2017 年在中国人民大学出版社出版。

---

**作者简介：**梁爽（1994—），女，辽宁营口人，辽宁大学历史学院档案学硕士研究生，主要研究方向为历史档案编纂。

# 1 《地方政府数字档案集中管理模式研究》的主要内容

《地方政府数字档案集中管理模式研究》一书共分九章，分别为：导论、数字环境下档案集中管理的基本原理、地方政府数字档案集中管理模式的识别、地方政府数字档案集中托管模式、地方政府数字档案集中保存模式、地方政府数字档案集中利用模式、地方政府电子文件（档案）管理系统集中建设模式、地方政府数字档案馆系统集中建设模式和地方政府数字档案集中管理模式比较及展望。

《地方政府数字档案集中管理模式研究》从基本的概念界定说起，提出地方政府数字档案集中管理模式是指地方政府在开展跨机构的数字档案集中管理过程中，针对反复出现的问题所固定使用的解决方案，并叙述了数字环境下档案集中管理的基本原理，提出了一些比较有价值的观点，在内容上具有一定的独特性。笔者通过对该著作的阅读，将全书的主要内容概括为以下三个方面。

## 1.1 对地方政府数字档案集中管理模式进行识别

要想对国内纷繁复杂的数字档案管理情况进行分析，就必须先确定地方政府数字档案管理的存在模式，并对存在模式进行识别。

在该著作中，作者认为确立辨析模式、区分模式是解决实际问题的第一步，也是数字档案管理是否科学合理的关键一步。辨析模式的主要方法是研究数字档案管理的业务类型，分析出其中哪些可以以集中方式开展，通过对数字档案管理业务的分析，找出其中同质性较强、方法相对成熟的数字档案管理业务，从而对地方政府数字档案集中管理模式进行识别，更好地对数字档案集中管理模式进行实际应用。

### 1.2　对五种典型的地方政府数字档案集中管理模式进行阐述和总结

随着档案信息化进程的开展，不少学者对地方数字档案管理也进行了一系列的研究和总结，而该著作则是在对大量现象进行研究的基础上，立足于整体，站在地方政府的层面上，通过对数字档案管理业务的研究和分析，创造性地归纳总结出了五种典型的地方政府数字档案集中管理模式，分别为集中托管模式、集中保存模式、集中利用模式、电子文件（档案）管理系统集中建设模式、数字档案馆系统集中建设模式。

在这五种模式中，集中托管模式是指本应由多个地方政府机关各自存储维护的数字档案由一个机构代为存储维护，如文件中心等；集中保存模式指的是立档单位将属于进馆范围的数字档案交由档案馆集中保管，这种管理模式是在我国众多模式中最经典、最常见的一种；集中利用模式是指多个政府机关或档案馆将数字档案资源交由某个机构进行统一组织和利用；电子文件（档案）管理系统集中建设模式则是指统一建设各政府机关的电子文件管理系统；数字档案馆系统集中建设模式是指由一个地方综合档案馆建设统一的数字档案馆系统，并向其他多个地方综合档案馆提供使用。

在该著作中，作者分别就这五种典型模式的含义、特点、适用性、关键工作内容和方法、国内外现状和问题，以及发展策略展开阐述，并在每一典型模式中列举案例进行了分析和评价。

### 1.3　对地方政府数字档案集中管理模式进行展望

除了对所总结的五种地方政府数字档案集中管理模式进行详细阐述外，作者还对未来的发展作出了展望。从集中开展的业务入手，作者通过总结分析五种地方政府数字档案集中管理模式，其发现数字档案集中管理受成本效益机制所驱动，地方政府档案主管部门是集中管理的主导者，但服务商也承担着越来越重要的角色，而合作协议是其中重要的制度规范。

总之，该著作所总结的这五种模式完整地覆盖了自电子文件归档之后的所有数字档案管理业务，作者认为在未来我国地方政府数字档案集中管理将呈现融合发展，各种地方政府数字档案集中管理模式将呈现相互交叉、渗透乃至融为一体的发展趋势，并将秉承"前端控制"和"全程管理"的理念，注重归档管理的质量，呈现前后衔接趋势，而这种预测是作者基于对地方政府数字档案管理的深度研究之上的，是对现实的总结和思考。

## 2  《地方政府数字档案集中管理模式研究》的特色

该著作在探讨如何对地方政府的数字档案进行管理时，选择了集中管理这一方法，揭示出真正符合档案集中管理发展的模式，对地方政府的数字档案管理进行了有益的探索，具有重要的特色。

### 2.1  创造性地对地方政府数字档案集中管理模式进行归纳和总结

在该著作出版之前，已有相关著作对行政区域的数字档案管理进行研究，然而却没有对地方政府数字档案集中管理模式进行归纳总结的著作，地方政府作为管理数字档案的重要参与者，集中对数字档案进行管理可以节约大量的人力、物力成本，促进资源的有效配置。作者将数字档案管理业务——存储、处置、利用、系统建设、长期保存作为数字档案集中管理模式的标志，创造性地归纳出了集中管理的五种典型模式，并对每种模式按照资源、业务、系统、组织、制度进行内容框架的分析，按照不同模式进行不同的构建，从而确定不同的建设内容。

### 2.2  具体案例丰富详细

该著作理论内容丰富，且在收集大量国内外地方政府集中管理数字档案的相关案例的同时，对案例进行详细阐述和分析。与一般著作不同，大部分著作的案例分析仅列举案例的大概情况从而证实某种观点，而在该著作中单独设置了"典型案例"的小节，不仅对背景、进展、举措等进行详细描述，而且在每个案例后面都有对其的评价，如在第六章中，就列举了加州在线档案馆这一典型案例，不仅介绍了加州在线档案馆的背景和发展状况，还详细列举了加州在线档案馆的一系列举措，通过线上服务引导线下利用、通过全员参与加强项目组织和沟通、坚持标准化发展之路，为用户提供多形式的服务，通过这些举措来更好地提供档案利用服务，在探讨加州在线档案馆的相关情况的同时，学习和借鉴其中的模式。

## 2.3　理论与实践相结合

众所周知，理论研究要与实践相结合，学术研究的根本目的是为了解决实际问题。随着信息技术的发展，档案信息化进程的加快，数字档案管理成为其中的重要环节。在数字环境下，如何对地方档案进行管理也是档案信息化进程的重要组成部分，而该著作研究的核心问题就是地方政府如何开展跨机构的数字档案集中管理工作，该著作旨在通过地方政府这个典型的管理场景，解释数字环境下档案集中管理的原理和方法，探索跨机构档案集中管理的现实可能性，从而更好地为实践服务。

随着科技的发展，数字档案数量激增，为实际的档案管理工作带来了前所未有的挑战，档案工作者必须不断地对理论和实践进行总结和研究，才能探索出适合现代档案工作的开展道路。我们在阅读《地方政府数字档案集中管理模式研究》时，既要关注书中的理论和案例，又要将其和实际的档案工作结合起来，结合有益的部分对实际工作进行探讨，才能站在巨人的肩膀上不断促进理论的发展和实践的进步，展望档案工作发展的美好未来，更好地为人民提供档案公共服务，从而更好地促进档案理论的完善和档案事业的发展。

《地方政府数字档案集中管理模式研究》除了上面所提到的特色之外也存在一些不足之处，如由于我国档案信息化进程仍在不断地发展中，现实世界也在不断地变化，收集的案例资料也在不断地更新，因而其也可能对国内外地方政府数字档案集中管理的现状展示出滞后性的问题等。但是，即使有一些问题的存在也不能掩盖该著作的重要价值，作为国内第一本系统研究地方政府数字档案集中管理模式的著作，其为未来地方政府数字档案的管理提供了行之有效的思路和方法，对理论的研究和实践的进步都具有重要意义。

# 《中国档案研究》稿约

　　《中国档案研究》由辽宁大学中国档案文化研究中心主办，中心主任赵彦昌教授担任主编，以为档案学界奉献高水平的学术研究成果为最终目标，从 2017 年开始每年出版两辑，每辑 30 万字左右，第三辑已经于 2017 年 7 月出版；第四辑于 2017 年 12 月出版；第五辑于 2018 年 6 月出版；第六辑于 2018 年 12 月出版；第七辑于 2019 年 12 月出版，第八辑截稿时间为 2019 年 7 月 30 日，欢迎国内外高校档案学专业师生、档案馆同仁惠赐佳作。

　　1. 《中国档案研究》实行双向匿名评审制，论文须符合学术规范，严禁抄袭及剽窃他人成果，如有以上学术不端行为，一经发现，论文不予录用并在两年内不接受该作者投稿。论文选题以档案学学科范围的学术论文为主。论文作者以不超过三人为宜，尤喜独撰。

　　2. 论文基本格式项目包括：题名、署名、单位（注明单位、城市、邮编）、中文摘要（150 字左右）、中文关键词（3～5 个）、正文、注释（注明引用页码，使用脚注、自动生成，不影响排版串页，每页重新编号，使用①②③编号）、作者简介（可附作者小传，注明单位、籍贯、职务、职称、学历、代表作及主要研究方向）等，整体篇幅以万字左右为宜，特别优秀稿件则不限字数。论文结构层次一般以三个层次为限，用"1"、"1.1"、"1.1.1"表示。

　　3. 来稿一律使用脚注（即页下注），注释著录方式参照《信息与文献参考文献著录规则》（GB/T 7714－2015）。

　　主要举例如下：

　　（1）学术论文类。

①赵彦昌，李兆龙．吐鲁番文书编纂沿革考（上）［J］．档案学通讯，2013（6）：95．

（2）著作类。

①赵彦昌．中国古代档案管理制度研究［M］．北京：人民出版社，2011：36．

（3）学位论文类。

①戴旸．基于群体智慧的非物质文化遗产档案管理研究［D］．武汉：武汉大学，2013：9．

（4）报纸类。

①陈继齐．海南省档案馆与都市报联合开发档案信息资源［N］．中国档案报，2007－3－19（2）．

（5）析出文献（论文集类）。

①周林兴．基于信息生态视域的档案信息资源开发研究［C］//赵彦昌．中国档案研究（第二辑）．沈阳：辽宁大学出版社，2016：97－109．

因为网络文献的不稳定、不确定性，所以建议学术论文尽量少用或不用网络文献。

4．请务必注明作者地址（细化到门牌号）、邮政编码、工作单位、固定电话/手机号、电子邮箱等，以便发快递邮寄样书，一般只发百世汇通快递。

5．《中国档案研究》仅接受电子邮箱投稿，投稿信箱：zycwxn@163.com，一般不接受纸版稿件。建议使用网易、新浪、搜狐、QQ等常用邮件系统投稿。

6．我们将以赠送样书形式支付稿酬，图书出版后赠送作者样书3册，如有作者需要更多样书，请直接与主编联系邮寄事宜。

7．为适应我国信息化建设，扩大本系列丛书及作者知识信息交流渠道，丛书中收录文章已被《中国学术期刊网络出版总库》及CNKI系列数据库收录，其中作者文章著作权使用费与稿酬一次性给付，并免费为作者提供文章引用统计分析资料。如作者不同意文章被收录，请在来稿时声明，研究中心将做适当处理。

8．我们只接收未刊稿件，不收录已经发表学术论文，另被本系列丛书收录的论文，请勿再重复发表，以免引发版权纠纷。

《中国档案研究》编辑部

2019 年 6 月